ワードマップ

応用行動分析学

ヒューマンサービスを改善する行動科学

島宗 理

新曜社

まえがき

教育や福祉、医療や看護など、人に関わる仕事を総称して、「対人援助職」や「ヒューマンサービス」と呼ぶことがある。元々は社会的に弱い立場にある人を支援する、どちらかといえば公的な職業や職務を示す概念だったが、今では公／民の区別なく、対象も拡大されて使われている。

本書ではヒューマンサービスを**人の行動変容を担う仕事や役割**と定義する。[1] 学校の教員も、スポーツクラブのインストラクターも、企業研修の講師も、人に何かを教えて、できないことをできるようにすることが務めであるからその仕事はヒューマンサービスである。心理カウンセリングや育児相談によってクライアントや親の不安を減らしたり、患者が医師から処方された薬を正しく服薬したり、リハビリに励むように支援することが仕事ならこれらもヒューマンサービスである。工事現場で事故を防ぐために作業員や歩行者に指示をするのもヒューマンサービスだし、新装開店したデパートにやってくる客を増やす仕事もヒューマンサービスである。

ヒューマンサービスの対象は目の前にいる人の行動である。ものづくりの仕事には

[1] 「対人援助」や「対人サービス」などの類義語のなかで最も守備範囲が広そうな「ヒューマンサービス」を選んだ。

通常、サービスとは対価が伴う活動に限定されるが、本書ではこの制限も解除する。子育てに直接対価が支払われることは少ないが、子どもの躾には行動変容が必須であるから、この意味でヒューマンサービスである。行動変容する対象も人に限定しない。たとえば、家庭犬の行動変容によって飼い主の生活の質が改善されるのであれば、これもヒューマンサービスに含める。

[2] 使いやすさや意匠、ブランドの魅力などの要因が関連してくると、ものづくりにもヒューマンサービスの要素が含まれることになる。

物の性質に関する知識や加工のための技術が必要なように、ヒューマンサービスの仕事には行動に関する知識や行動変容のための技術が必須となる。[2] だが、残念なことに、こうした専門性を系統立てて習得する機会は限られている。その結果、ヒューマンサービスを担う多くの人が、難しい課題に手探りの状態で、試行錯誤しながら取り組んでいるのが現状だ。

物と人との大きな違いは振る舞いの誤差にある。条件さえ整えれば、鉄は鉄、水は水らしく、ほぼ予測どおりに反応してくれる。個体差は小さい。ところが、人は条件をできるだけ揃えても、例えば田中さんと鈴木さんが同じように振る舞うとは限らない。個人差が大きく、予測が難しく、仕事の成否が偶然に影響されやすくなる。

このため、ヒューマンサービスの現場では、たまたまうまくいったことによる思い込みも生まれやすく、[3] あるいは、「結局は人それぞれ」と、継続的な業務改善をあきらめてしまいやすくもなる。

応用行動分析学はこのような課題を乗り越えるために役に立つ長所をもつ心理学である（図０－１）。人や動物の行動の振る舞いに関する実証された理論、[4] 効果が確認された行動変容のための様々な技法、[5] 目の前にいる人の行動を変えながら技法を開発し、効果検証を進めるための研究法を兼ね備える。[6] さらに、研究に基づいた組織的な実践を推進するのに必要な技法のプログラム化やスタッフマネジメントの方法論、サービスの受け手の価値観を反映させる仕組みも蓄積されている。[7]

[3] 過去の成功体験から「これでうまくいくはず」といった過度の一般化が生じると、それでうまくいかなければ対象に問題があると思いはじめ、個人攻撃の罠に陥りやすくなる。

[4] 第Ⅲ部「行動の諸法則」を参照。

[5] 項目35「行動変容の諸技法」を参照。

[6] 第Ⅱ部「応用行動分析学の研究法」を参照。

[7] 行動倫理や社会的妥当性の概念（項目４「応用行動分析学の進め方」を参照）。

[8] 項目２「応用行動分析学のそれからと今」を参照。

[9] 望月ら（2013）

[10] 項目３「科学的な根拠に基づいた実践」を参照。

自閉症や知的障害がある子どもや成人への指導や支援に関する研究と実践で大きな成果をあげてきたことで、教育や福祉に関わっている専門家の間では「知る人ぞ知る心理学」となった。日本語で読める文献も増えた[8]。ただ、逆にそのイメージが強すぎて、発達障害児のための指導法であると勘違いされることもある。シェイピングや行動連鎖化といった技法も、ロバースの早期集中行動訓練のようなプログラムも、応用行動分析学の研究成果の一例であり、学問体系そのものではないことは、図0-1からもわかっていただけるだろう。

応用行動分析学を基盤として「対人援助学」という新しい学際領域を拓いた望月昭[9]がかつてそう称したように、応用行動分析学は業務用心理学である。数多くの「○○理論」や「□□現象」があふれている一般的な心理学に比べると地味で単純に見えるかもしれないが、仕事に役立つ底力は群を抜いている。と、少なくとも私はそう信じている。

科学的根拠をもとにサービスを提供することが重視されるようになってきている現在[10]、ヒューマンサービスの担い手には、経験や勘だけではなく、なぜそのように仕事をするのかを論理的に説明し、実績をもとに自らの仕事の質を上げていくことが期待されている。

応用行動分析学の研究法はヒューマンサービスの実践現場にそのまま適用可能である。直面している問題を目の前にいる人や動物の具体的な行動として定義し、測

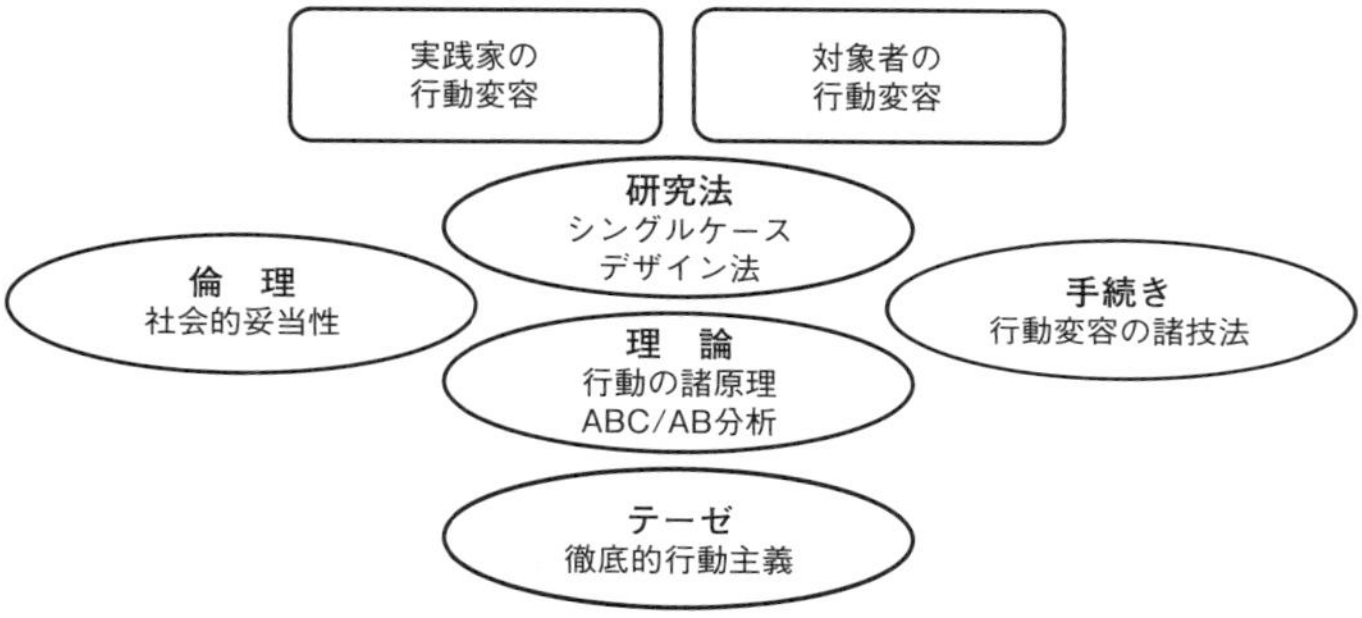

図0-1　応用行動分析学の成り立ち

定し、分析し、行動変容の手続きを立案して実行し、その成果をもとに改善を重ねられる（図０－２）。成功体験を積み重ねやすくなり、仕事のやりがいも生まれる。まさにヒューマンサービスのための心理学であるのだ。

本書では、これまでに出版された応用行動分析学に関する図書ではほとんど取り上げられることがなかった研究や実践について紹介することと、可能な限り多様な職種や業種に携わる読者に興味をもっていただけるような例を使って解説すること、技法や研究の具体例より、研究法を、初学者にとってもわかりやすく伝えることを心がけた。巻末の索引では、専門用語について、できるだけ英和両方の表記を記載した。日本語で異なる表記をされることがある用語についてもそれがわかるように併記した[11]。

読者の皆さまが応用行動分析学に興味をもってくださり、ヒューマンサービスの様々な領域でサービスの担い手も受け手も満足できる改善の輪が回り始めることが私の願いである。

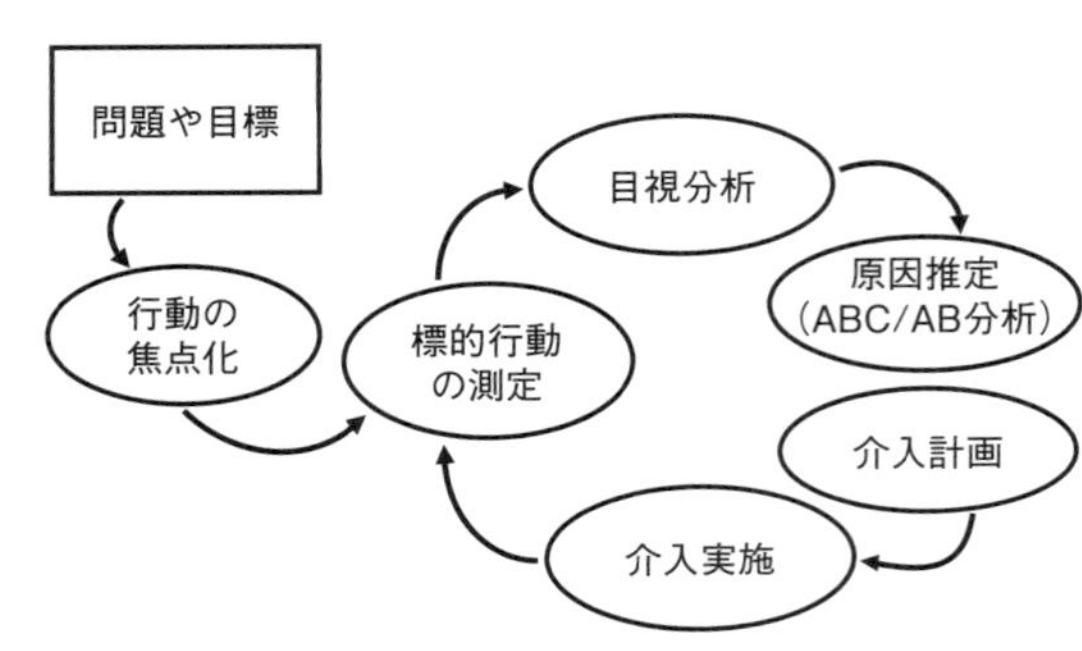

図0-2　エビデンスに基づいた実践のためのPDCAサイクル

［11］本書を執筆している時点で、日本行動分析学会が専門用語の表記法について整理を進めており、数年後には統一される可能性もある。

応用行動分析学——目次

まえがき i

第Ⅲ部 行動の諸法則

第Ⅳ部　科学的根拠に基づいた実践プログラム

■装幀＝加藤光太郎

I

応用行動分析学の誕生と発展

1 応用行動分析学のはじまり

――実験室から街へ出た若き心理学者たち

「あの患者さん、また来てるわよ」

「あら、ほんと。ナースステーションは立ち入り禁止ですって何度言ってもわからないのよ」

「仕方ないわ。精神病なんだから。暴れるわけじゃないし」

「でも重度の知的障害がある人だから、言葉で言っても伝わらないのよ」

「だいじょうぶ。手をつないで背中をそっと押しながら一緒に歩けば、部屋に戻ってくれるから。ちょっと行ってきます」

こんな会話があったかどうかは定かではないが、看護師たちが何とかしたいと考えていた患者の行動問題[1]が、**応用行動分析学**のはじまりとなった。

時は一九五〇年代中頃。舞台はカナダ中西部サスカチュワン州ウェイバーン市にあるサスカチュワン精神病院。一五〇〇人もの患者が、何棟もの大きな病棟に分かれて暮らしている大型の施設である。

[1] 本書では何らかの行動が原因で本人や周囲が困っている状況を**行動問題**、行動問題の原因となっている具体的な行動を**問題行動**として区別する。

重度の精神障害[2]をもつ人は大規模な精神病棟に隔離されて暮らすことが一般的な時代であった。看護師たちも精神障害に関する医学的な教育や専門的な看護技術の指導は受けていた。それでも、暴力や暴言、つばをはいたり、壁に貼ってあるポスターをすべてはがしてしまったり、いろいろな物を集めてきて部屋に溜め込んだりするといった患者たちの問題行動の対応には苦心していた。

当時、大学の心理学研究室では、動物や人の行動を対象とした基礎的な実験が盛んに行われていた。行動を予測し、制御するのに役立つ諸法則が次々と発見されていた。バラス・スキナー（Burrhus F. Skinner）[3]という心理学者が始めた**実験的行動分析学**という分野が確立され、まさに一世を風靡していたのである。

その頃、カンザス大学にいた若手研究者の一人、ジャック・マイケルは、実験的行動分析学の研究で見いだされた行動の諸法則を社会の様々な行動問題の解決に役立てようとヒューストン大学に移った。そして、行動の諸法則が日常生活でも役に立つことを実証させてもらえる現場を探していた。博士課程に在籍し、やはり元々は動物実験をしていたテッド・アイヨンはマイケルの考えに賛同し、基礎研究の成果を日常生活に応用することを自らの博士論文のテーマにしようと決心する。

マイケルとアイヨンは行動問題を抱えていそうな人たちに会いに行き、「何か、私たちにお手伝いできることはありませんか？」と聞いて回ったそうである。サスカチュワン病院もその一つであった。看護師たちが直面していた課題と、若手研究者と研

[2] 最近では「害」という漢字の否定的な印象から障害を障がいと表記することも多くなっている。本書は障害は個人の特性ではなく、社会との相互作用であり、いかなる行動上のハードルもそれを解決する役目は社会にあるという立場に立った上で、読みやすさに配慮して漢字表記を採用した。

[3] スキナーはバラスという名前で呼ばれることは好まず、フレッドというミドルネームをニックネームに使っていた。

究者のタマゴの野心がここに出会う。こうして、大学の実験室で見いだされた知見を人々が暮らしている生活の場に拡張する試みが始まった。

アイヨンの指導のもと、看護師たちは、一九人の患者それぞれの行動問題を具体的な行動として定義し、毎日記録し始めた。応用行動分析学では、行動変容を目指して対象とする行動を**標的行動**と呼ぶ。

このときに行われたいくつかの実験から、代表的な研究成果を図1－1に示した[4]。横軸は実験を始めてから経過した週の数、縦軸はこの患者がナースステーションに入ってきた一日あたりの回数である。応用行動分析学の研究データは、このように、横軸に時間の経過を示す何らかの時系列尺度[5]、縦軸に標的行動に関する何らかの指標をとった折れ線グラフで示すことが一般的である。

実験が始まってから最初の二週間、看護師たちは今までどおりの対応をした。この患者がナースステーションに入ってくるたびに、看護師が手を引き、一緒に部屋まで歩いて戻る。この期間を**ベースライン期**、測定された標的行動の自発頻度を**ベースライン水準**もしくは**ベースライン**と呼ぶ。目的は、標的行動がどのくらいの頻度で生じているか確認することである。

サスカチュワン病院の規模からして、一人の患者への対応を何度も繰り返し強いられるのは相当な負担になると想像されるが、標的行動のベースライン水準の測定は、この行動問題を解決することの重要性を、看護師たちの心証だけではなく、データと

[4] Ayllon & Michael (1959) の図1（三二七頁）を一部改変し掲載した。

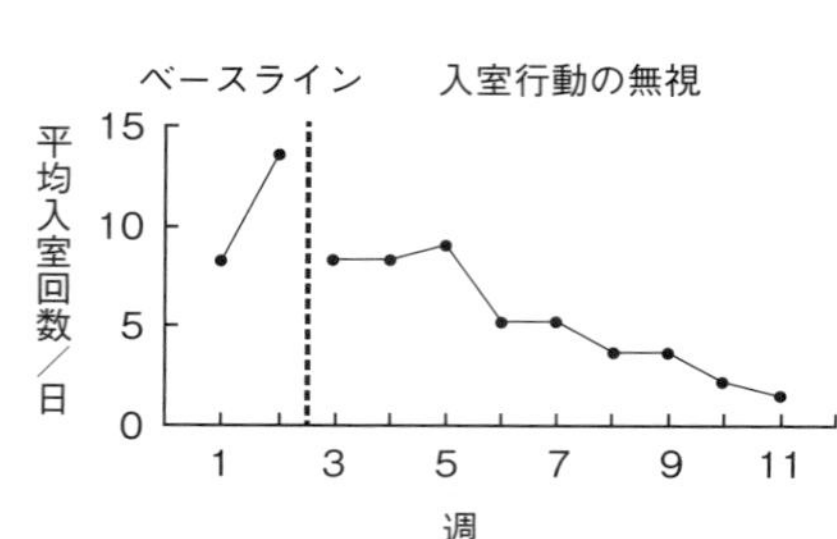

図1-1　ナースステーションへの侵入行動回数の推移

[5] 日、週、月、セッション、試行など。グラフの左から右へ時間が経過するように作成する。

して客観的に裏づけるためにも重要である[6]。

ベースライン期のもう一つの目的は問題行動の原因を推定することである。アイヨンは病棟内の患者と看護師のやりとりを観察し、この患者の入室の原因は、看護師たちの親切な対応にあるのではないかと考えた。患者の入室行動は、看護師が注意を向け、手をつないで一緒に部屋まで歩いてくれることで**強化**されていると推測したのだ。こうした推測を行動の**機能分析**[7]という。

応用行動分析学では行動を変容させるための手続きを**介入**や**介入プログラム**と呼ぶ。介入はベースライン期の観察や記録による量的および質的なデータをもとにした機能分析に基づいて立案する。同様の行動変容に成功した過去の事例も参考にする。いずれの場合も、原則として、行動の諸法則や効果が検証されている技法などを組み合わせて介入プログラムを構成することになる。

この実験では、図1-1で縦の点線が引いてある右側の週から介入を始めている。この縦線を**条件変更線**といい、ベースライン期に対し、介入が導入されている期間を**介入期**と呼ぶ。この実験における介入は、患者さんが入室しても無視することであった。入室行動を減らすには、看護師さんたちによる注目や対応という強化を中止する、**消去**という手続きを導入すればよいと考えたわけである[8]。

条件変更線の左側（ベースライン期）と右側（介入期）とで折れ線グラフを見比べれば、介入期の折れ線グラフが右下がりになっていることがすぐにわかる。介入によ

[6] 標的行動を測定してみると心証ほど頻繁に起こっておらず、これくらいなら無理に行動変容する必要もないという結論に達することもあるからである。

[7] 項目18「行動随伴性と機能分析」を参照。

[8] 項目23「オペラント条件づけ」を参照。

[9] 複数の参加者がいても、そのデータの平均値を計算することもあまりしない。

[10] 介入前後の平均値のみを比較することもあまりしない。

って、ナースステーションに入室してくるという行動の頻度が低下したのである。直前には一日あたり一四回あった入室行動が一日あたり二回ほどまでに減少した。

このように、標的行動の実験データを[9]、できるだけローデータに近い形で図示し[10]、目で見て評価する方法を**目視分析**[11]と呼んでいる。モダンな言い回しをするならデータの「見える化」であり、応用行動分析学の特徴の一つとなっている。

この実験は一九五九年に実験的行動分析学の学術雑誌[12]に掲載された。題目は「行動技師としての精神科看護師」である[13]。まだ応用行動分析学という名称もなく、専門の学術誌もなかった時代だ。この論文を契機に、日常生活のリアルな行動をその場で実験する研究や研究方法の開発が始まり、およそ一〇年後の一九六八年に、応用行動分析学の専門誌が刊行されるに至る[14]。

上述の実験は**AB法**[15]と呼ばれる研究法を用いているが、この方法では行動が変わった原因が本当に介入にあるのかどうかの確証は得られない。介入以外の予期せぬ事態や条件の変化が標的行動に影響を与えていたかもしれないからである[16]。

実験者は意図していないが、行動に影響する可能性がある条件や出来事を**剰余変数**という。介入が行動を変えたことを実証するためには、剰余変数の関与をできる限り排除しなくてはならない。

[11] 項目11「目視分析」を参照。

[12] *Journal of the Experimental Analysis of Behavior.* 略してJEAB（ジェイブ）と呼ばれる。

[13] Ayllon & Michael (1959)
この論文の題目にあるように、応用行動分析学は日常生活における行動問題を、基礎研究から判明している行動の諸原理を適用して解決していく工学的なアプローチを採る。歴史の流れが少し違えば、「行動工学」という名前がついていたかもしれない。一九六九年に刊行された教育に関するスキナーの著書の題目も「教育工学」である（Skinner, 1968）。

[14] *Journal of Applied Behavior Analysis.* 略してJABA（ジャバ）と呼ばれる。

[15] 項目12「AB法」を参照。

[16] **内的妥当性**への脅威という。

2

応用行動分析学のそれからと今

――社会問題を解決する行動科学としての発展

アイヨンとマイケルの研究[1]が発表され、日常生活における行動変容に実験的行動分析学が発見した行動の諸法則が活用できることが示され、そうした実践が学術的にも価値がある研究として認められたことで、応用行動分析学の研究は北米を中心に爆発的な勢いで増えていった。

研究対象も広がっていった。知的障害や精神障害がある患者や子どもの問題行動に対応する研究が多くを占めてはいたが、スポーツにおけるコーチング、交通安全、省エネ、ゴミのポイ捨て、子育て、学校教育、介護や看護、企業における行動マネジメントなど、社会的に重要とされるその他の様々な課題への取り組みも始まった。誰か困っている人がいて、そこに行動分析家がいれば、実践と研究が始まるようになっていったのだ。

後述するように、アイヨンとマイケルの論文からおよそ一〇年後には、応用行動分析学を学問として定義するドナルド・ベア、モントレー・ウォルフ、トッド・リズレイによる記念碑的な論文が発表される。[2] 他の心理学のように、仮説を立て、実験群と

[1] 項目1「応用行動分析学のはじまり」を参照。

[2] 項目5「応用行動分析学の七大原則」を参照。

統制群を設定し、統計を使ったグループ比較法によって仮説を検証するのではなく、目の前の人の特定の行動を変える手続きを**シングルケースデザイン法**[3]を使って開発しながら、同時にその行動の**制御変数**を見つけていく、新しい応用行動科学の方法論が形づくられていった時代である。

それでも、こうした方法論を採用する心理学者は心理学界全体からみれば少数派であり、シングルケースデザイン法の考え方が正確に理解され、正当に評価されることは少なく、むしろ誤解されることのほうが多かった。当時は、主要な学術雑誌に投稿しても、参加者数が少なく、統計的検定をしていないという理由から論文が受理されず、学会発表の機会さえ制限されたという。こうした事情から、米国心理学会という大きな学会に所属していた一部の行動分析家が、後に国際行動分析学会へと発展する自分たちだけの学会を立ち上げることになる[4]。

独歩の道を選んだ行動分析学はゆっくりと、でも着実に、北米から世界へと広がっていく。特に、中南米諸国や日本、北欧では、早い時期から学会や研究会が組織され、学術雑誌も刊行された[5]。毎年五月末に開催される国際行動分析学会の年次大会には世界中から研究者が集まり、分科会も多岐にわたるようになった[6]。

行動分析学の創始者であるスキナーが存命中、国際行動分析学会の年次大会で講演したように、学会の設立当時、行動分析家は「幸せな少数派」[7]だった。心理学の主流派にはなれないが、主流派が扱う領域の多くを網羅し、共通理解できる楽しさを満喫

[3] 項目10「シングルケースデザイン法」を参照。

[4] Association for Behavior Analysis International：ABAI［URL］
北米の行動分析家によるこうした動きについては島宗（2019a）を参照。

[5] 行動分析学関係の学術雑誌については、島宗（2019b）を参照。

[6] ABAIの会員数は二〇一七年時点でおよそ六五〇〇人で、分科会は三六ある。各国の支部会員も合わせると二万三〇〇〇人以上の行動分析家が存在すると推定されている。（Association for Behavior Analysis International, 2017）［URL］

[7] "happy few" (Skinner, 1981)

していた時代である。[8]

応用行動分析学のフラッグシップ・ジャーナルである*Journal of Applied Behavior Analysis*（ＪＡＢＡ）が刊行されたのが一九六八年。それから五〇年以上になる歴史のなかでおそらく最も大きな出来事は、**自閉症**という発達障害への社会の注目と、米国をはじめとした先進諸国における研究費の重点配分だろう。

他の心理学や学際分野の研究者が自閉症がある子どもにはできない課題を見つけようとしたり、特定の刺激に対する脳内の特定部位の反応を見つけようとしたりする一方で、[9] 応用行動分析学の研究者や実践家は、それまで通り地道に、目の前の子どもや大人が直面している問題を一つひとつ解決していった。そして、そうして開発した行動変容の諸技法や介入手続き、訓練プログラムを組み上げ、行動支援の包括的なパッケージまで作り上げた。[10] なかでもロバースらの**早期集中行動介入**は、三〜四歳のうちに週四〇時間以上の訓練プログラムを二年間続けることで参加児のおよそ半数が知能検査で定型発達の子どもと同等の得点を出すようになることを示し、行動分析学以外の専門家や行政機関からも大きな注目を集めた。[11] さらに、子どもの療育にロバースの療育プログラムを使って成果をあげたことを書いたキャサリーン・モーリスによる自叙伝がベストセラーになると、[12] 自閉症児の親たちが積極的にこうした療育サービスを求めるようになった。

それまで未知だった自閉症という障害の特性が次第に明らかになり、早期療育によ

[8] 私は大学院修士二年生のときに初めて国際行動分析学会に参加した。言葉の発達が遅れた子どもに発語を訓練している教育者と、成人のうつの治療をしている臨床家と、ハトを被験体に実験をしている研究者が同じ部屋で同じ研究発表を聞き、同じ専門用語で話をし、お互いに次の研究や実践に関する発想を得ている様子を垣間見たときには感動したものである。

[9] たとえば「心の理論」に関する研究（Baron-Cohen, 1997）やミラーニューロンに関する研究（子安・大平 2011）など。

[10] 手続き、プログラム、パッケージについては、項目35「行動変容の諸技法」を参照。

[11] ロバース（Lovaas, 1987）は大きな注目を集めると同時に、実験手続き上の問題点なども指摘され論争となったが、後に改善された手続きで同様の結果が再現されている。

[12] Maurice（1994）

って予後が改善され、成人してからの自立度が高まることがわかると、そうした研究に国家規模の予算が配分されるようになる。全米各地の大学や研究機関でこうした研究が行われるようになり、研究成果に基づいて教育や療育を行うセラピストやクリニック、施設や学校などへの補助金も重点的に配分されるようになる。[13] こうした動きに対応するように、療育の質を確保しながら、研究成果に基づいたサービスを提供できる人材を増やすために、**認定行動分析士**という資格がフロリダ州で作られ、後に全米へと広がる。[14]

自閉症児の療育に関するこうした展開は、障害をもった本人とその家族によるサービスの選択、学校やクリニックなどによるサービスの提供、行政による補助金や研究費の配分、研究者による研究の推進という、社会システムに関係する人々の行動が、根拠のない常識や権威に囚われずに自発されるようになったという点で画期的な事例である。元々、行動を変える知識と技術で社会をより良くすることが応用行動分析学の目指す王道であったわけだが、これが見事に実現したわけである。

国際行動分析学会にも大きな変化がみられた。年次大会における自閉症関係の発表件数が増え続け、年に一回の開催では足りなくなり、二〇〇七年からは自閉症に特化した大会を別途開催するようになった。行動分析士の資格を更新する要件に、学会でのワークショップなどへの参加が含まれているためである。

学術雑誌も増えた。ＪＡＢＡ以外にも応用行動分析学の研究を掲載する雑誌が刊行

[13] このため米国には自閉症児を対象とし、行動的療育を提供する学校やクリニックが数多く設置されている。

[14] 認定行動分析士設立までの経緯と内容については島宗ら（2003）を参照。二〇一七年時点では七〇カ国以上で二万九〇〇〇人以上の行動分析士（大学院修士レベル）が認定されている。（Behavior Analyst Certification Board, 2017）［ＵＲＬ］

され、既存の雑誌にも応用行動分析学の研究が掲載されるようになった。さらに、米国心理学会までもが行動分析学の学術雑誌を刊行するようになった[15]。自閉症関係の研究や実践に社会的な注目が集まることで、少なくともこの領域において行動分析学はもはや「幸せな少数派」ではなくなったといえよう。

行動分析学の研究全体における自閉症研究の割合が増え続けていることを不安視する声もあるなかで、自閉症児への支援に続いて社会的に成功する可能性がある領域も生まれている。一つは**ポジティブな行動支援**であり、主に小中学校における問題行動の軽減と学習行動の増加を標的としてすでに全米に広まっている[16]。もう一つはうつや不安症などの精神疾患に対する効果が明らかになっている**ACT**（アクト）と呼ばれる心理臨床である[17]。どちらも行動分析学を基盤にしていながら、学校の教員や病院やクリニックで働く心理カウンセラーが、学問としての行動分析学を深く学ばなくても実践できるようにプログラム化されており、それぞれ行動分析学会とは別の学会や組織が研究や実践を推進している。

もう一つ注視すべき傾向がある。応用行動分析学が採用し、特徴の一つになっているシングルケースデザイン法への他領域からの注目である。ヒューマンサービスにおける実践に科学的根拠（エビデンス）を求める社会的な潮流のなか、介入や療育、プログラムなどの効果検証の方法として**無作為化比較試験**が求められるようになってきている。しかし、そのためには等質な母集団を想定し、そこから十分な数の参加者を

[15] 米国心理学会（APA）の第二五分科会（行動分析学）はずっと存続していたので、急に掌を返したわけではないともいえる。

[16] 項目40「学校に風を吹かせる」を参照。

[17] 項目36「『不安だから行動しない』から『不安でも行動する』へ」を参照。

無作為に抽出する必要がある。教育や療育、看護や福祉、心理臨床やコーチングなど、人の行動を対象としたヒューマンサービスのほとんどの現場でこうした手続きを採ることは困難であり、目の前の児童生徒やクライアントの行動を対象にしながら、信頼性と妥当性が確保でき、根拠を積み上げていくことができる研究法が求められている。

こうしたニーズが顕在化している現場へ、応用行動分析学の専門家たちが同時に何人も関与していくことで、自閉症、ポジティブな行動支援、ＡＣＴに続く、次の大規模な成功例が今後生まれていくことであろう[18]。

我が国における応用行動分析学の現状も、おおよそ世界的な動向に一致している。自閉症などの発達障害や知的障害がある子どもや大人を対象とした研究や実践が多いが、介護や看護、リハビリテーション、保育や子育て、スポーツ、企業におけるマネジメントなどの研究も行われており、日本行動分析学会の機関誌『行動分析学研究』にはこうした論文が掲載されている[19]。

図２−１には日本語で出版された行動分析学関係の図書の累積数を示した。専門書だけではなく、初学者や一般向けの解説書や、教員や保護者向けの教材なども含めている[20]。二〇〇〇年頃から出版点数が増え、最初の一〇年間と最近一〇年間を比べると出版点数は五倍以上にもなっている。以前に比べると、翻訳書以外に日本人による原著が増え、テーマや領域も広がっている。また、この集計には含めてはいないが、た

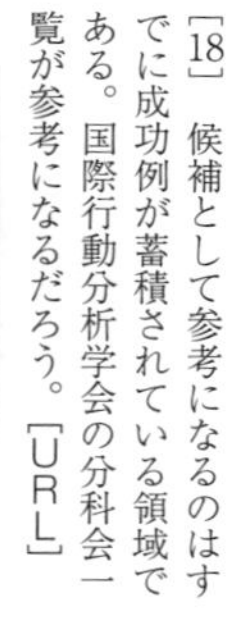
[18]　候補として参考になるのはすでに成功例が蓄積されている領域である。国際行動分析学会の分科会一覧が参考になるだろう。［ＵＲＬ］

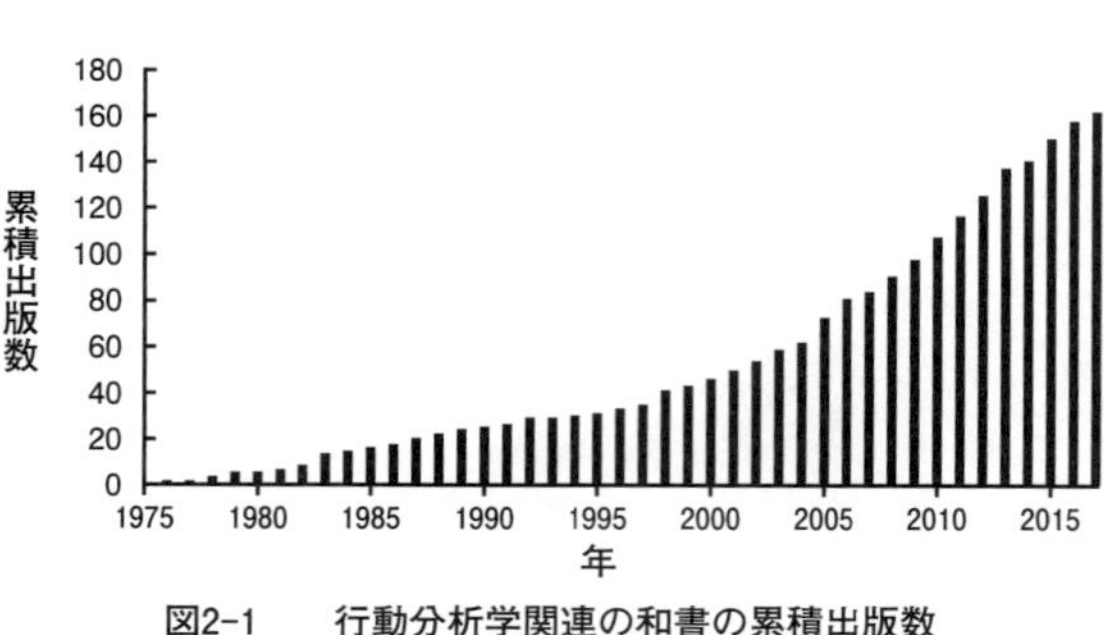

図2−1　行動分析学関連の和書の累積出版数

とえば特別支援教育に携わる教員やリハビリテーションに関わる理学療法士、看護師などの育成に使われる教科書で応用行動分析学の考え方や研究事例が取り上げられることも増えている[21]。

こうした動向と現状を踏まえ、応用行動分析学の基本的な用語や概念を解説する本書では、すでに多くの文献が出版されている自閉症など発達障害や臨床関連の情報は最小限とし、今後、日本でも発展が期待されるその他の領域にも役に立つ情報を中心にまとめることにした。

応用行動分析学というとシェイピングやフェイディング、行動連鎖化など、行動変容の技法を思い浮かべる読者も多いだろう。オペラントやレスポンデント、正の強化や消去など、学習心理学の教科書で解説される行動の諸原理を思い出す読者も多いだろう。どちらも応用行動分析学を形づくる重要な要素ではあるが、学問として、そして行動変容の結果にコミットし、成果を生みだす社会システムとして欠かせないのが、目の前にいる人の行動を変える方法を見つけるための研究法であり、効果を確認した手続きを誰でも使えるようにプログラム化する手順である。

我が国における応用行動分析学の今後の展開に関心をもち、発達障害や知的障害がある人たちへの支援に続く、次の社会的成功を目指す人たちに向け、そのために役立つ情報を本書では紹介していこう。

[19] 日本行動分析学会のホームページ［URL］
行動分析学研究に掲載された論文はJ-Stageという電子ジャーナルポータルで公開されていて、刊行から一年以上経過した論文は無料で読むことができる。［URL］

[20] 題目に「行動分析」や「ABA」を含むか、アマゾンなどの検索エンジンで、行動分析学に関係する本としてヒットした本に、知っている本を私が個人的に読んだりして、加えた。抽出した一六一冊の一覧は巻末に載せたURLで参照可能。［URL］

[21] たとえば、奈良（2004）、長田（2016）など。

3 科学的な根拠に基づいた実践

——ヒューマンサービスにおけるＥＢＰ[1]

[1] Evidence-Based Practice

保育や教育、福祉や保健、医療や看護など、人に関わり、人の行動を対象とする仕事を総じて**ヒューマンサービス**と呼ぶ。国民の心身の健康を守り、税を効率的に使うため、特に公的なヒューマンサービスで現在求められているのが、**科学的な根拠（エビデンス）に基づいた実践**である。ＥＢＰと略記される。

医療の現場では、一九九〇年代の初めに、患者に対して行う検査や治療、処方する薬の選択などに、しっかりとした根拠を求めようとする動きが生まれた。日進月歩の研究から新しい治療法が見つかっても、最新の知見を学び、訓練を受けなければ、高度な専門職である医師でさえ、過去に自分が学んだ方法に執着し、それまで成果をあげてきた古い手続きを使い続けてしまう。しかしそれでは、防げる事故を防いだり、助けられる命を助けることはできない。

科学的な根拠に基づいた医療[2]のムーブメントは、第一に人命重視という視点、第二に研究成果を十分に活かすことで膨れあがる医療費を削減したいという政府機関や保険会社の要請、第三に説明責任を果たすことで万が一のときに医療訴訟で不利になる

[2] Evidence-Based Medicine : ＥＢＭ

ことを回避するという医師側の事情などにより進展し、広がっていく。

これに呼応するように、米国心理学会も動く。心理療法[3]を専門とする研究者や臨床家のなかには、心理療法が薬物と同等か上回る効果を示すことさえあるのに病院や医療保険システムがそのように評価していないことに不満をもっているものも多かった。

医療における新しい流れを、この不公平な状態を改善する機会として捉えた米国心理学会の第一二分科会（臨床心理学）は、同等の基準を心理療法に持ち込むことを提唱し、何をもって科学的な根拠とするかという基準や、その基準を満たしているとみなされる治療法をまとめて示してきた[4]。

応用行動分析の研究や知見に基づいたヒューマンサービスの社会的な普及も、科学的な根拠を重視するこうした社会的動勢やそれに伴う法律改正と無関係ではない。

米国では障害がある児童・生徒が学校で適切な教育を受ける権利が法律で保障されている[5]。違反の疑いがあれば本人や保護者、代理人が学校や学区を訴えることができ、法廷で審理されることになる[6]。

一九九三年、最高裁はサウスカロライナ州フローレンス学区を提訴していたシャノン・カーターの訴えを認めた。学習障害があるシャノンに対し、学校側は特別支援学級への通級を含めた教育計画を立てていたが、十分な指導が受けられないと判断した保護者は応用行動分析学に基づいたロバース型の指導プログラムを提供する私立学校

[3]　ここでの「心理療法」は、手術や薬物などで患者の身体に影響を与えることなく、教示や対話、訓練などを使って、患者の精神状態や行動を変容する、行動療法や認知行動療法なども含めた諸方法を指す。

[4]　当初は効果が実証的に確認された治療法（Emprically Validated Treatment：ＥＶＴ）、その後、効果が実証的に裏づけされた治療法（Ｅｍｐｉｒｉｃａｌｌｙ Ｓｕｐｐｏｒｔｅｄ Treatment：ＥＳＴ）と旗印が変遷している。一連の経緯については中野(2004)やChambless & Ollendick (2001)、American Psychological Association（2006）を参照されたい。後者は西村（2005）で和訳されている。

[5]　Individuals with Disabilities Education Act：ＩＤＥＡ

[6]　盲導犬の同伴を拒否されたり、障害の種別に見合った学校に進学できなかったりするなど。

へシャノンを通わせた。訴えは、障害がある児童・生徒が学校で適切な教育を無料で受ける権利があるという法の主旨に則り、学区側に私学の授業料を支払うように要求するものであった。

最高裁は一審、控訴審でのカーター側の勝訴を追認する形で、学区に授業料の支払いを命じた。最高裁の判決文には、このような判決が地域の教育財政を圧迫する危険性があることを認めながら、学区や学校は適切な教育プログラムを提供することでこうした出費を避けられるはずであると述べている。[7]

このような訴訟は全米各地で行われ、今でも行われている。[8] 裁判では、児童生徒の実態や指導プログラムの構成要素、指導の効果を示す記録や根拠となる研究論文、専門家の証言などが証拠として持ち込まれ、これらに基づいて裁定されたり、判決が下される。つまり法廷では対象となるヒューマンサービスが科学的な根拠に基づいた実践であるかどうかがまさに評価されるのである。

応用行動分析学の場合、知的障害や自閉症などの発達障害がある子どもにコミュニケーションや日常生活技能、読み・書き・計算を教える研究が蓄積している。指導を実践するときには子どもの行動を記録として残すのが一般的であり、客観的な証拠を重視する法廷では有利になる。類似の訴訟が起これば、過去の判例が参照される。そして、判例が増えれば法律が改正される。

一九九七年の法改正により、米国の学校では、障害がある子どもが重大な問題行動

[7] Florence County School District Four v. Carter (91-1523), 510 U.S. 7 (1993).

[8] 米国の特別支援教育における主な判決についてはインターネットで参照可能である。[URL]

をして懲戒の対象とする場合には、なぜその行動がなされたのかその理由を**機能分析**することが義務化された。子どもの個別の指導計画のなかには機能分析を含めることになり、法律を遵守するために、教員は行動分析学の考え方を学ばなければならなくなったわけである。[9] 同じ法律の二〇〇四年の改正では、機能分析だけではなく、その後の指導に**ポジティブな行動支援**を取り入れることを検討しなくてはならないとまで明記された。[10]

米国の教育や発達臨床の分野で応用行動分析学に基づいた指導・療育方法が普及してきた背景にはこのような社会情勢の変化があるのである。

もちろん、法による判断は普遍ではない。社会的状況が変わって人々の価値観が変わったり、研究が進んで新たな知見が生まれれば、過去の判例が覆ることもある。たとえば、自分で自分の目をつぶしてしまうほどの強度の自傷行動を減らす効果が研究で示されたことで、九〇年代以前は裁判でも使用を認められていた電撃を使った治療法は、[11] 二〇一六年に米国食品医薬品局から禁止令が出された。[12] もっとも、九〇年代以降に進んだ機能分析やポジティブな行動支援の研究により、強度の自傷行動を苦痛刺激などを使わず減らせる手続きが開発され、電撃を使う装置をまだ使っていたのは全米でもある特定の施設に限られていたようではある。

特定の治療法の効果が研究で確認されているということと、その治療法が目の前の患者に有効かどうかということは区別して考えなくてはならない。個人差が大きくな

[9] Dragow & Yell (2001)

[10] Zirkel (2011)

[11] ブライアン・イワタ（B. Iwata）らが開発した電撃を使った自傷行動抑制システム（SIBIS）については Linscheid et al.（1990）を、ミシガン州でその使用が認められた判決については Sherman（1991）を参照されたい。

[12] [URL]

[13] American Psychological Association (2006)

りがちな心理療法や指導・療育方法については特に慎重になるべきである。

二〇〇六年に米国心理学会は効果が実証的に裏づけされた治療法の考え方とは別に、科学的な根拠に基づいた実践に関する提言を行った[13]。前者が治療法を開発する研究者にとって目標になる基準であるのに対し、後者は臨床家などの実践家がどのように科学的根拠を見つけ、評価し、活用すればよいかといった、**科学者－実践家モデル**[14]に基づいたガイドラインになっている。

このガイドラインでは、治療法の効果とは別に**実用性**を評価することの重要性も示されている。実用性には、患者個人の特性や文化、希望に配慮することが含まれていて、応用行動分析学の**社会的妥当性**[15]の概念に近い。

米国心理学会は多様な科学観や価値観を有する多種多様な心理学者の集まりで、このガイドラインに対しても賛否両論あり、その後、統一的な見解がまとめられたという話は聞かない。

一方、応用行動分析学は、心理臨床や教育に限らず、広い範囲を取り扱うが、その始まりから科学者－実践家モデルが内在化されているところに特徴がある。

行動分析学の研究や知見に基づいた実践を支える基盤を図３－１に示した。行動分析学には研究領域として、基礎研究を行う実験的行動分析学、応用研究を行う応用行動分析学、理論的な考察を行う理論的行動分析学の三つがあるが、研究対象となる行動の定義や記述法、観察法や実験法、そして行動の制御に関する基本的な考え方は共

[14] 応用行動分析学における科学者－実践家モデルについては中野（1996）を参照。

[15] 項目４「応用行動分析学の進め方」を参照。

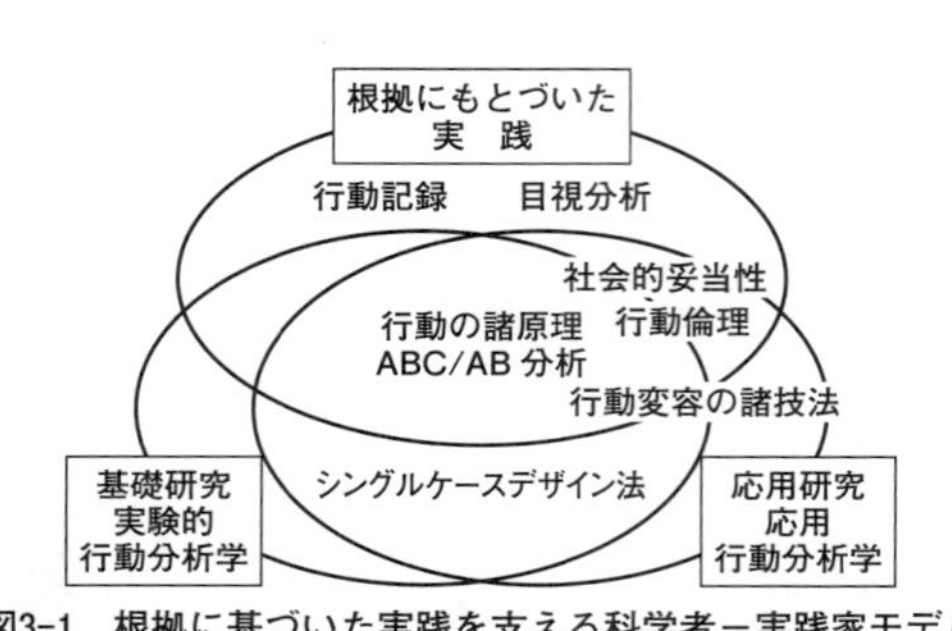

図3-1　根拠に基づいた実践を支える科学者－実践家モデル

通している。そしてこれら中核となる要素が、ほぼそのまま、実践を行うさいの手続きや方針に連なっている。

科学者-実践家モデルは机上の空論やお題目ではない。行動分析学においては、目の前の行動を変えながら行動が変わる仕組みを探究するという一点で、研究と実践が密接に関連して発展しているのである。

次項では、実践と直結する応用行動分析学の研究の進め方を解説するが、この図から示唆されるように、それはほぼそのまま、行動分析学を活用してEBPを進める方法でもあるのだ。

ところで、一人ひとりの実践家が数多くある研究論文をすべて読んで評価することは難しい。そこで、公平な第三者機関がエビデンスを評価し、実践家に向けてその結果を公表する取り組みも行われている。医療に関しては一九九二年に始まったコクラン共同計画がよく知られている[16]。社会政策に関しては二〇〇〇年に始まったキャンベル共同計画[17]、教育に関しては二〇〇二年に始まったWhat Works Clearinghouse（WWC）プロジェクトがあり[18]、WWCでは応用行動分析学が用いるシングルケースデザイン法の評価基準も提唱している。

[16] コクラン共同計画は日本語のウェブサイトも提供している。［URL］

[17] キャンベル共同計画［URL］

[18] WWCプロジェクト［URL］

4 応用行動分析学の進め方

――問題を解決しながら科学する

応用行動分析学の研究は目の前にある課題から始まる。誰かが何かに困っていたり、みんなで何かを達成しようとするとき、それが研究テーマとなり、そしてそのまま研究対象となる。息子が勉強せずゲームばかりしていることを何とかしたいなら、それが課題になる。夜中になかなか眠れず体調が悪くなるなら、それが課題になる。町内会でゴミの分別収集が進まないなら、それが課題になる。勤務している歯科医院で患者の予約キャンセルが相次ぎ、無駄な空き時間が増えてしまっているなら、それが課題になる。駅構内で歩きスマホによる客同士のトラブルが増えているなら、それが課題になる。市場に投入した新製品が売れないなら、それが課題になる。

心理学という学問は研究テーマによって細分化されている。たとえば動物心理学や教育心理学や産業・組織心理学では、その領域を専門とする心理学者がそれぞれの研究テーマを別々の理論を使い、ほとんど交流することなく研究している。

これに対し、応用行動分析学は、前項で解説したように現在のところは発達障害や知的障害に関係する研究が割合としては多いが、それ以外のテーマの研究も広く行われている。理論や方法論も共有され、研究者同士の交流も活発である。研究テーマや対象に縛られないところが応用行動分析学の特徴の一つである。

また、他の心理学では、目の前の課題を直接解決するのではなく、課題に関連する仮説を立て、調査や実験によって仮説を検証することを目的にすることが多い。応用研究としてフィールドでデータを収集したとしても、研究の目的は一般化できる理論の構築にある。これに対し、応用行動分析学では、一般化より先に、まずは目の前の課題を解決することを目的とする。[1]

目の前にある課題は、解決したい問題か、達成したい目標のいずれか、あるいは両方であることが多い。二つの区別は厳密なものではないが、たとえば息子の家庭学習ならどのような勉強をどれくらいしてほしいかが達成したい目標になる。それさえ達成できれば残りの時間でゲームをしてもかまわないと言うならゲームは解決したい問題にはならないが、スマホゲームの課金がかさんでいてそれを止めさせたいと言うならそれも解決したい問題となるだろう。寝つきが悪いことが不安なら、それは解決したい問題になる。残業と早朝出勤が連続して睡眠時間が短くなるのが問題なら、十分な睡眠時間をとることが目標になる。町内会のゴミの分別はルールに従って収集場所へ出されたゴミの割合が達成したい目標になるだろうし、スマホによる客同士のトラブルは解決したい問題になるだろう。

応用行動分析学では取り組んだ課題とその成果がどれだけ社会的に重要だったかを

[1] そして、一つひとつの研究から得られた**行動制御の関数関係**の知見を積み上げて一般化する帰納的アプローチを採用している（項目10「シングルケースデザイン法」を参照）。

評価する。[2] これを**社会的妥当性**という。高い社会的妥当性を確保するためには、研究を始める段階で、当事者が課題をどのように評価し、何をどれだけ期待しているかを調査しておくことが役に立つ。

次に、問題を解決し、目標を達成するために、誰のどの行動をどのように変えればよいかを見極め、[3] **標的行動**を絞り込む。問題として現れていることがそのまま標的行動とならないこともあり、初学者にとっては意外とハードルの高い段階である。たとえば息子の家庭学習なら、変えるべきは息子の行動というのが常識的な判断であろうが、場合によっては、変えるべきは息子が一瞬でも勉強していたときにどのように声をかけるかという親の行動だったりもする。睡眠不足の問題も、眠ることそのものより、床に就く前に運動したり、お風呂に入ったり、気がかりな仕事について見通しをつけたりするなどの行動が核心点であることが多い。町内会のゴミの分別であれば、地域住民全員の行動を変えようとするより、町内会費を上げ、それを原資に地域の子どもからゴミを分別する有償ボランティアを募ってしまったほうが早いかもしれない。[4] 行動変容が唯一の解ではないということは知っておくべきである。

標的行動を選ぶときには、その行動が変わることで元々の課題が解決されるかどうかを基準にして決める。課題を解決するために変容させる必要がある行動はたいてい複数考えられる。どれが最適なのか、可能な限り思い込みを排除して選択することになる。少しでも変容すれば成果に大きく影響する行動や、[5] 改善の余地が大きい行動を[6]

[2] 七大原則の「応用的であること」に対応。項目5「応用行動分析学の七大原則」を参照。

[3] 私はこれを**行動変容の核心点**と呼んでいる（島宗 2014, p. 111）。

[4] 行動に頼らなくても済むように課題を解決する方法は**抹殺法**と呼ばれる（杉山 2005）。たとえば安全管理の分野では、そもそも危険な行動が生じ得ないように機器などを設計する**フールプルーフ**や、万が一危険な行動が生じたときにも事故に至らないようにする**フェールセーフ**という発想がある。

[5] たとえば小売店の売上を伸ばそうとするときに、単価の低い商品の売上点数を伸ばすより、単価の高い商品の売上点数を伸ばすことをまずは考えるのと同じ発想。

[6] たとえばすでにかなり売れている商品や他店舗でもまったく売れていない商品より、他店舗ではそこそこ売れているのに、自店舗では売

最初の候補とし、最終的にはできるだけ少ない数の標的行動に絞り込む[7]。
標的行動の選択は心理臨床では「見立て」と呼ばれる習得困難な技術の一つである[8]。ただし、応用行動分析学では、選んだ標的行動を変容させることで元々の課題が解決したかどうかを研究のなかで検証する。セーフティネットのようなものであり、うまくいかなければ標的行動を選択しなおせばよい[9]。

標的行動はできるだけ具体的に定義する[10]。このときに使えるのが**課題分析**という手法である。課題分析には三つの方法がある。

一つめは一連の行動を一つひとつのステップに書き下す場合[11]。たとえば、工作機械を安全に使うための操作法を一覧として書き出し、チェックリストを作成して作業者の行動を観察記録し、どのステップで危険な行動が生じているか、あるいは安全確保のための行動がとられていないか調べれば、標的行動の候補を見つけることができる。スポーツのコーチングでもよく用いられる手法である[12]。

二つめは抽象的な表現を具体的な行動として書き出す場合。新入社員にもっと自主的に行動できるようになってほしいと上司が願っているとしよう。「自主的」に行動するというのは上司による評価であって、標的行動の定義としては抽象的すぎる。そこで、どのような場面でどのような行動をすればそれが「自主的」であると評価できるのか具体的に書き出していく。たとえば、上司から指示があったときにわからないことがあればその場で質問するとか、指示された作業に関連する情報を自分で調べ、

れていない商品を対象にするのと同じ発想。

[7] 標的行動の数は少なければ少ないほどよい。推奨は一つ、多くても三つ。20／80の経験則にそって、八割の成果を生む二割の行動を見つける。

[8] 私はトヨタ自動車の品質管理法から知恵を拝借した「なぜなぜ法」（島宗 2014, p. 112）を開発し、授業や研修などで使っているが、未だ満足できる成果を得られていない。行動工学の先駆者であるトーマス・ギルバートは改善の余地を数値化して評価するＰＩＰ（Potential for Improving Performance）という指標を提唱していた（Gilbert, 1978）が、広く普及しているとはいえない。

[9] 標的行動の選択に関する妥当性がデータに基づいて検証できる仕組みが研究法として用意されている。今のところ、事前の見立て技術は、こうしたフィードバックを繰り

役立ちそうなことを上司に自分から報告するなどである。[13]

標的行動はどこまで具体的に定義すべきだろうか。おおまかにいうなら、定義した行動を後続事象の操作によって強化できるかどうかが判定基準となる。息子の家庭学習の例であれば「勉強する」は抽象的すぎる。机に向かっているだけ、パソコンの画面を見ているだけでは勉強しているとは限らない。寝転がってスマホを見ていても、もしかしたら宿題の調べごとをしているのかもしれない。「勉強する」が具体的な行動として課題分析されていないと、褒めたり、おこづかいに換算するポイントを付与するなど、[14]強化の操作さえできないことになる。

課題分析の三つめは、行動に階層性があって上位行動が求められているときに、上位行動の遂行に不可欠な下位行動を書き出す場合である。電子納税を例に考えよう。

行政コスト削減のため、納税者がインターネットで確定申告する行動を増やすことが課題の一つになっている。電子納税に対して優遇措置を設けるなどして上位行動を強化するインセンティブを設定することはできるが、これだけでは十分な効果が見込めない。標的行動が自発されなければそもそも強化の手続きも実行できないからである。

そこで下位行動を書き出すことになる。パソコンを操作したり、ネットに接続したり、マイナンバーカードの情報を読み込めるカードリーダーを接続し、必要なソフトウエアをインストールしたりといった行動群である。こうした下位行動を標的行動と

返し得ることで磨いていくのが最善策であると思われる。

[10] 店員の販売行動ではなく売上を標的とするように、行動ではなく**行動の所産**を標的とすることもある（項目41「ストップ！　万引き」を参照）。ただし、所産を対象に介入してうまくいかなければ、たとえば接客の仕方を見直すなど、標的を具体的な行動として定義しなおすことになる。

[11] **行動連鎖**については項目20「刺激の定義」を参照。

[12] 項目42「しごきも根性も、もういらない」を参照。

[13] 部下に「自主性」を求める上司や職場は多いが、課題分析とABC分析をしていくと、部下だけではなく上司や職場に改善の余地が見つかることがある。管理職何人かで具体的な行動を書き出し、話し合ってもらうと、部下にそれをされると困るので注意したり、無視したりする

した介入プログラムを立案し、形成したり、あるいは下位行動を不要にするようにシステムを改善すれば、わざわざ強化しなくても上位行動が自発されることすらあり得る。[15]

標的行動が定まっても、行動変容のための介入をすぐに始めるのは避けるべきである。私はこれを**解決策飛びつきの罠**と呼んでいる。[16] 問題の原因に対応していなければ介入は効果をあげることができない。このために、まずは現状を把握する。そして行動を正確に測定・記録し、可視化する仕組みを用意する。[17]

介入を始める前の行動水準を**ベースライン**と呼ぶ。自発頻度が低いと感じている行動でも、ベースラインを測定してみると予想を超えて自発されていることもあるし、増えてほしい行動が増えつつあったり、減ってほしい行動が減りつつあることもある。こうした場合に介入を行うのは手間と時間が無駄になるばかりか、標的行動の制御変数も見つけにくくなるので実践としても研究としても望ましくない。[18]

ベースラインの記録から標的行動に改善の余地があると確認できたら、次は**ABC分析**や**AB分析**[19]を行い、増やしたい行動の場合は自発頻度が低い原因、減らしたい行動の場合には自発頻度が高い原因を、できるだけたくさん推定する。[20] この段階では可視化したベースラインの記録から自発頻度の水準、傾向、変動（ばらつき）を読み取り、さらに行動の直接観察や当事者からの聞き取り調査などから情報を入手し、総合して、標的行動を制御すると推定される変数を書き出していく。

行動もあることがわかる。どの行動が認められ、どの行動が認められないかが状況や上司によって変わり、それが部下には知らされていないという実態が「自主性」を妨げている原因であることに気づく。

[14] **トークンエコノミー**。項目35「行動変容の諸技法」を参照。

[15] このような現象は**行動結合**と呼ばれ、基礎学力を向上させる教材などですでに活用されている（Layng et al. 2004）。

[16] 島宗（2014, p. 121）

[17] 項目11「目視分析」を参照。

[18] 項目11「目視分析」を参照。

[19] 項目12「AB法」や項目13「ABA法」を参照。

[20] ABC分析によって原因推定をする方法について詳しくは島宗（2010, 2014）を参照されたい。

行動と環境の制御関係を本書では**行動制御の関数関係**と呼ぶことにする。行動制御の関数関係は、強化や弱化、弁別刺激や確立操作といった行動の諸法則を使って記述する。発達臨床では問題行動の原因を**機能的アセスメント**や**機能分析**によって推定し、検証するが、これらは行動制御の関数関係について目星をつけるための手順である。

実践家や臨床家の多くがこの段階を踏まずに介入を始めてしまうのだが[21]、原因推定の段階を踏む利点は三つある。

一つは初見の成功率を高めることである。特に経験値が低く直観的判断の正確さが低い場合には、丁寧な原因推定とそれに基づく介入立案が行動変容の成功率を高めてくれる。また、最初に立案した介入がうまくいかなかったときにも、その原因を考え、介入を見直し、次の一手を考えるのに役に立つ。

別の理由は説明責任を果たすことである。ヒューマンサービスの仕事ではサービスの提供者が利用者に対し、その手続きを選ぶ理由、メリットやデメリット、リスクなどをあらかじめ説明することが求められるようになってきている。長年の勘や経験、ましてや「なんとなく」では説明責任を果たしているとはみなされない。

もう一つは応用行動分析学の発展に対する寄与である。行動分析学は帰納的アプローチによって行動の諸法則を一般化していく。一つひとつの研究における介入手続きを既知の行動の諸法則で記述しておくことで、まったく異なる対象の、まったく異な

[21]　同様の行動問題に慣れている実践家や臨床家なら、詳細な原因推定をしなくても、この手の問題はこれでうまくいくというような直観的な判断で成功することも多いだろうし、詳細な原因推定をしても結局、真の原因はわからず、それでも課題は解決するということもあるためだろう。

[22]　一九八〇年代初頭には、課題解決を優先し、行動の制御変数の分析を軽視する流れに対する批判が起こり、大きな議論となった（Pierce & Epling, 1980 などを参照）。議論は決着することなく落ち着いたが、現在、応用行動分析学に基づいた臨床を生業とする実践家の数が膨大に増えており、彼らの臨床活動にどこまで制御変数の分析を求めるべきなのかといった議論が今後再燃する可能性がある。

[23]　行動変容の取り組みが失敗する理由の一つは、問題の原因と対応していない解決策の選択にある。行政や企業、学校や家庭などにおける

る行動に対する、見かけ上はまったく異なる介入でも、その共通点と相違点を比較・対比して行動制御の関数関係に関わる知見を積み上げていくことができる[22]。

原因推定が完了したら、行動変容のために操作する変数を特定し、そのための介入を原因推定と先行研究を参考にして立案する。介入には推定した原因に対応する手続きを用いる[23]。数多くの研究によって開発され、効果が確認されてきた行動変容の諸技法から選んだり、組み合わせたりして、対象者や状況に併せて改変するのが一般的であり、確実でもある[24]。

まったく新しい手続きを考案し、その効果を検証することもある。その場合も、その手続きに効果が見込める根拠を、介入を立案する段階で、行動の諸法則として記述しておくことが行動科学としての応用行動分析学にとっては肝心な要件である[25]。

介入を立案したら、いよいよシングルケースデザイン法を用いた効果検証となる。標的行動の測定を続け、データを可視化し、時機をうかがって介入を開始する[26]。そしてベースラインと同様に標的行動の測定を続け、データを可視化し、介入に効果があったかどうかを判断する。

介入の効果判定に統計的検定ではなく**目視分析**を重用するのも、応用行動分析学の特徴である[27]。標的行動の自発頻度を介入前後で比較し、元々の課題解決にとって十分な行動変容が生じたかどうか、つまり社会的妥当性が認められるに至る大きさの差が得られたかどうかを問う。たとえば息子の家庭学習がベースラインで一日あたり平均五

失敗例の大部分はこれにあたるというのが私の経験則である。

[24] 研究としては直接的再現（追試）や系統的再現を狙うことになる（項目10「シングルケースデザイン法」を参照）。

また、項目35「行動変容の諸技法」には、推定される原因と解決策、それを実現する行動変容の諸技法の対応関係の例を、標的行動を増やしたい場合（表35－1）と減らしたい場合（表35－2）に大別して示している。あわせて参照されたい。

[25] 他の心理学であれば仮説を立てる背景として「〇〇理論」や「〇〇モデル」を援用するところである。これに対し応用行動分析学では、手続きを行動の諸法則として記述することで、仮説的構成体や媒介変数を用いず、幅広い領域における多様な行動問題を共通の概念で理解しようとするのである（項目5「応用行動分析学の七大原則」を参照）。

分間だったのが介入によって七分間に伸び、この差に統計的有意差があったとしても、元々期待している学習量が一日三〇分間以上なら、社会的妥当性は低くなる。[28]

社会的妥当性を重視し、シングルケースデザイン法を用いる応用行動分析学では、このように、大きく明確な行動変容を求める傾向があり、これが成果へのコミットメントという立場につながっている。実験で独立変数となる介入手続きには、従属変数となる標的行動に確実に大きな影響を及ぼすと予想できる、いわば「強い」変数が選ばれる傾向が生まれる。このため、行動の制御変数についても再現可能で頑健な関数関係が蓄積されやすい。[29]

一方で、たとえば一〇〇人を対象に導入すれば二〇人くらいには効果があるが、残りの八〇人には効果がないような、いわば「弱い」変数は応用行動分析学では敬遠されがちになる。そのような小さな差の有意性判断は統計的検定を使わざるをえず、シングルケースデザイン法との相性がよくないからである。だが、たとえば公共政策やマスメディアを使った広告の効果検証のように、このような小さな差にも社会的妥当性が認められることもある。そのような要請に行動分析学の知見が適用できないというわけでもない。弱い変数を検証する方法の開発は今後の課題の一つであろう。

さて介入が期待どおりの成果をあげたら、社会的妥当性を調査し、実験は終了する。[30] 介入によってコストを上回る効用があったかどうかを調べる費用対効果の分析もこのときに行う。

[26] 介入開始の時機については項目11「目視分析」を参照。

[27] 目視分析の具体的な手続きについては項目11「目視分析」を、目視分析を補完する統計的分析については項目17「シングルケースデザイン法の評価基準」を参照。

[28] ヒューマンサービスの実践で期待される差は統計的検定で確率的に有意差が認められるのに必要な差よりも大きいことが多い。介入による差は**効果量**と呼ばれるが、最近では他の心理学でも確率的判断に加え、効果量を重視するようになってきている。

[29] 最近、心理学界全体では、よく知られた実験でさえ再現に失敗することがあることが問題になっているが（渡邊 2016 など）、行動分析学では実験的事実がまだ十分に積み重ねられていない検討中の現象を除けば、こうした問題はほとんど生じていない。

先行研究と同様の結果が得られれば、行動制御の関数関係が再現されたことになり[31]、介入手続きやその背景にある行動の諸法則の一般性が高まったことになる。

介入が十分な効果をあげられなければ、ABC／AB分析に戻り、ベースライン期と介入期のデータから再度原因を推定し、次の介入を立案する。効果があがらない理由には、原因推定の誤りの他に、介入に用いた変数が弱いことや[32]、介入手続きの実施が計画どおりに行われなかったことなどがあげられる[33]。

シングルケースデザイン法では、同一の参加者内や複数の実験参加者、あるいは課題や場面間などで、標的行動に対する介入手続きを繰り返して導入し、行動制御の関数関係が一つの実験内で再現できるかどうかを確認する。剰余変数による影響を排除し、内的妥当性を確保する実験計画法である。

参加者間や課題・場面間で介入の効果に違いがみられた場合には、やはりABC／AB分析に戻り、その原因を探り、介入手続きを改変して実験を継続することになる。

一般の心理学が主に用いる実験計画法では、個人差は誤差として取り扱われ、統計的検定では相殺される[34]。

一方、応用行動分析学では、個人差はその原因を探り、対応すべき対象である。したがって、たとえば五名の参加者のうち四名で介入効果がみられ、一名ではみられなかったとしたら、そのままでは研究を終わらせず、残り一名の行動変容を引き起こす

［30］ 研究や実践の目的によっては、一定期間をおいて再度標的行動を測定する期間を設け、標的行動が維持されているかどうかを確認することもある。これは**フォローアップ**と呼ばれる。介入も持続し、同様の効果が継続されているかを確認する場合と、介入は終了し、それでも標的行動が維持されるかどうかを確認する場合がある。

［31］ 先行研究との類似度によって**再現**や**系統的再現**と記述される。

［32］ たとえば確立操作が不十分で好子として設定した後続事象に強化力がなかったり、弁別刺激として提示した刺激が小さすぎて見えなかったりするなど。

［33］ 介入手続き実施の正確さは独立変数の信頼性の問題として位置づけられている（項目8「行動観察の信頼性」を参照）。

［34］ 要因計画法。最近では個人差を誤差として相殺せずに変数の一つとしてモデルに組み込む解析法も用

手続きを見つけるまで手続きの改善を繰り返す[35]。そうすることで、その介入手続きについて個人差に対応できる変形を見いだすことができ、手続きの汎用性を高めることができる。研究としても、個人差の原因を行動制御の関数関係で記述できることになり、やはり行動の諸法則の一般性を高めることになる[36]。

介入手続きによって標的行動を変えることができたとしても、元々の課題を解決するためには、他にもいくつかの行動を変えることが必要な場合もある。前項で解説した自閉症児の早期療育パッケージなどがこうした例である。たとえば療育者と目を合わせたり、「座って」や「ちょうだい」などの簡単な指示に従ったり、「こうやってみて」と言われたら療育者の動作を真似したりと、数多くの下位行動を標的行動に、それぞれを指導する介入手続きを、効果を確認しながら導入していく[37]。

複数の技法を組み合わせた介入を**介入パッケージ**という。学校や施設などの組織で介入パッケージを運用するためには、担当者の研修や訓練、マニュアルなども必要になる。これらをまとめて**介入プログラム**と呼ぶ。応用行動分析学の研究と実践が進んでいくと、介入手続きだけではなく、その介入手続きを使う人の行動マネジメントにも、応用行動分析学の研究と実践が行われるようになっていく。こうした事例については第Ⅳ部「科学的根拠に基づいた実践プログラム」で紹介することにしよう。

いられているが（豊田ら 1992）、相関的な分析であり、制御変数の特定に至るわけではない。

[35] これが応用行動分析学の王道であるが、実際にはここまでせずに終了している研究もある。

[36] 個人差の源泉の多くは遺伝的要因や実験開始前の学習履歴にあり、これらは実験では制御できないため推測するしかないが、それでも介入手続きの改変により行動変容が生じれば、そうした推測にある程度の信憑性が認められることになる。

[37] すべての下位行動を教えなくても済むように、一部の行動を教えれば他の行動が自動的に自発できるようになる仕組みも解明され、用いられている。別項で解説する**等価性**、**関係フレーム反応**、**行動結合**（Koegel & Koegel, 2006）、発達臨床で用いられる**機軸行動**、発達における急激な学習を説明する**転換行動**（Rosales-Ruiz & Baer, 1997）などがあげられる。

5

応用行動分析学の七大原則

——エビデンスに基づいたヒューマンサービス実践の礎

一九六八年。カンザス大学のドナルド・ベア、モントレー・ウォルフ、トッド・リズレイが執筆した論文が、この年に創刊された応用行動分析学の専門誌ＪＡＢＡに掲載された。

応用行動分析学を学問として位置づけた記念碑的な論文であり、その後の研究の方向性に大きな影響を与えることになる。[1] この論文で示された応用行動分析学の七大原則は学問の骨格となり、現在に至るまで継承されている。本項では、その一つひとつについて簡単に解説しよう。

●原則１　応用的であること

研究の対象は、個人や組織、社会によって重要な問題や課題に関連する具体的な行動であること。研究で対象とする標的行動を変容させることで、その個人や組織や社会の問題が低減されたり、解決されることを実験によって示すことが求められる。

一般的な心理学や関連諸領域の研究で用いられる、質問紙などを使った調査法など

[1] 彼らはこのおよそ二〇年後に Some still-current dimensions of applied behavior analysis という題目の論文（Baer et al., 1987）でこの間の研究を振り返り、最初の論文（Baer et al., 1968）で論じた、応用行動分析学の研究のあるべき姿について省察している。

の研究手法は、問題を見つけたり、解決方法を模索するためには役に立つかもしれないが、その研究で問題を解決することにはならない。

実験室で日常生活場面を模した課題を使って行われるシミュレーション実験もこの条件を満たさない。[2] 多くの心理学の研究は、たとえその目的が社会的な問題に関連していたとしても、実験室で抽象的な課題を使って行われる。研究者はその成果を誰かが日常場面の問題解決に流用してくれることを望んではいるのだろうが、いつもそうなるとは限らない。

日常生活におけるリアルな行動を、個人や組織や社会にとって価値があると判断されるところまで、研究として変えてしまおうとするところに、応用行動分析学の研究の大きな特徴がある。

●原則２　行動的であること

標的行動は客観的に測定できる具体的な行動でなければならない。たとえば、ある企業の顧客対応サービスの品質が問題になっているときに、顧客満足度を調査するだけでは、改善すべき従業員の標的行動を見つけたり、評価するのには役立っても、従業員の行動を変えることには直接つながらない。

一般的な心理学の研究では、尺度構成法を使った質問紙調査により、たとえば「自己効力感」や「社会的スキル」などを測定することがある。一見、行動的にみえるこれらの尺度であるが、実際に自発されている具体的な行動を観察して測定しているわ

[2] **アナログ実験**とも呼ばれる。たとえば、給与体系が生産性に及ぼす影響を検討するために、実験参加者を学生アルバイトのような形態で募集し、課題をさせながら、出来高制ボーナスの割合が作業量に及ぼす効果を検証するような研究もあるが (Frisch & Dickinson, 1990)、このような研究は全体的にみれば少数派である。外的妥当性が検証できないことが弱点となる。

けではなく、したがって、行動が変わったかどうかもわからない[3]。応用行動分析学の特徴は目の前で実際に起きている行動を直接取り上げるところに、応用行動分析学の特徴がある。

●原則3　分析的であること

研究で対象とした標的行動が変わるだけでは不十分で、行動が介入によって変わったこと、すなわち因果関係を示すことが求められる。行動が偶然に変化した可能性や、計画していなかった外的要因によって変化してしまった可能性は、実験計画法、主にシングルケースデザイン法を用いて排除することになる。

実践家や臨床家が行う、いわゆるフィールドリサーチやケーススタディでは、標的行動を変えることが第一目的であり、行動が変わりさえすればそれでよしとなることも多いが、応用行動分析学の研究としてはそれでは不十分であるとみなされる[4]。

●原則4　技術的であること

介入は、訓練を受ければ誰でも実行できるように、具体的に、詳細に、正確に記述できるように開発することが求められる。研究成果は他の研究者や実践家によって再現できなければならない。再現可能性が重視されることは他の自然諸科学と共通である。

人を相手にした臨床活動には、その道の権威と認められる人にしか実行できず、説明することさえ難しい「技」があるともいわれるが、応用行動分析学の目的は、同じ

[3]　たとえば、社会的スキルを測定するのによく使われる「Kiss-18」という尺度（菊池 2007）では、「知らない人でもすぐに会話が始められますか」や「何か失敗したときにすぐに謝ることができますか」といった一八の項目について、「いつもそうでない」から「いつもそうだ」までの五段階で自分の行動を評価させるが、こうした行動の自発を観察し、数えているわけでない。

[4]　研究と実践の関係性については項目3「科学的な根拠に基づいた実践」を参照。

ような行動問題に直面した人々に実行可能な解決方法を提供することにある。だから再現できない技は研究としては認められない。逆にいえば、役に立つ名人芸があるのなら、それを誰にでも教えられる技術として解析し、手続きを確立することが研究として重視されるのである。[5]

●原則5　系統的であること

標的行動が介入によって変化し、因果関係も示せたら、その介入によってなぜその標的行動が変わったのかを、基礎研究で明らかにされている、強化や弱化、消去や復帰、弁別や般化など、行動の諸法則をもとに解釈する。

このために、標的行動の頻度が低すぎる、または高すぎる原因を、最初から行動の諸法則を使って推定し、推定した原因に対応した介入を計画、実行し、その結果をもって考察する。

新しい介入が成功するたびにそれを説明する新しい概念を作ってしまっては、無駄な概念が増えていくばかりになる。科学として倹約性を重視することも、他の自然諸科学と共通した特性である。その手続きがなぜ成功したかを、体系化された既存の行動の諸法則で説明し、確認することで、これらの法則の一般性を検証することも、応用科学としての応用行動分析学に求められているのである。[6]

●原則6　効果的であること

解決しようとしていた問題にとって意味がある程度まで標的行動を変えることがで

[5]　項目35「行動変容の諸技法」を参照。

[6]　既存の法則で説明することが難しい結果が繰り返し得られたなら、既存の法則の見直しがなされることになる。つまり、応用研究から基礎研究へ問題提起が行われることになる。

きる介入の開発が求められる。介入を導入する前と後とで標的行動の頻度の差に統計的な有意差があったとしても、それが実践的、社会的に意味がある大きさの変化でなければ[7]、満足のいく成果とは認められない。つまり、効果の大きさの評価基準は確率論（推測統計）だけでは不十分で、社会的妥当性[8]の検証が必要になるのである。

●原則7　般化促進的であること

訓練以外の場面でも標的行動が自発されるようになったり、同じ機能をもつ別の行動が自発されるようになったり、介入を中止しても標的行動が自発され続けたりするように、効果が望ましい方向にできるだけ拡張されるように介入を開発することが求められる。つまり、望ましい般化や維持が生じる工夫とその検証を行うことが必要とされる。

望ましい般化を起こす方略は、介入立案の時点で、介入手続きそのものと同様に、行動の諸法則を用いて設計する。そして、実験計画法の一部に、般化や維持の検証を計画し、データを評価、解釈する。つまり、般化や維持を促進する技法も、介入と同時に、同じ方法で開発することになる。

応用行動分析学の研究や実践でこれら七大原則がどのように具現化されるのか、次項以降に解説していこう。

[7]　たとえば、事故防止のマネジメント手法を開発しているときに、事故の件数は有意に減ったがそれでもまだ頻発しているようなら十分とはいえないし、小学生の算数の成績を上げようとしているときには、五〇点から六〇点への改善で満足せずに、一〇〇点とれることを目指すべきであるという発想である。

[8]　項目4「応用行動分析学の進め方」を参照。

II

応用行動分析学の研究法

6 行動の測度

――誰のどのような行動をどうやって測定するのか

七大原則に「応用的であること」、「行動的であること」と掲げられているように、応用行動分析学は社会的に重要な行動を研究対象とする。困っている人、助けを必要としている人がいれば、社会的な要請があるといえる。ただ、何が重要であり、何が重要でないのかを客観的に線引きすることは難しい。

待機児童を減らそうとして保育所を設置しようとしても近隣住民から反対されることがあるように、ある人にとっての問題解決が他の人にとっては問題になることさえある。

このため、誰かの行動を変えようとするときには、その理由を、第三者も評価できるように何かしらの根拠資料として示すことが求められる。これを**行動変容の文脈**と呼ぶ。

たとえば、体重が増えてきてみっともないという理由だけでダイエットや運動を薦められては納得できなくても、糖尿病や心筋梗塞、脳梗塞などのリスクを下げ、健康に楽しく人生を過ごすためという理由であれば同意する人も多いだろう。この場合、健康に生きることが文脈となり、食事や運動習慣の改善と予後の罹患率との関連を示すデータなどが社会的重要性の根拠資料となる。このような指標は行動変容の外的妥当性を評価するさいにも用いられることになる。[1]

応用行動分析学の七大原則の一つである「効果的であること」には、標的行動の変容のみならず、標的行動を変えようとしたそもそもの問題にも十分な改善があったかどうかを評価することが含まれる。また、このためには、もう一つの原則である「般化促進的であること」を満たすような、最小の介入で最大の効果を得るような工夫が求められるのである。

誰のどのような行動をなぜ変えるのか定まったら、標的行動を測定する方法を検討することになる。このとき、実験の主たる従属変数には、標的行動の望ましい変容を検出できる指標を選ぶ。こうした指標をここでは**行動の測度**と呼ぶことにする。

行動の測度には、頻度、正確さ、形態、強度、反応時間、持続時間、速度などがある。

部下が顧客との次の会議に向けて営業資料を作成している場面を想定しよう。あなたは部下に、顧客が何を求めているか、それに対する自社製品の長所と短所は何かを、まずはノートにできるだけたくさん書き出すよう助言した。しかし、部下は頭を抱えて考え込んだり、この作業とは無関係のメールのやりとりをしている。上司として、部下の行動を何とか変えたいと思い、まずはベースライン水準を測定することに

[1] たとえば、各種疾患に関連する中間的な指標として、中性脂肪や血圧や血糖値などを測定し、標的行動が変容したことでこれらの指標も変化したかどうかを確認する、というように。

した。

はたして、この場面では、どのような行動の測度を使って標的行動を測定すべきだろうか。

頻度を測定するなら、たとえば、出社時から退社時までに書き出した項目の数を数え、就業時間で割ることで、単位時間あたりの回数が求められる。七時間で五項目しか書けなければ、5／7で、およそ0・7回／時となる。

正確さは、総反応数に占める正反応数の割合、あるいは機会あたりに正反応が自発された比率として計算する。たとえば、顧客のニーズとは無関係なことを書いてしまうことが誤反応なら、それを除いた正反応の数を総反応数で割り、百を掛けて正反応率を割合（%）として算出する。ノートに書かれたことについてあなたが部下に質問し、それに対する正反応の数を質問回数で割れば、機会あたりの正反応率を比率として算出できる。

形態は標的行動がどのような動作や軌道で行われるかを測定する測度である。ボールペンでノートに書く行動と、パソコンやスマホのメモアプリで入力する行動に含まれる動作はまったく異なる。ペンを使った書字も達筆な字を生みだす行動とそうではない行動とでは、はねるべきところではね、止めるべきところで止めるなど、ペンの握り方や動かし方に違いがある。そのような動作や軌道の違いを、たとえば数項目からなるチェックリストを用いて記録すれば、形態を量的に評価できるようになる。

強度は行動の強さを測る。この標的行動には頭の中で顧客のニーズなどを考える過程と、考えついたことをノートに書き出す過程とがある。何か思いついたときには、「これだ!」と強くはっきりと考えていたこともあれば、なんとなくぼんやりと考えていたこともあるだろう。ただ、これは本人以外には直接観察できず測定が難しい測度である。[2] もう一つの、ノートに書き出す行動であれば筆圧などを測れば第三者でも比較的簡単に客観的に測定できるかもしれない。

反応時間は行動のきっかけとなる刺激から行動の自発までにかかった時間である。[3] あなたが指示をしてから部下が机の上にノートを出してペンを持ち、この作業にとりかかるまで、あるいは最初の一項目を書き出すまでの時間を測定する。

持続時間は行動が自発されてから終わるまでの時間である。たとえば作業を始めて一分くらいで二〜三項目書いた時点で「もうだめです。わかりません」とあきらめて報告してくるなら、その時間を測定できる。

速度は単位時間あたりの自発回数として測定される。算出方法は頻度と同じだが、**反応間間隔**[4]の短い連続した反応が求められるときに用いる。たとえば、事務所で資料を準備しているときと実際に顧客と打ち合わせしているときとでは求められる反応パターンが異なる。前者では時間をかけてでも隙や漏れのない完成度の高い資料作成が要請され、後者ではその場で顧客から投げかけられた質問や相談にスピーディーに対応することが期待される。後者であれば、たとえば「このような問題を解決できる製

[2] 脳波計やｆＭＲＩ、光トポグラフィなどを用いて脳の状態を観察すれば客観的に測定できるかもしれない。行動分析学では第三者には観察できない内潜的な行動(例:頭の中で「夕飯何食べよう」と言うなど)や刺激(例:食べたアイスが虫歯にしみた痛みなど)を**私的事象**と呼ぶ。ただし、私的/公的の区別は観察可能性の問題でしかなく、観察できないからといって少なくとも理論的な分析対象から除外することはない。観察可能性は技術革新によって改善されるからである。

[3] **反応潜時**とも呼ばれる。

[4] ＩＲＴ(Inter Response Time)と略記される。

品はありますか？」と顧客から質問されたときに、一〇秒あたり二つ以上の提案をするといった速度を用いた目標設定と測定が考えられる。

頻度と速度の使い方の違いからもわかるように、標的行動について何を測定すべきか、すなわち、従属変数としてどのような行動の測度を用いるべきかは、どのような行動変容がなぜ求められているかという文脈によって変わってくる。多少時間をかけても隙のない資料作りに役立つことを考えることや、ぼんやりしたり、よもやまメールなどに妨害されず集中して考えることが目標なら、頻度を測るべきである。あきらめるのが明らかに早すぎ、もう少し考え続ければ他にも思いつくことが予想できるなら持続時間を計ってもいいだろう。このケースで形態や強度の変容が求められることはないと思われるが、たとえば、顧客サービスの一貫として手書きでお礼状を書くといった場面であれば、書字行動の形態を測定し、改善することが重要になるかもしれない。

行動の測度はこれですべてではない。本項で解説した指標以外にも必要に応じた工夫が可能である。たとえば、新人研修における新旧指導法を評価するためには、学習基準を設定し、この基準を達成するまでにかかった練習回数を数えることで比較できよう。

また、行動そのものではなく**行動の所産**を測定することもある。所産とは行動の後に残るものや状況を指す。たとえば、報告書を期限までに作成することが標的なら、キーボードをタイプする行動を観察測定するより、報告書が提出された日時を記録するし、清掃行動を測定するなら、掃いたり、拭いたりする行動より、掃除後に部屋のきれいさを評価するだろう。

重要なのは、標的行動をなぜどのように変容しようとするのかという文脈を明確にし、それに見合った測度を用いることである。

7

インターバル記録法とタイムサンプリング法

――数えにくい行動を客観的に数量化する

応用行動分析学では人々の日常生活における行動を標的とする。標的行動がいつ、どのように行われるかはその人任せである場合も多い[1]。このため、観察期間を限定して標的行動を観察し、客観的に記録する方法が確立されている。どのような観察・記録方法を用いるかは、研究目的や標的行動の特性によって決まってくる。単純に生起回数を数えれば済む場合もあれば、標的行動が自発される前後の出来事を書き残すことが求められる場合もある。開始と終了が不明確な行動を測定し、客観的に数量化する方法も開発されている。ここではそのような方法として**インターバル記録法**と**タイムサンプリング法**を解説しよう。

少年サッカーのチームが試合形式で練習している場面を想定する。選手がシュートを蹴る行動の頻度を測定するのであれば、それぞれ回数を数えれば済む[2]。標的行動の自発開始と終了がはっきりしていて、かつ、開始から終了までの時間が短く、変動が小さいからである。

[1] 行動を自発する機会が制限されていない状況やそのような行動は**フリーオペラント**と呼ばれる。何かしらの刺激に対する反応（例：質問に対する回答）とは異なり、いつ、何を、どのように、どれだけするか、まったく自由な事態であり（Lindsley, 1996）、日常生活にはよくあることなのだが、このような事態における行動制御の関数関係を研究として直接扱う心理学はあまりなく、行動分析学の特徴の一つである。

[2] 行動の持続時間（項目6「行動の測度」を参照）。

ところが、ボールや相手の動きに合わせてフィールド内を移動する行動を測ろうとすると、単純に回数を数えることは難しくなる。そこで、たとえば、ディフェンスの選手については、マークする相手選手を中心とした半径五メートル以内に常に移動することを標的行動と定義し、試合中にそのゾーンにいた割合を測定すれば、測定したい標的行動の頻度に近い指標が得られることになる。しかし、こうなるとシュートとは違って、単純に回数を数えることはできない。

そこで、インターバル記録法やタイムサンプリング法の出番となる。最初に、標的行動を観察する場面や時間帯などを、研究目的や実施上の制限に即して決定する。行動観察のための人手が不足するなら、二〇分ハーフ、前半後半の全四〇分間をすべて観察しなくてもかまわない[3]。たとえば、二〇分のうち、二分間のブロックを三ブロック、ハーフ内の前半、中盤、後半からそれぞれ選ぶことにすればよい。これなら、一試合で六ブロック、計一二分間の測定で終わる。

次に、二分間のブロックを一区間一〇秒の全一二区間に分割する。これが行動観察の最小単位になる。一試合で七二区間の観測値が得られることになる。

インターバル記録法では、区間ごとに行動を観察し、その区間中に行動が自発されていたかどうかを記録する。自発していたと判断する基準には三種類ある。**完全法**ではその区間中ずっと標的行動が自発されていたときに、**部分法**ではその区間中に標的行動が一度でも自発されていたら、**優勢法**ではその区間の半分以上で標的行動が自発

[3] 全数調査するのではなく、四〇分間の試合時間を母集団とし、そこから観察対象とする時間帯を標本抽出（サンプリング）することになる。母集団が等質ではない場合（たとえば、前半・中盤・後半で選手の動きが異なってしかるべき場合など）は、無作為抽出するのではなく、このように各時間帯から抽出すべきである（層化抽出法）。

[4] 任意に設定した秒数ごとに音を出すことができるインターバルタイマーの機能をもった時計や、あらかじめ一定の時間ごとに音が出るように作成した音源ファイルを再生する装置など。

されていたら、それぞれ自発されていたと判断する。
一方、タイムサンプリング法では、区間の区切りの瞬間に行動が自発されていたかどうかを記録する。この例なら、一〇秒ごとに標的行動を観察し、自発の有無を記録していく。

どちらの方法でも、標的行動を直接その場でリアルタイムに観察するときには、観察者に区間の区切りを知らせる仕組みが必要になる[4]。

図7―1には、インターバル記録法の三種類およびタイムサンプリング法で標的行動の自発を判断する方法を示した。灰色で塗りつぶしたところが標的行動が自発されていた時間、すなわち、観察対象とした選手が相手選手の半径五メートル以内にいたときを示す。時間は横方向に進行し、観察者は各区間でこの標的行動が自発していたかどうかを判断する。図では「自発していた」の判断を○、「自発していなかった」の判断を×で示した。第一区間は標的行動が全く自発されていないので、インターバル記録法のどの基準を用いても×となる。第一区間と第二区間の切り替わりの瞬間にも自発されていないので、タイムサンプリング法でも×である。第二区間については、区間の三分の一ほど（三〜四秒間）で標的行動が観察されたので、部分法では○、その他の基準では×となる。第三区間では、区間の九割近くで標的行動が観察され、かつ、次の区間にまたがって持続した。このため、完全法では×となるが、その他の基準では○となる。第五区間の途中から第七区間の最初まで持続して標的行動が

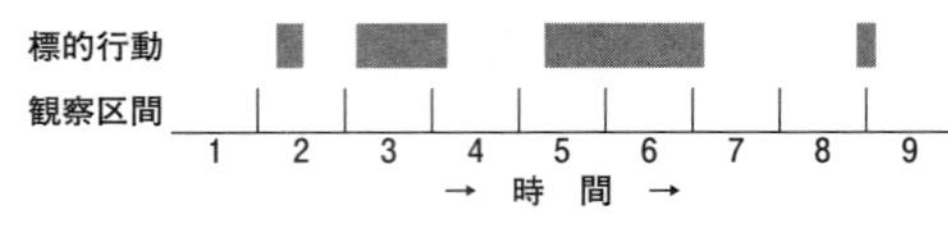

記録

	1	2	3	4	5	6	7	8	9	頻度(%)
インターバル記録法　完全法	×	×	×	×	×	○	×	×	×	11.1
部分法	×	○	○	○	○	○	○	○	○	88.9
優勢法	×	×	○	×	○	○	×	×	×	33.3
タイムサンプリング法	×	×	○	×	○	○	×	○	×	44.4

図7-1　サッカーのディフェンスを測定する方法

自発されたため、第六区間では、完全法を含め、すべての基準で○となる。

いずれの基準や方法を用いても、行動の頻度は、観察区間数に占める標的行動が自発されたと判断された区間数の割合（%）をもって推定する。

図7－1からわかるように、まったく同じ標的行動を観察しても、記録法や基準により標的行動の生起判断が変わり、それによって頻度の推定値も異なる。この例では、灰色の部分が九区間のおよそ四〇パーセントを占めている。したがって、真の頻度に近い推定をしたのはタイムサンプリング法、もしくは優勢法を用いたインターバル記録法ということになる。ただし、いつもこうなるわけではない。

インターバル記録法やタイムサンプリング法を用いた頻度推定の正確性は、標的行動の頻度、持続時間、設定する観察区間の長さによって決まる。たとえば、ボールがフィールドの外に出たときにフィールドの外から中へボールを投げ入れるスローイングは、試合中にかなりの頻度で生じる行動であるが、行動の持続時間は短い。観察区間を長めに設定し（たとえば三〇秒）、タイムサンプリング法を用いて記録したら、三〇秒間に一回の区切りと同時にたまたまスローイングが生じない限り観察されず、推定値は過小評価されてしまう。

記録法および観察区間の長さは、測定対象となる標的行動の頻度と持続時間を事前に調べた上で、できるだけ正確な推定ができるように選択し、設定すべきということになる。

最近では、行動をリアルタイムで直接観察せず、ビデオカメラで撮影し、後でそれを再生しながら観察することが多くなった。動画を再生しながら、標的行動が自発されたときに特定のキーを押すことで、行動の自発頻度や持続時間を計算してくれるソフトウエアなども開発されている[5]。カメラに写っている観察対象の軌道から行動パターンや行動量を自動的に算出してくれるシステムも存在する。さらに、参加者に装着できるウェアラブル機器などの開発が進めば、今後、観察者なしに、直接、行動を測定することも可能になってくるだろう。

[5] たとえば、株式会社ディケイエイチが販売する「行動コーディングシステム BECO」や、Marz Consulting Inc. が販売する Behavior Tracker Pro などがある。前者は Windows でも動作するが、高価である。後者は iPhone/iPad で動作するアプリで、安価だが、英語の解説しかない。スマートフォンやタブレットの普及に伴い、こうした情報端末を活用した行動記録アプリも数多く開発され、手軽に利用されるようになってきている。アプリストアなどで "interval recording" を検索してみてほしい。

8 行動観察の信頼性
──質的研究を客観的に行うために

前項では応用行動分析学でよく用いられる**インターバル記録法**と**タイムサンプリング法**を解説した。標的行動の開始と終了が不明確で持続時間にばらつきがある場合に役立つ観察法だが、実は、より単純な標的行動の頻度測定にも用いられる。なぜなら、これらの方法は**行動観察の信頼性**の評価にも長けているからである。

行動観察の信頼性とは、観察によって得られた行動の測度の信憑性を意味する[1]。同じ観察者が、同じ行動を繰り返し観察しているのに、毎回、異なる測度が得られるようなら、その観察は信用できない。異なる観察者が同じ行動を独立に観察しても、同じ測度が得られるようなら、その観察は信用できよう。

応用行動分析学は、他の多くの心理学と同様に、観察の信頼性を重視する。そして、観察の信頼性については、複数の観察者が独立して同じ行動を観察したときに、どれだけ一致した測度を得られるかをもって評価する。

応用行動分析学の研究は、従属変数に何かしらの連続量を比尺度としてとっているものの、独立変数は介入の有無や種別といった名義尺度であり、独立変数が従属変数

[1] 測定法は、測定したい対象が本当に測定できているかという妥当性と、ここで解説している信頼性の二つの側面で評価される。質問紙法を用いて参加者の自己評価を測定すると、数多くの標的行動について比較的容易にデータを集められる。ただし、介入前後で差があっても自己評価という言語行動の変容に留まっている可能性が残ってしまう。自己評価がどれだけ正確なのかという外的妥当性の問題が生じ、検証が求められることになる。応用行動分析学では標的行動を直接測定するため、この問題はほとんど生じない。

に及ぼす影響も、変化があるかないかという二択で評価することが多い。この意味では、現象を記述する単位を共通化し、測定に関して客観性を確保した**質的研究**であるといえるかもしれない。なお、実験的行動分析学の研究には独立変数と従属変数の間の量的な関係を検討する実験も多く、こうした研究に限定して発表し、議論する学会や研究会もある。[2]

前項と同様に少年サッカーを例に考えてみよう。

たとえば、積極的なチームプレイの指導を目的に、味方からパスを受けようと手をあげて声を出す行動を測定することにする。試合中にこうした呼びかけが少ないフォワードの選手を観察する。シュートほど数えやすくはないが、ディフェンスの移動行動よりは測定しやすそうである。

行動観察の信頼性を評価するために、二人の観察者がそれぞれ二〇分ハーフの試合を観て、前半後半にそれぞれ何回標的行動を自発したか正の字を書いて数えることにした。[3] もちろん、お互いに相手の記録は見ず、別々に数える。その結果、一人の観察者は前半五回、後半四回、もう一人の観察者は前半五回、後半五回と記録した。前半は行動の測度が一致していて、後半は一回ぶんだけ差がある。ここから、前半の記録は信頼できるが、後半の記録は信頼できないといえるだろうか。

標的行動を単純に数える方法では測定の信頼性は評価できない。なぜなら、たとえ同じ数値が得られても、それが同じ行動を数えていたという保証がないからである。[4]

[2] 項目29「選択行為と対応法則」を参照。

[3] このように標的行動の自発数を数える記録法を**事象記録法**という。

[4] 観察者間の測定値の相関係数を計算し、測定の信頼性を示す指標としている研究もあるが、不一致があっても相関係数が高くなることがあるため、ここで解説しているように、この方法には根本的な問題がある。

もしかすると、前半には標的行動が七回自発されていて、そのうちの三回を両方の観察者が数え、あとの四回については、二回ずつ片方の観察者が数え、もう二回ぶんは数え損ねたかもしれない。

二人の観察者をA、Bとし、このようなケースを図8−1に表した。最終的な測定結果は一致していても、個々の測定で一致しているのは太線で囲んだところのみである。これでは信頼できる測定とはいえないことがわかるだろう。

インターバル記録法やタイムサンプリング法を用いれば、測定区間を分割し、区間ごとに測定結果の一致と不一致を照合することで、測定の信頼性を**観察者間一致率**[5]として数値化できる。

観察者間一致率（%）は観察が一致した区間数と一致しなかった区間数の和に観察が一致した区間数が占める割合として計算するのが標準である。[6] 図8−1をインターバル記録法を用いたものとするならば、A、Bともに○とした太枠で囲んだ三区間と、A、Bともに×とした五区間の計八区間が観察が一致した区間数となる。不一致の区間数（○×と×○）は四区間あるので、観察者間一致率は8/12*100で求められ、すなわち六六・七パーセントとなる。

観察者間一致率は慣習として八〇パーセント以上が求められる。あくまで目安であって、数学的、統計学的な根拠はないとされている。どの程度の一致率が必要かは、標的行動の特性や行動観察の方法などと併せてその都度検討すべきである。たとえ

[5] IOAと略記されることがある。

行動

観察者	記録												頻度
A	×	×	○	×	○	×	○	×	×	○	×	○	5
B	×	○	○	×	○	×	×	○	×	○	×	×	5

図8-1　頻度が一致していても信頼できない観察の例

ば、シュートの回数のように、定義が明確で、目立つ標的行動なら、あるいはシュートで決めた得点のように、行動そのものではなく行動の所産を測定しているのであれば、一致率は本来一〇〇パーセントに近くなるはずであり、九〇パーセント以下なら観察や記録に何かしら問題があるはずである。一方、相手選手に対する「ラフ」なプレイのように、定義が不明確で、目立ちにくい標的行動なら、一致率が八〇パーセント近くまで低くなっても仕方がないと許容されるかもしれない。

標的行動の生起頻度が中程度であれば下の計算式[6]で一致率を求め、信頼性の指標とすることに何ら問題がないが、生起頻度が極端に低かったり、高かったりする場合には注意が必要となる。たとえば、一〇〇区間中一区間でしか生じないほど低頻度な行動の場合、その一区間で観察が一致しなくても、残り九九区間ではどちらの観察者も非生起と判断し、これが計算式に組み込まれることで、一致率が過大評価されてしまう。このような場合には、どちらか一方の観察者が生起と判断した区間のみを用いて一致率を算出すべきである。

行動観察の信頼性は、本実験を始める前に、予備的に撮影したビデオ動画などを用いて確認する。観察者間一致率が許容できないくらい低い場合、その理由は標的行動の定義にあることが多い。そうであれば標的行動を課題分析しなおして定義を修正したり、いくつかに分割したり、逆に限定したり、あるいは測定方法を見直す。ベースライン期に標的行動を撮影したビデオ動画を撮りためてしまい、後から一度に一致観

[6]
式）6-1

$$\text{観察者間一致率（\%）} = \frac{\text{観察が一致した区間数}}{\text{観察が一致した区間数} + \text{観察が一致しなかった区間数}} \times 100$$

察を行って、初めて一致率の低さに気づき、仕方なくベースラインを再度取り直すという事態はこうした準備によって避けられる。

観察者が十分に訓練されていないときにも観察者間一致率は低くなる。特に、標的行動の定義が複雑で、ある行動が標的行動かどうかの判断が難しいと、この問題が生じ得る。この場合も、まずは不一致が起こった区間の行動から標的行動の定義を見直したり、曖昧な例を定義に補足したりすることから始めるが、それでも一致率が上がらないなら、撮影した動画の一部を用いて、**観察者訓練**を行う。

観察者訓練でも本番と同じように観察を行うが、実験者が正解とする記録用紙をあらかじめ作成しておき、観察者が観察と記録を終えるたびにその記録用紙を採点し、正誤を知らせる。間違って記録した区間についてはその部分の動画を再生し、標的行動の定義を参照しながら、誤記録の理由を説明する。このような観察者訓練の試行を繰り返し、新しい動画でも正答率が十分に高くなったことを確認してから本番の観察に臨むようにする。[7]

観察者間一致率を求めるさいには、観察者間で一致・不一致に関する協議をしてはいけない。話し合いで決めてしまっては、そもそも独立した観察者間で同じ測定が再現されるかどうかを確かめることにならないので、信頼性の指標として意味をなさなくなってしまう。[8]

実験の目的や仮説を知っている実験者と協議を繰り返すと、観察者の判断が次第に

[7] つまり実験者が用意した記録との一致率が高まるまで訓練を続けることになる。

[8] このような方法で観察の信頼性を検討している心理学の研究もあるが、もちろん誤りである。

実験者の判断に影響され、実験者が望ましいと考える方向にバイアスがかかった測定にさえなりかねない[9]。

実験者のもつバイアスを排除するためにも、観察者は実験の目的や仮説を知らない第三者に依頼し、十分に観察者訓練を行ってから、そして観察対象がベースライン期なのか介入期なのかも可能な限りわからないようにして行動観察を行うことが望ましい。

本実験における行動観察の信頼性を評価するためには、少なくとも全体の二〇パーセント以上のデータについて観察者間一致率を求める。全体のデータから標本抽出するさいには、参加者や条件ごとにおおよそ等しい割合で無作為に抽出した観察機会を対象とすべきである。

[9] 観察者の行動を介した**実験者効果**が生じてしまう可能性がある。

9

記録用紙

――データの信頼性を確認するアナログ的工夫

実験室で実験を行う科学者が日々の記録を実験ノートに残すように、応用行動分析学においても研究は記録用紙に保存される。記録用紙はすべての元になるローデータ[1]であり、必要な情報が漏れなく正確に残されるように工夫する。

ここでは前項から引き続き、少年サッカー選手のコーチングを例にとって解説しよう。標的行動は「味方がボールを保持しているときに、手をあげて、声をかける」、観察法はインターバル記録法を想定する。

図9-1に記録用紙の例を示した。ヘッダーには、選手名、観察対象とする試合が行われた日時、相手チームの名前などを記入する[2]。つまり、後からでも観察対象を特定し得るに足る、十分な情報を残す。

標的行動の定義も記載する。事前に**行動観察の信頼性**を検討し、一致率を高めるために必要になった補足事項も記載しておくとよい。

観察を続けているうちに観察者の判断基準が変化してしまうことがある。**観察者ド**

[1] 加工、処理されていない元々のデータのこと。

[2] 研究として実施する場合には参加者のプライバシーを守り、個人情報を秘匿するため、参加者の識別は氏名ではなく個別に割り当てた記号などで行う。記録用紙にもその記号を用い、個人情報は記入しないようにする。

記録用紙

観察対象：（選手の名前・背番号、もしくは記号）

試 合 日：　年　月　日　：　～　：　相手チーム：（名前か記号）

観察日時：　年　月　日　：　～　：　観察者：（観察者の名前か記号）

条　件：ベースライン　介入期（目標設定）　介入期（目標設定と賞賛）

標的行動「味方がボールを保持しているときに、手をあげて、声をかける」
注記）ボールを保持している味方のパスが届く範囲にいるとき

記録方法
一区間 10 秒のインターバル記録法。標的行動が一度でも観察されたら、その区間の「あり」の□に、一度も観察されなければ「なし」の□に、✓マークをつける（部分法）。

前半 ブロック 1

00:00-0:07 から 0 分～2 分		
1	□あり	□なし
2	□あり	□なし
3	□あり	□なし
4	□あり	□なし
5	□あり	□なし
6	□あり	□なし
7	□あり	□なし
8	□あり	□なし
9	□あり	□なし
10	□あり	□なし
11	□あり	□なし
12	□あり	□なし

前半 ブロック 2

00:07-0:13 から 10 分～12 分		
1	□あり	□なし
2	□あり	□なし
3	□あり	□なし
4	□あり	□なし
5	□あり	□なし
6	□あり	□なし
7	□あり	□なし
8	□あり	□なし
9	□あり	□なし
10	□あり	□なし
11	□あり	□なし
12	□あり	□なし

前半 ブロック 3

00:13-0:20 から 14 分～16 分		
1	□あり	□なし
2	□あり	□なし
3	□あり	□なし
4	□あり	□なし
5	□あり	□なし
6	□あり	□なし
7	□あり	□なし
8	□あり	□なし
9	□あり	□なし
10	□あり	□なし
11	□あり	□なし
12	□あり	□なし

図9-1　記録用紙の例

リフトと呼ばれる現象である。一致観察のために複数の独立した観察者を用意していても、全員に同じような変化が生じると、一致率には低下がみられず、この歪みが検知できない。

観察者ドリフトを防ぐためには、定期的に観察者の再訓練を行って判断基準を安定させるか、観察順序を無作為化して、時系列や条件による差が出ないように相殺する手段が講じられるが、少なくとも、観察を始める前に標的行動の定義を読ませ、再確認すべきである。

標的行動を直接リアルタイムで観察しない場合には、観察した日時の情報も含め、観察者情報も記載する。この情報は後ほど**観察者間一致率**を求めるときにも用いられる。

記録方法に関する教示も記載する。インターバル記録法の場合には特に標的行動が自発されたとする基準を明確に示す。これも観察者ドリフトを防ぐための最低限の配慮となる。

記録用紙の本体部がインターバル記録法を用いたときの典型的な書式である。観察、記録する時間帯を標本抽出する場合には、どこを抽出したのかがわかるように記録する。この例では前半二〇分間をさらに三分割し、各々から無作為に二分間のブロックを抽出している。これがわかるように各ブロックの開始時間と終了時間を書き込む書式となっている。

行動を観察しながら記録用紙に視線を移し、記録してからまた行動観察に戻るという作業は思いのほか難しいものである。観察の信頼性を高めるためにも、記録用紙は観察者が記録しやすく、間違いが起きにくいように工夫する。そのためには予備的な観察をして、その都度、観察者間一致率を確認しながら、記録用紙も改訂していく。

前項で解説したように、標的行動の自発のみを記録するのは避け、自発の有無どちらか一方を必ず記入するようにする。記号を使う場合には、急いで記入しても後から判別できるように紛らわしくない記号を使うようにする。[3] そもそもできるだけ文字や記号は書かせずに、選択肢を用意して○をつければ済むようにする。[4] こうした細やかな工夫の積み重ねが、ローデータの信頼性を高めるために必要であり、重要になる。

図9-1の記録用紙では、上記のような工夫の他にも、区間の行を互い違いに着色することで、同じ行に続けて記録してしまったり、行を飛ばしてしまったりする危険を減らしている。

なお、インターバル記録法では区間中絶えず行動を観察していなければならない。一つ前の区間について記録するために記録用紙に視線を移している間に次の区間の最初のほうを見落としてしまう可能性がある。持続時間が短い行動を標的とするときには特に気をつけなければならない。このため、各区間を観察区間と記録区間に分け、視線移動のために十分な余裕をとることもある。[5] この場合は記録用紙もそのように構成することになる。

[3] たとえば、「○」と「△」や「×」と「✓」は、手書きで急いで書くと後から判別しにくくなるので避けるべきである。

[4] 複数の標的行動を一度に観察し、各々の生起を記録するために、標的行動ごとに記号を決めることがある。たとえば、仲間へのポジティブな働きかけを「P」、ネガティブな働きかけを「N」、どちらでもない働きかけを「M」というように。これを**行動のコーディング**と呼ぶが、この場合には記録用紙の各区間にあらかじめ三つの記号を印刷しておき、観察者は自発が認められた記号に○をつけるようにすべきである。

[5] たとえば一〇秒間観察し、その一〇秒についての判断を五秒以内に記録し、次の一〇秒間を観察するというように。

10

シングルケースデザイン法

――事例研究で因果関係を同定する

応用行動分析学では、標的行動を変えるための介入を計画、導入し、その介入が行動を変えることができたかどうかを確認する。標的行動が変わっただけでは不十分であり、行動変容が介入によって引き起こされたこと、すなわち介入と行動変容との因果関係を示すことが求められる。

近年、他の心理学では、ある特性をもっている人が別のどのような特性をもっているかといった特性間の相関関係に関心を寄せ、調査することが多くなっている。このため、実験による因果関係の解明にこだわり続けることが、応用行動分析学のユニークさの一つになっている。

因果関係を示すことは、応用行動分析学の七大原則[1]のうち、「分析的であること」にあたる。そしてこのための実験計画法として**シングルケースデザイン法**[2]が用いられる。シングルケースデザイン法は行動を増やしたり減らしたりする要因、すなわち、行動の制御変数を見つけるための実験計画法である。因果関係を示すため、介入を導入する前の標的行動と介入を導入した後の標的行動を同一の参加者内で比較する。心

[1] 項目5「応用行動分析学の七大原則」を参照。

[2] **単一事例法**や**一事例の実験デザイン**、あるいは**単一被験体デザイン**と訳されたり、実験参加者が少ないことから**スモール *n* 法**と表記されることもある。しかし、たとえば多層ベースライン法では複数の事例における再現を検討するし、交通安全やゴミのポイ捨て防止などのようなコミュニティを対象とした研究では不特定多数の人の行動が対象とされるので、どれも正確な命名とはいえない。このため本書では日本語には訳さず、「シングルケースデザイン法」と表記することにした。

理学および関連諸領域では、介入を導入する参加者群（実験群）と介入を導入しない参加者群（統制群）を設定し、標的行動に関する平均値などの代表値を比較することで介入の効果を評価する**グループ比較デザイン法**を用いることが標準となっている。

シングルケースデザイン法とグループ比較デザイン法には前提となる考え方にいくつもの大きな違いがあるのだが、ここでは個人差の取り扱いの違いに焦点をあてよう。

グループ比較デザイン法は、母集団から無作為に抽出した、十分な数の参加者を実験群、統制群へ無作為に割り当てることで、介入以外の**剰余変数**による影響を相殺する方法である。相殺される剰余変数のなかには個人差も含まれる。このため、実験群に介入が効果をもたらさなかった参加者がいても、また、統制群に実験群の参加者よりも行動が変化した参加者がいても、群間の平均値に統計的な有意差があると判定されれば、こうした個人差は無視されることになる。個人差を生みだしている要因が追求されることはまずない。

これに対し、シングルケースデザイン法では、個人差に**制御変数**の違いが現れている可能性を積極的に探究する。たとえば、介入が効果をもたらさない参加者がいたら、その参加者の行動が変わるまで介入をカスタマイズしていく。その参加者の行動の制御変数をあきらめずに見つけようとすることで、個人差を生みだしている要因を追究する。

ある介入が、ある特定の母集団に対して、平均的に、あるいは総和的に、どのくらいの行動変容をもたらし得るかを予測するのであれば、グループ比較デザイン法が適している。たとえば、ある都市でそこに暮らす市民が健康診断を自発的に受診する行動を増やすのに、受診に対して提供するインセンティブが総じてどのくらいの効果をもたらすかを予測したい場合などである。

ところが、こうした研究からは、インセンティブを提供しても受診しない人たちの行動をどうすれば変えればいいのかまではわからない。シングルケースデザイン法を用いると、特定個人の行動を対象に、行動が変わるまで条件を変えながら介入を続けることで、どうすれば行動が変わるのかがわかるようになる。

個人差が介入効果に及ぼす影響が無視できるほど小さいケース[3]や個別の介入をそもそも想定していないケース[4]について研究する場合には、行動分析学の研究でもグループ比較デザイン法を用いることに妥当性がある。一方、個人差が大きい場合、また、個人差に応じて個別の対応をすることが期待されていたり、必要になるケースでは、シングルケースデザイン法を用いて研究することに妥当性があるといえよう[5]。特別支援教育や心理発達臨床、福祉や介護など、個人差が大きく、個人の行動に個別に対応することが多い職域で応用行動分析学の研究や実践がこれまで先行して展開し、成功してきた背景には、このような理由もあると考えられる。

シングルケースデザイン法は実践家に開かれた研究法である。対象者が一人しかい

[3] 医療効果が確実で大きな薬物による治療など。

[4] マスメディアを使った広告の効果測定など。

[5] ただし、遺伝子情報を活用したオーダーメイドの医療研究が進められているように、個人差に対応する技術革新が進み、相殺するより対応するほうがメリットが大きいことが判明すればこうした判断も変わってくるだろう。

なくても研究が成立するし、実験の途中で対象者に合わせて介入を変更することも可能だからだ。

たとえば介護施設に入居している認知症の利用者が毎日間違いなく薬を飲むように支援したいと考えている介護士を想定しよう。薬をあらかじめ小分けし、大きなカレンダーを用意して日ごとに貼り付けておき、薬を飲んだらカレンダーに丸印を書くように利用者に教示して、できたらそれを賞賛するといった介入の有効性を検討しようとする。

グループ比較デザイン法を用いるなら、同じような利用者を多数集め、実験群と統制群に無作為に分けて実験しなければならないが、現実的には難しい。等質の利用者が十分にいるとは限らないし、有効と予想する介入を実験のために導入しない統制群を設けることは倫理的に問題となるからである。

これに対し、シングルケースデザイン法であれば、対象となる利用者がたった一人でも実験を始めることができる[6]。仮説検証が目的のグループ比較デザイン法では、いったん実験が始まったら終わるまで、実験群の参加者全員に同一の介入手続きを一貫して実施しなくてはならないが、シングルケースデザイン法であれば最初の介入手続きに効果がないと判断された参加者には、随時、その参加者にあった介入を導入できる。シングルケースデザイン法は、まさに、人の行動変容を仕事とする実践家に適した研究法であるといえるだろう。

[6] シングルケースデザイン法は実験参加者が一人しかいなくても成立する研究法ではあるが、学術雑誌に掲載される研究の水準としては、ある介入の効果が一人の参加者のみにみられたという報告では不十分であることが多い。標的行動の変化と介入との因果関係を示すには、複数の参加者や複数の場面で同じ制御変数の効果が再現されることが必要になるからである。

シングルケースデザイン法とグループ比較デザイン法には他にもいくつかの大きな違いがある。ここでは研究から得られた知見の一般性に関する考え方の違いを解説しよう。

グループ比較デザイン法を用いる研究では、前述したようにまず母集団を想定し、特定の仮説を立てるところから研究が始まる。そして、研究で検証しようとする仮説に基づき、行動の制御変数を導入する実験群と導入しない統制群を設定し、母集団から無作為に抽出した標本を実験群と統制群に無作為に割り当て、各群の平均値など、代表値の差を求め、統計的検定を行い、それが偶然による差であるとは考えにくい場合に、仮説が支持されたと判断する。

このような手続きを忠実に行った研究の成果はかなりの確度で一般化することが可能となる。つまり、その研究に参加していなかったが、同じ母集団に属す他の人に対し、同じ実験を繰り返しても同じ結果が得られる可能性が大きい[7]。その実験には参加していなかった人にもあてはまる、より一般的な法則を一回の実験から導こうとするという点で、グループ比較デザイン法は**演繹的なアプローチ**ということになる。

これに対し、シングルケースデザイン法を用いる研究では、母集団を想定することもなければ、一般的な法則を求めるための仮説を立てることもしない。もちろん、たとえば、問題行動と両立しない別の行動を強化して頻度を増やせばその結果として問題行動の頻度が下がるだろうといった、制御変数に関する推測は行う。しかし、こう

[7] ところが、よく知られていて、教科書にも紹介されることが多い心理学の実験でさえ容易に再現されないことがあり、**心理学の再現性問題**として議論されている。詳しくは二〇一六年に刊行された『心理学評論』（五十九巻一号）の特集を参照されたい。

グループ比較デザイン法の起源は農作の生産性を上げるための実験にある。個人差が大きく、剰余変数が多数あり、母集団を想定してそこから無作為抽出をすることが技術的に困難な心理学研究へそのまま導入することにそもそも無理があるのかもしれない。

した推測の一般性をこの実験単独で証明しようとするわけではない。シングルケースデザイン法を使って行われる実験からわかることは、その実験で対象とした標的行動の制御変数に関してのみだからだ。

シングルケースデザイン法における一般化は**再現**や**系統的再現**によって進めることになる。再現とは、ある研究とほぼ同じ条件で行う実験の繰り返しのことである。追試といってもよい。系統的再現は、ある研究と、参加者や場面、状況など、介入に関わる中心的な制御変数以外の変数をかなり変化させて行う実験の繰り返しのことである。再現や系統的再現を試みた実験によって、制御変数と行動との関係が一貫して得られれば、その関係はより一般性が高いものと判断されることになる。たとえば、上述した、両立しない行動を強化することで問題行動の頻度が低下することは、子どもでも大人でも、人でも犬でも、学校でも家庭でも、障害があってもなくても再現されているので、かなり一般的な法則であるといえる。一般的な法則を、単一の実験からではなく、複数の異なる実験の繰り返しによって導こうとするという点で、シングルケースデザイン法は**帰納的なアプローチ**であるといえる。

ヒューマンサービスにエビデンスを求める社会的な動向を背景に[8]、シングルケースデザイン法を用いた研究の評価法も見直されてきている。

実験計画法として最も強いエビデンスを示せるのは、母集団からの無作為抽出と各群への無作為割り当てを実現したグループ比較デザイン法とみなされている[9]。一方、

[8] 項目3「科学的な根拠に基づいた実践」を参照。

[9] **無作為化比較試験**。RCTと略される。

現時点では、シングルケースデザイン法を用いて行われた研究の成果はそれほど強いエビデンスとは認められていない。

研究法のもつ目的の違いからすればもっともなことではある。前述のとおりシングルケースデザイン法はそもそも単独の実験による一般的な法則の発見を目的としていない。一般性は、類似した研究をまとめ、比較参照することで評価される。これまでは慣例として、研究論文の考察のセクションや展望論文で質的に行われていたことであり、一般性を数量的に評価する標準的な手続きが未だ確立されていない。しかし、このままでは、シングルケースデザイン法を用いた研究から見いだされ、すでに実践に移されて有効であるとわかっている介入や技法さえ使えなくなってしまうかもしれない。

そこで、シングルケースデザイン法を用いた複数の研究をまとめて評価する方法の開発が始められている。具体的には、個々の実験の成果を一つのデータとみなし、類似した実験のデータをまとめてメタ分析し、総合的な効果を評価しようとする試みである。このためには個々の実験における成果を介入の**効果量**として数量化することが必要で、このための算出方法が開発されつつある。[10]

シングルケースデザイン法は、現在、応用行動分析学以外の学問領域でも注目されている。[11] 統計の専門家による効果量の数量化やメタ分析も進んでいる。[12] 今後、再現や系統的再現による帰納的な一般化の手続きが統計学的に標準化されていく可能性がある。[13]

[10] 項目17「シングルケースデザイン法の評価基準」を参照。

[11] たとえば、*Journal of Applied Sport Psychology* では二〇一三年にスポーツ心理学におけるシングルケースデザイン法の特集号が組まれている（二十五巻一号）。

[12] たとえば、Smith (2012) など。

[13] たとえば、Kratochwill et al. (2010)を参照。シングルケースデザイン法を用いた研究論文が行動分析学以外の学術雑誌にも投稿されるようになってきたため、研究や論文を評価する基準づくりも進められている。SCRIBE（The Single-Case Reporting guideline In BEhavioural interventions）はそのうちの一つであり（Tate et al. 2016）、APAもこれに基づいて投稿規定を改訂している（Appelbaum et al. 2018）。

11

目視分析

――ローデータを最大限に活用する

シングルケースデザイン法ではデータをできるだけ加工せず、グラフに表し、目で視て評価するのが基本となる。主に折れ線グラフが用いられる。横軸に時系列尺度をとり、縦軸に標的行動の指標、すなわち従属変数をとる。介入の狙いが標的行動を増やす、あるいは減らすことにあるなら、従属変数は標的行動の自発頻度になる。[1] グラフの縦軸は、標的行動がまったく自発されていない「0」を原点、その標的行動が最大限に自発されたときの頻度を想定して最大値に指定し、作成する。

介入を導入する前には標的行動の現状を把握する**ベースライン期**を設け、水準、傾向、変動の三点をグラフから読み取る。**水準**については、標的行動がどのくらいの頻度で自発されているかを評価する。折れ線全体の縦軸に対する位置を視ることになる（図11－1）。**傾向**については、標的行動の頻度が減少しているか、増加しているか、変化がないかを判断する（図11－2）。折れ線グラフの傾きを視て評価することになる。**変動**については、同じくらいの頻度で安定しているか、頻度が多いときと少ない

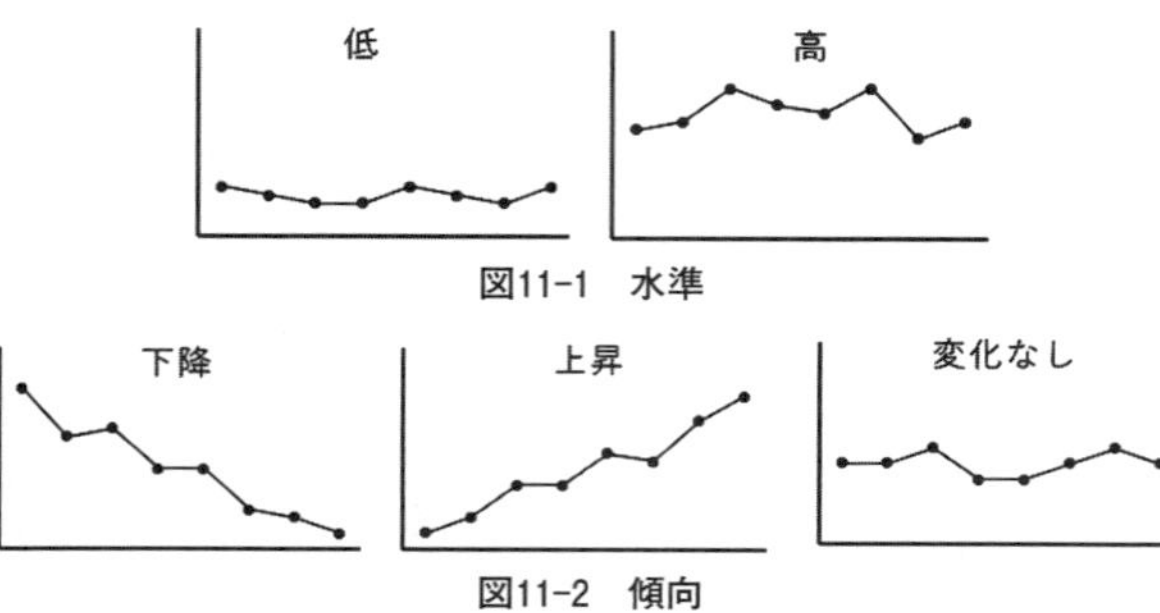

図11-1　水準

図11-2　傾向

ときがあるか、すなわち折れ線がどのくらい直線的か、ばらつきが多くてジグザグしているのかを視て評価することになる（図11－3）。変動が大きいときには**傾向線**[2]と呼ばれる補助線を引くと、傾向が読み取りやすくなる。

シングルケースデザイン法では標的行動の**反復測定**[3]を行う。十分に長いベースライン期をとることが望ましい。介入を導入した後に、ベースライン期と**介入期**とでデータを比較して差があるかどうかを目で視て判断することになるのだが、同一条件内でも標的行動の水準、傾向、変動が安定するまでにしばらく時間がかかることも多いからである[4]。一、二回の測定では増加しているのか減少しているのか、傾向すらわからない。少なくとも三回、できれば五回以上の測定が必要である。

データが安定するまでに必要な測定回数は標的行動や場面の特性に依存する。事前に決めることはできない。研究計画を立てる時点でベースライン期や介入期の日数や試行数などをあらかじめ決めてしまうのはよくある間違いである。

介入を開始するタイミングは、ベースライン期もしくは介入期の直前の条件におけるデータの水準、傾向、変動を視て決める。増やしたい行動の頻度が上昇傾向にあるなら、上昇傾向が止まるまで介入は導入すべきではない。なぜなら、そのような傾向がある状況で介入を開始し、介入導入後も標的行動の頻度が上昇していたら、それが介入によるものなのか、そもそもあった上昇傾向が続いているのか、その両方が影響しているのか判断がつかなくなってしまうからである（図11－4）。こうなると、標

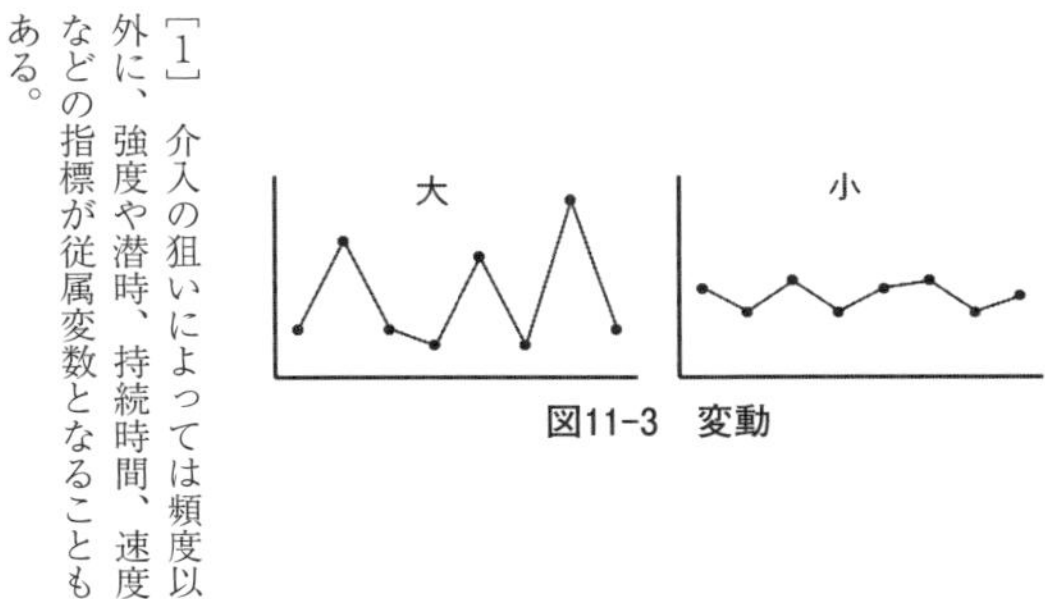

図11-3　変動

［1］介入の狙いによっては頻度以外に、強度や潜時、持続時間、速度などの指標が従属変数となることもある。

［2］線の引き方は後述する。

［3］項目12「AB法」を参照。

［4］ここでの「安定」とは傾向や変動がなくなるということではな

的行動の制御変数を確定するにあたって、内的妥当性が確保できないことになる。[5]

逆に、増やしたい標的行動が減少していたり、減らしたい行動が増加したりしているときには、傾向があってもベースラインを長期間測定する必要はない。介入によって傾向を逆転させることが狙いであり、傾向の逆転が介入に効果があったかどうかを判断する評価基準になるからである（図11－5）。

変動が大きい場合は、変動が小さくなるのを待つのが理想的であるが、例外もある。たとえば、客がスーパーに来店する行動を標的行動として記録していたとしよう。週末と平日とで来店客数が大きく異なると、折れ線グラフにしたときにこれが変動になって現れる。このように、変動の要因が容易に推定でき、今後もその変動が維持されそうであるなら、変動が収まるのを待つ必要はない。一定の変動をもったまま均衡しているデータとして扱うことが可能である。平日と週末のデータを別の折れ線として図示すれば、介入が各々に及ぼす効果も目視できる。

心理学における一般的な研究法では、平均値や標準偏差など、代表値による記述統計を用いるが、前述したように応用行動分析学ではできるだけローデータに近いままで目視分析を行う。データを代表値に収束させることで行動の制御変数に関わる重要な情報が失われることがあるからだ。[6]

図11－5のベースライン期と介入期の折れ線を見比べていただきたい。それぞれ平均値が9・0で、標準偏差は4・8のデータである。この二種類の代表値からだけで

い。ある一定の傾向や変動を保持した均衡状態に収まり、それが維持されている状態という意味である。

[5] 内的妥当性については、項目17「シングルケースデザイン法の評価基準」を参照。

[6] 記憶研究で有名な認知心理学者のロフタスが「百聞は一見にしかず」をもじった題目の論文で、統計的検定よりもデータの図示を推奨していることはたいへん興味深い（Loftus, 1993）。

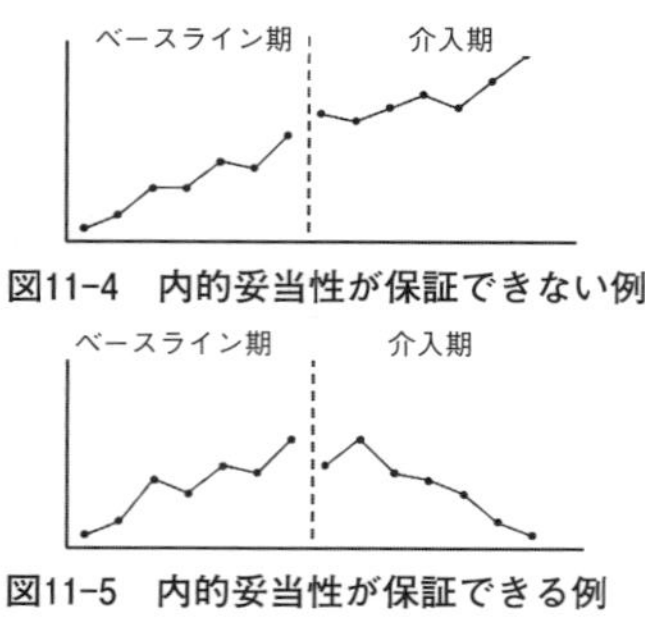

図11-4　内的妥当性が保証できない例

図11-5　内的妥当性が保証できる例

は両条件に差がないことになってしまう。ベースライン期と介入期では明らかに傾向が逆転しているのに、この傾向が記述できないことがわかっていただけると思う。

シングルケースデザイン法を用いて得られる時系列データには自己相関があることも多いため、t 検定や分散分析などは適用できない[7]。無理やり検定したとしても、先述の条件間には統計的な有意差が認められない。

変動についても同様である。標準偏差や分散のような代表値として集約すると、スーパーの例のような特有のパターンを見落とす可能性がある。

図11－6で左右の折れ線を見比べていただきたい。こちらも平均値と標準偏差が同じ二つのデータ系列であるが、よく見るとわかるように、右側には左側にはない、連続した五つのデータポイントの上昇とその後の急激な低下というパターンが見つかる。このパターンに意味があるのかどうか、たまたま生じた偶発的な出来事なのかどうかの判断はこれだけではできないが、たとえばこれが平日にスーパーでお酒を購入した客の数というような情報が付加されれば、変動を生む要因が推測可能になる。

平均値や標準偏差などの代表値は、傾向や変動を生んでいる個人差や測定誤差を相殺し、条件間の差の大きさを単純に比較するときには便利である。ところが、傾向や変動を生んでいる要因には、標的行動の制御変数を知るのに重要な情報が隠れていることがよくある。標的行動の制御変数を見つけることが究極の目的となる応用行動分析学ではそれゆえに、分散を相殺せず、データをできるだけ生の状態で可視化するの

[7] シングルケースデザイン法における統計的検定については、項目17「シングルケースデザイン法の評価基準」を参照。

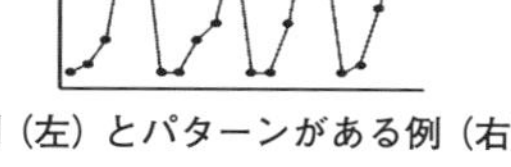

図11-6　分散にパターンがない例（左）とパターンがある例（右）

だ。

目視分析に用いるグラフの作り方について詳しく解説しよう。

横軸の単位は研究の目的や実験手続きによって変わる。日付や週、月などは暦と連動する尺度である。セッション[8]や試行、複数の試行をまとめたブロック[9]などは、測定や訓練の回数と連動する尺度である。

曜日や平日／休日、季節や行事などが剰余変数になりそうなら、その影響を図から読み取れるように暦と連動させた時系列尺度を採用すべきである。測定や訓練の機会を統制しようとするなら、その回数と連動する尺度を採用すべきである[10]。いずれの場合も時系列は間隔尺度以上であること、つまり、横軸の目盛間隔は等間隔になっていることが必要であり、用いた尺度は横軸名として図に記載する。

複数の参加者のデータは平均をとってまとめず、それぞれ別々にグラフにする[11]。正反応の速度が上がると誤反応が増えるときなどは、正反応率としてまとめて計算するより、正反応数と誤反応数の頻度を別々にプロットしたほうがいい場合もある。

グラフはいつ作るべきだろうか。一般的な心理学の研究では、データを収集し、集計し、統計的な処理や分析を終えた後で、その結果をまとめて示すために作図する。シングルケースデザイン法を用いて研究するときには、実験を始める前からグラフ作成の準備をして、実験をしながらデータが得られるたびに、プロットし、グラフを更新していく。シングルケースデザイン法におけるグラフの役割は、標的行動の制御

[8] たとえば、週に二回、教育相談に訪れる親子のプレイルームでのやりとりを測定するような場合、一回の訪問ごとに一セッションと数える。

[9] たとえば、英語の聞き取り訓練をするプログラムでは、一単語を聞かせ、選択肢から回答を選ばせるまでを一試行と数える。そして、たとえば五つの単語を訓練しようとするときには、五試行を一ブロックと数え、同じブロックには五つの単語が一回ずつ無作為な順序で提示されるようにしたりする。

[10] たとえば、英語の聞き取り訓練では、選択肢から正解を選ぶ反応を強化しなくても同じ単語を繰り返し聴くだけで正答率が上昇するかもしれない。このため、強化の手続きの効果を検証するのであれば、試行の繰り返しだけでは正答率が上昇しないことを確認する手続きを含めることになる。

変数を推測したり、介入を立案したり、介入を導入するタイミングを判断したり、介入の効果を評価しながら、さらなる介入が必要かどうかを判断することにある。このために、データの分析はデータをとりながらリアルタイムで行うのである。いざ実験が始まり、ベースライン期でデータ収集をしてグラフを描いていくうちに、データの水準や傾向、分散から、事前に決めていた横軸や縦軸の取り方を変更する場合もある。

一般的な心理学では、データをすべて収集してから分析を始めるが、シングルケースデザイン法を使った実験では、実験が終わった段階で実験の主な目的に関する分析は終了していることになる。[12]

実験しながらリアルタイムで作図し、目視分析を行うための技法がいくつか開発されている。

水準と傾向はグラフに傾向線を書き込むと判断しやすい。**四分割法**や**スプリットミドルライン法**を使えば、定規とペンだけで傾向線を引くこともできる。

四分割法は、データを時系列（横方向）で二分割し、前半と後半、それぞれの中央値（縦方向）と前半後半をそれぞれさらに二分割する縦線との交点を結ぶことで傾向線を引く方法である。[13] スプリットミドルライン法は該当する範囲のデータポイントのうち半数が傾向線の上側に、半数が傾向線の下側に来るように線を引く方法である。

しかしながら、データポイントが一つ増えるたびにこうした方法で傾向線を引きな

[11] 一つのグラフに別々の折れ線で描き入れるのではなく、別の図として作成する。

[12] 実験終了後に全データを再分析し、行動制御の関数関係がよりわかりやすく視えるように作図しなおすこともある。

[13] 島宗（2014, pp. 124-127）を参照。

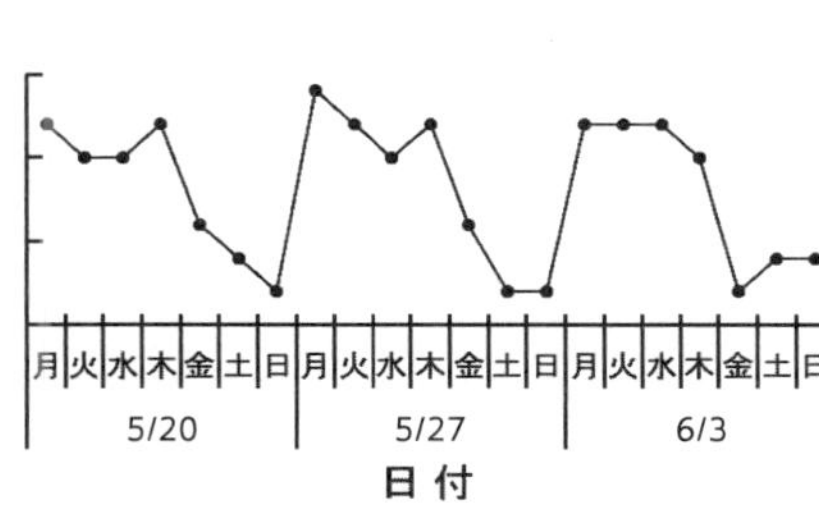

図11-7　変動要因が推定できるときの作図例

おすには手間がかかる。エクセルなどの表計算ソフトにデータを入力し、作図すれば、データから直線回帰式を自動的に計算し、補助線を引くこともできる。

変動についてはデータのばらつきを読み取る。傾向線を引けば、データポイントが傾向線に近い範囲に収まっているか（変動が小さい）、傾向線を大きくまたぎながら上下しているかどうか（変動が大きい）を読み取れる。

不規則で大きな変動がある場合には、その原因を推測する。行動を観察・記録するときに、従属変数や独立変数以外の情報であっても、気づいたことを記録用紙に書き残しておくと役に立つ。たとえば、季節外れの大雪が行動に影響したと推測できるなら、図に矢印を書き込んで補足するとよい。規則的な変動がみられる場合、たとえば曜日による変動がありそうなら、横軸に曜日情報を追加してもよい（図11－7）。

ベースライン期のデータと介入期のデータは同じグラフに連続してプロットする。折れ線はつなげず、ベースライン期と介入期の間に縦の細い線あるいは点線を引く。これを**条件変更線**と呼ぶ。このようにすると、条件変更線の前後（左右）で二つの折れ線を見て比べやすくなる（図11－8）。

ベースライン期と介入期には操作した独立変数がわかるように条件名を書き込む。ベースライン期は「ベースライン」と書くことが慣例となっているが、介入期は「介入期」とだけ書いたのでは、どのような独立変数を投入したのかわからない。操作した変数がわかるように簡潔かつ正確に条件名を記述する。

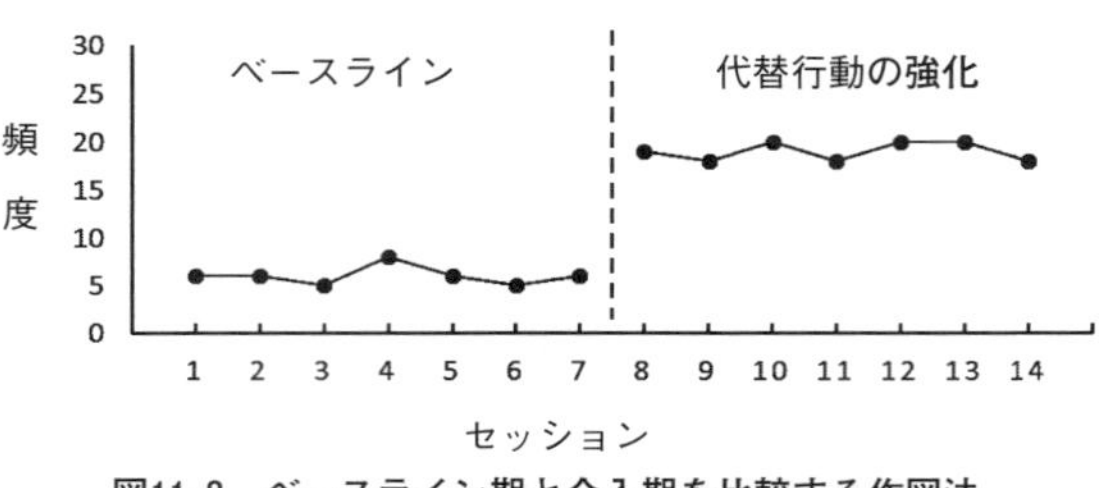

図11-8　ベースライン期と介入期を比較する作図法

12 ＡＢ法

——侮れない基本のき

シングルケースデザイン法の考え方を学ぶときに基本となるのが**ＡＢ法**である。Ａがベースライン期、Ｂが介入期を示し、この二つの条件間で標的行動が変わったかどうか、従属変数を比較する。後述するがＡＢ法では剰余変数を統制できず、内的妥当性が保証されない。介入が標的行動の変容の原因であることを単独で示すことはできない[1]。

それでも、標的行動の制御変数を探索したり、すでに効果が確認されている介入の効果を確認しながら実践に用いるときには便利な方法である。ここでは、シングルケースデザイン法の基本的なロジックを説明するためにも、最もシンプルなこの実験計画法を解説しよう。

まず、ベースライン期に、十分に長い期間、標的行動を測定し、可能な限り安定したデータをとる。同じ条件で、時系列にわたって繰り返し測定をすることを**反復測定**と呼ぶ。シングルケースデザイン法の特徴の一つであり、前項で解説したように、データの水準だけではなく、傾向と変動を把握するために行う。

［1］ 七大原則のうち「分析的であること」を満たせない。このため行動変容を示せたとしても、ＡＢ法のみでは、その成果が行動分析学の学術雑誌に研究論文として掲載されることは現在ではまずない。

［2］ たとえば、介入の有無を参加者間要因、介入の前後を参加者内要因とした2要因混合計画法。

グループ比較デザイン法でも、介入の前後で従属変数を測定し、参加者内要因として比較することは可能で、よく行われている。[2] しかし、多くの場合、介入前後のデータポイントは参加者あたり各一点で、それ以上の反復測定が行われることはめったにない。

なぜ反復測定を行うのだろうか。第一の理由は、時間経過による傾向の有無を判断するためである。

参加者内要因を行うグループ比較デザイン法で図12－1のデータが得られたとしよう。事前と事後で十分な差があり、統計的検定にかけても有意差があった。だとしても、これだけでは介入と行動変容の因果関係は示せない。なぜなら、もしかしたら、この従属変数には図12－2に示されるような上昇傾向がもともとあり、何もしなくても行動は増えていたかもしれないからである。

ＡＢ法ではベースライン期と介入期のデータを比較するのだが、正確にいえば、ベースライン期のデータから予測される介入期のデータと介入期に実測されたデータを比較することになる。

図12－3にはベースライン期のデータを用い、最小二乗法を使って計算した直線回帰式による補助線を介入期まで延長して描き込んだ。これがベースライン期のデータを使った予測傾向線である。目視分析によって比較するのは、この予測線と介入期の実測値そしてそれをもとにして同様に作成した実測傾向線ということになる。これら

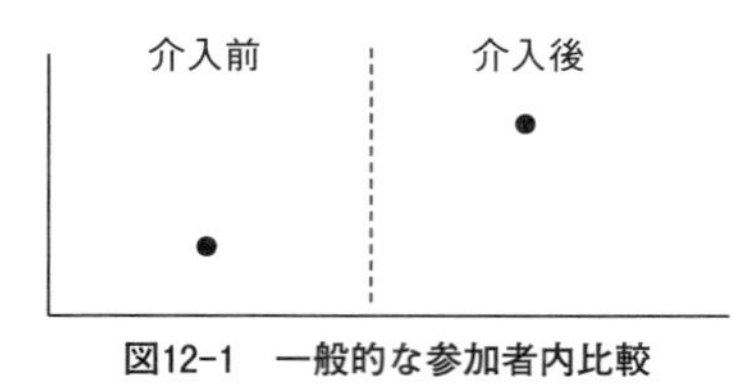

図12-1　一般的な参加者内比較

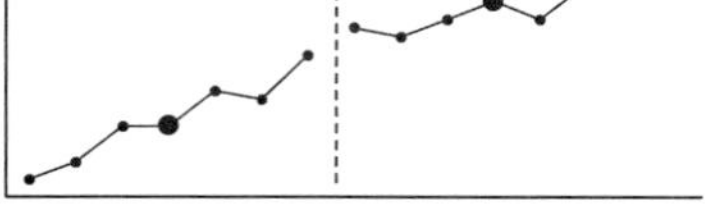

ベースライン期　介入期

図12-2　反復測定による参加者内比較

を併せて図12－4に示す。

反復測定を行う第二の理由はデータの変動に関する情報を得るためである。これには、変動から標的行動の制御変数を推測するという意味[3]と、介入の効果判定に活かすという二つの目的がある。

図12－5には予測傾向線と実測傾向線の上下にベースライン期、介入期それぞれにおけるすべてのデータポイントが含まれる範囲の補助線を引き[4]、この区間をグレーに着色した。この区間がどれだけ離れているか、どれだけ重複していていないかが介入が行動変容に及ぼした**効果量**を示すことになる[5]。図12－5のデータは分散が小さいため、両区間に重複がなく、大きな効果があったことがわかる。これに対し、図12－6には、図12－5のデータとほぼ同じ水準と傾向をもち、ただし分散の大きなデータを同じように図示した。予測傾向線と実測傾向線を中心とした区間に重複があり、従って効果量が小さくなることがわかるだろう。データの変動が大きければ、予測傾向線を中心とした信頼区間の幅が広がり、それだけ実測傾向線との差が見いだしにくいことになるのである。

ベースライン期において、データの変動ができるだけ小さくなるように、標的行動の定義や測定法、観察場面などを調整することが望ましいのは、そうすることで、介入の効果をより明確に示せるからである。

[3] 項目11「目視分析」を参照。

[4] たとえば95パーセント信頼区間のように、有意水準を任意に決めて設定することも可能。

[5] 効果量の計算方法は項目17「シングルケースデザイン法の評価基準」を参照。

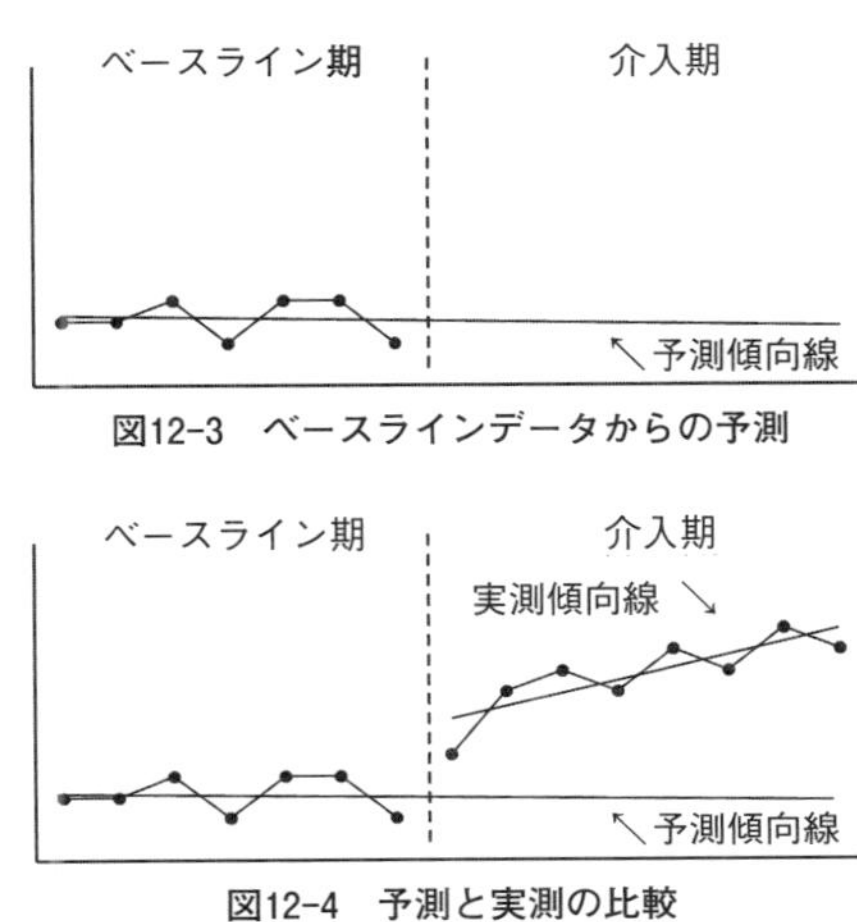

図12-3　ベースラインデータからの予測

図12-4　予測と実測の比較

また、ベースライン期にできるだけ長い期間、あるいは数多く反復測定することが望ましいのは、そうすることで、より確度の高い予測傾向線を引くことができるからである。つまり、AB法は参加者内の傾向と分散を反復測定によって統制する実験計画法なのである。参加者の成熟や時間経過による学習などの剰余変数はある程度排除できる。反復測定数が十分なら、データに傾向があっても、介入によってその傾向が変わったかどうかを統計的に評価することも可能になってきている[6]。

ただし、AB法では介入開始と同時に発生したかもしれない剰余変数の影響は統制できない。実践家や実験者が知り得ない、たとえばクライアントの家庭で起きたことや社会情勢、天候など、偶然に生じ得る様々な事象の影響に対しては無防備である。このために、次項以降に解説する様々な実験計画法が考案され、使われてきている。

それでもAB法は、行動変容に取り組む実践家にとっては、実行しやすく、結果も解釈しやすく、自らの実践の効果を確認しながら仕事をするには最適な研究法である。応用行動分析学の始まりもAB法であった[7]。剰余変数に対する脆弱性も、同様の実践の再現や系統的再現を数多く繰り返すことで対応できないわけではない[8]。根拠に基づいた実践を社会に広げていくためには有効な方法論だと考える。

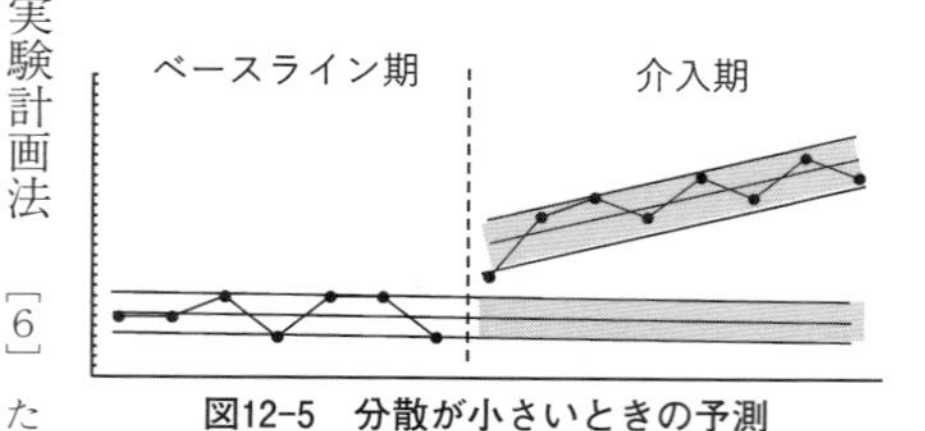

図12-5　分散が小さいときの予測

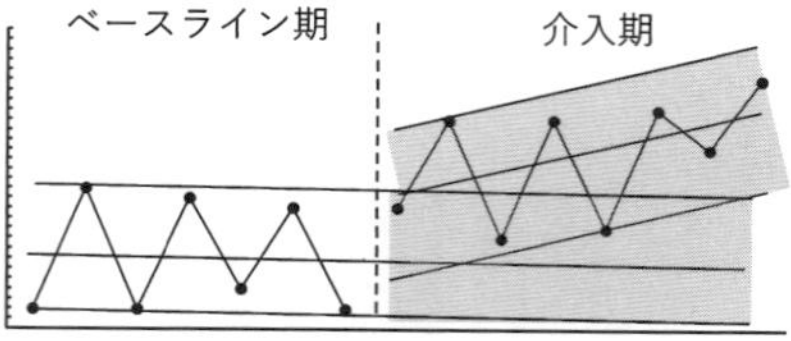

ベースライン期　介入期

図12-6　分散が大きいときの予測

[6] たとえば傾向も算入するTau-*U*検定（Parker et al., 2011）。

[7] 項目1「応用行動分析学のはじまり」を参照。

[8] たとえば同じ介入の効果を異なる国や地域の研究者が各地で異なる参加者に対し、ABデザインを用いて実験を行い、その成果をまとめて評価する方法など。

13

ＡＢＡ法（反転法）

――シンプルにわかりやすく効果検証

ＡＢ法では統制できない偶発的な剰余変数の影響を介入の導入と中断を繰り返すことで統制する実験計画法が**反転法**である。Ａをベースライン期、Ｂを介入期として、ＡＢＡの順序で条件を反転させるのが基本となる。このため**ＡＢＡ法**とも呼ばれている。介入により行動が変わったことを確認した後に介入を中断し、ベースライン期と同じ条件に戻すことで、標的行動の測度が最初のベースライン期と同等の水準に戻れば、介入期の行動変容が介入によるものであった可能性が高まる。

反転法における効果判定はＡＢ法と同様の**目視分析**を用いる。まず、介入の効果を最初のベースライン期からの予測傾向線と介入期の実測傾向線およびその範囲を用いて行う[1]。次に、条件を反転した後は、今度は介入期のデータをもとにした予測傾向線と二回目のベースライン期のデータから作成する実測傾向線およびその範囲を比較する（図13―1）。

条件を反転するたびに標的行動の測度が反転すれば、独立変数以外の剰余変数が偶然に及ぼした影響を排除できる。つまり、条件反転の回数と再現に成功した回数が増

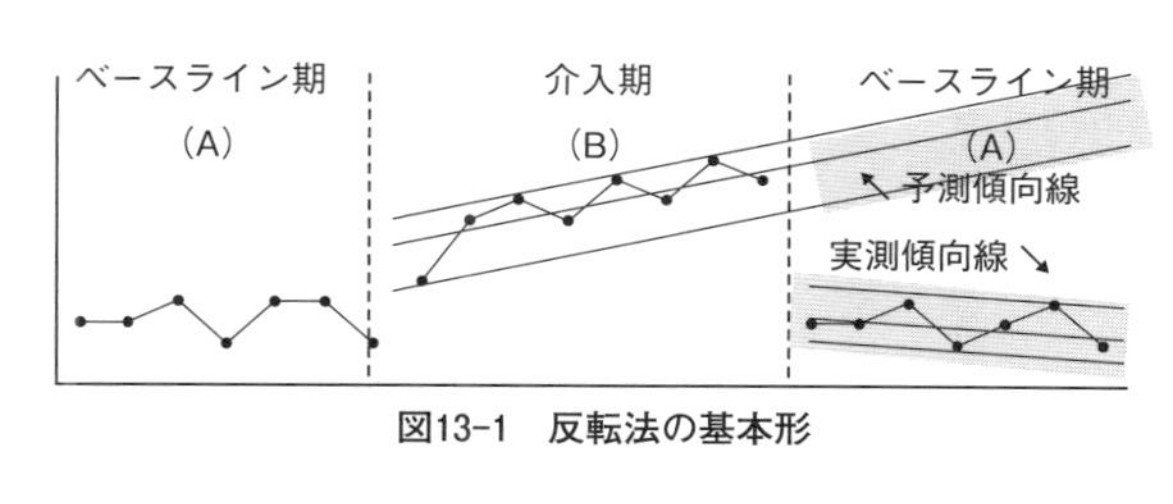

図13-1　反転法の基本形

［1］前項の図12―5、12―6を参照。

えれば増えるほど、内的妥当性が高まることになる。

クラッチウィルらによるシングルケースデザイン法に関するガイドライン[2]では、少なくとも二回以上の反転を行うことが推奨されている。反転を二回行えば**ABAB法**、三回行えば**ABABAB法**となる。

反転を複数回行うときには介入期やベースライン期の長さを無作為に変えることが望ましい[3]。そうすることで実験者の恣意的な判断によるバイアスを排除できるし、たとえば行動に週単位による周期的な変化があったとしてもその影響を統制できる。

反転法はすでに導入されている介入の効果を確認する場合にも使える。この場合、BABやBABAという順序で条件を反転する。

反転法は複数の介入の効果を比較する場合に使われることもある[4]。たとえば二つめの介入をCとして、ABACAという順序で条件を反転し、BとCで標的行動の測度を比べる。

ただし、これだけでは反復回数が不足し、BとCの**順序効果**も統制できない。BよりCで大きな効果が得られたとしても、もしACABAの順に進めていたらCよりBで大きな効果が得られたかもしれない。ABACABACA……というように反転を繰り返していけば論理的には順序効果を統制できることになるが、現実的にそのような長い期間、実験を続けることは難しく、いずれにしても最初に導入した介入がその後の介入に及ぼす**履歴効果**を完全に排除することはできない。

[2] Kratochwill et al. (2010) 項目17「シングルケースデザイン法の評価基準」も参照。

[3] シングルケースデザイン法では別項(項目17「シングルケースデザイン法の評価基準」を参照)のように、条件を変更するタイミングはあらかじめ設定した基準をもとにデータの目視分析によって決める。各期のデータポイント数をあらかじめ決めておくことはしない。そこで、たとえば最低限のデータポイント数を複数設定し、各期に無作為に割り当てておき、各期ではその数を超過した後、**条件移行基準**に達したときに次の条件にうつるというように決めておけば、結果として、各期のデータポイント数を無作為化できる。

実験者の恣意的な判断を排除するために条件移行基準を事前に決めておくことも重要である。たとえば最終四セッションのデータを使い、全データが平均値のプラスマイナス二〇パーセント以内に収まったら、あるいは前後半二セッションずつの平均値の差があらかじめ決めた値以下だったら基準を満たすというように。

複数の介入の効果をシングルケースデザイン法を用いて比較する場合には、反転法ではなく**条件交替法**を用いるほうがよい。また、研究の目的が行動の制御変数を見つけることではなく、すでに開発され、手続きが確定している複数の介入の効果量を比較することにあるのなら、シングルケースデザイン法ではなくグループ比較デザイン法を用いるべきである。[5]

反転法が最も有効に活用できるのは、標的行動の制御変数を探索しながら行動変容を目指す場合である。

ベースライン期のデータから制御変数を推定し、対応する介入（B）を立案して導入しても、期待した行動変容が生じなかったとしよう。そこで再度、ベースライン期および介入期のデータをもとに制御変数を推定しなおし、介入を修正したり、追加して導入する（C）。この段階で期待した行動変容が得られたら、直前のBをベースライン期と捉え、一度Bに戻してから再度反転したり（ABCBC）、あるいは最初のベースライン期に戻してから反転したり（ABCAC）、その後さらに反転する（ABCBCBCやABCACAC）。このようにすれば、最終的に、期待していた行動変容を引き起こし、さらにその介入と行動変化との因果関係を検証できる。

シングルケースデザイン法は、元々、目の前にいる人たちの行動を変える介入を探索的に開発しながら、同時に標的行動を制御する変数を同定するために工夫された実験方法である。標的行動をリアルタイムで追いかけながらそれに合わせて手続きを変

[4] **多条件反転法**と呼ばれる (Cooper et al. 2007)。

[5] 行動分析学の研究だからグループ比較デザインは使わないというのは誤解である。

更できる柔軟性に特徴と長所がある。そして、この臨機応変さこそが根拠を重視して実践を進めるさいに強力な武器となるのである。

ただし、反転法が適用できない条件も存在する。条件を反転しても元に戻らない行動には適用できない。たとえば、英単語の意味を教える介入を導入し（たとえば「research」を見て「研究」と答える行動を正誤のフィードバックで強化し）、行動変容に成功したら（「research」を見たら「研究」といえるようになったら）、その後は介入を続けなくても（フィードバックを中止しても）、標的行動が維持される可能性が高い[6]。このような不可逆的な学習を対象とする場合には、条件を反転しても行動は元に戻らないことが最初から予想できるので、反転法は適用外となる。

条件の反転が倫理的、教育的に不適切である場合にも反転法は使うべきではない。たとえば、重度の自閉症がある人には自分の頭を壁に打ちつけるといった自傷行動がみられることがある。自傷行動を減らす介入が成功した後で、介入の効果検証のために条件を反転し、自傷行動を増やすことは倫理的に許されることではない。

反転法が適用できない場合には、後述する多層ベースライン法など、シングルケースデザイン法のその他の実験計画法を用いることになる[7]。

[6] 日常場面に標的行動が強化される機会があるからかもしれない。

[7] 本書では代表的なシングルケースデザイン法を取り上げて解説したが、これらの実験法には様々な変形があり、実験の目的や状況に即した工夫もできる。詳しくはCooper et al.（2007）を参照されたい。

14 多層ベースライン法

——時差で再現、複数の参加者にも対応可

多層ベースライン法は独立した複数の行動に同じ介入を時期をずらして導入することで剰余変数の影響を統制する実験計画法である。複数の参加者や場面、課題などを用意し、個々の標的行動に対する介入や介入によって生じ得る行動の変化が、他の標的行動に影響しないようにすることで、独立変数と従属変数双方の独立性を確保する。原則として、介入後にベースライン期に戻す必要がないため、反転法が適用できない不可逆的な学習に対しても、倫理的な問題で条件反転ができない場合にも用いることができる。

ここでは夏の節電に関する仮想実験を例に考えよう。[1] 参加者は一人暮らしをしている二〇代の女性三名。それぞれの自宅で、節電に役立ちそうで、しようと思っているのになかなかできない行動を聞き取り、参加者ごとに節電行動のチェックリストを作成する。たとえば、テレビを観ていないときにはコンセントからプラグを抜くとか、エアコンの設定温度を一℃上げるとか、料理をするときには冷蔵庫から一度に材料を取り出すなど十数項目である。参加者にはこれらの各項目が実行できたかどうか毎日

[1] 同様の実験をゼミ生たちと行い、温暖化防止に関する行動分析学の国際学会で発表したことがある(Shimura et al. 2012)。

自己記録をとって、実験者にメールで報告してもらう。参加者ごとに節電行動の実行率（％）を日々算出し、これが標的行動の測度（従属変数）になる。

こうして集めたデータを可視化したグラフが図14－1である。横軸に日付、縦軸に節電行動の実行率をとった折れ線グラフを参加者ごとに作図し、縦に積み上げている。参加者ごとのグラフはAB法で得られるグラフと同様であるが、横軸の目盛の位置が三つのグラフで揃っていることと、介入を始めた時点を示す条件変更線が三つのグラフを縦に段違いに縦断しているところが特徴である。

ベースライン期の標的行動の実行率が三人とも低く（水準）、増加も減少もしていなく（傾向）、大きなばらつきもない（変動）ことを確認した上で、参加者1から介入を始めている。ちなみに介入は前日の標的行動の実行によって節電できた電気代と、もし標的行動を一〇〇パーセント実行していたなら節電できたであろう電気代を当日の朝に実験者から参加者へメール送信することである。

参加者1の標的行動の実行率は介入開始直後から増加している。[2] 参加者1のベースライン期のデータから予測傾向線を作り、参加者1の介入期のデータから実測傾向線

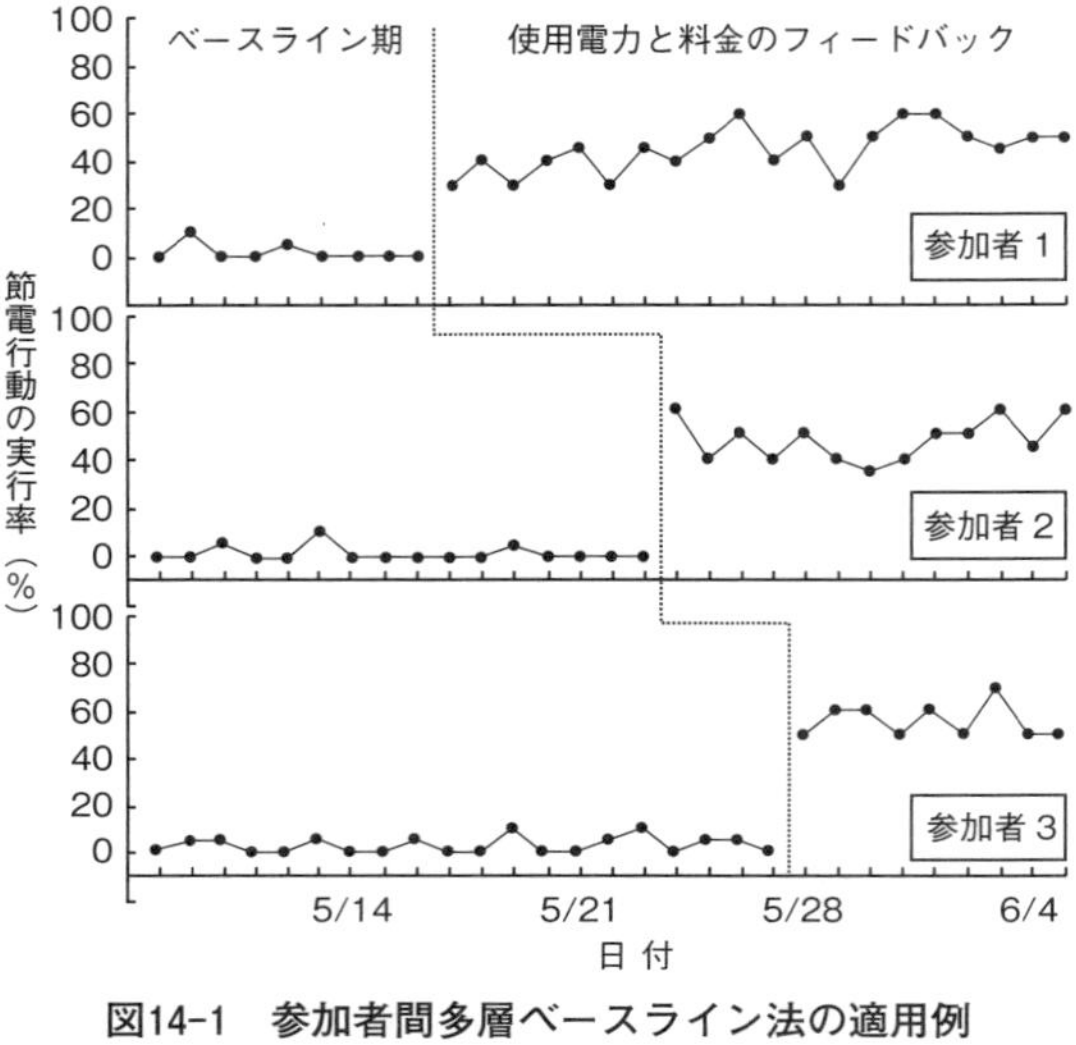

図14-1　参加者間多層ベースライン法の適用例

を作って比べれば介入には効果があったようにみえるが、これだけでは因果関係について結論できない。AB法の弱点である、剰余変数の統制ができていないからである。[3] もしかしたら、参加者1に対して介入を始めたときに、地球温暖化をくい止めようというキャンペーンCMがテレビやラジオで大量にオンエアされ、参加者1はそれを見て、節電行動を実行するようになったのかもしれない。あるいは、もしかすると、電気料金の大幅な値上げのニュースが報道されたのかもしれない。

このことを確かめるために、参加者1に介入を導入した同時点の前後で、参加者2と参加者3の標的行動に参加者1と同様の変化があったかどうかをみてみる。もし参加者1の標的行動を変えた剰余変数が、他の参加者にも共通する剰余変数であったのなら、他の参加者の標的行動も同時期に変わっているはずである。

図14-2にはこの目視の手続きをわかりやすくするために、見比べるべき領域をアミカケし、記号をつけて示した。

まずは参加者1の標的行動に対する介入効果をA1とB1の比較で評価する。目視分析方法はAB分析における工程と同じである。

次に参加者2のA1′とB1′、参加者3のA1″とB1″の間に、A

[2] 条件変更線の左側と右側を見比べる。

[3] 項目12「AB法」を参照。

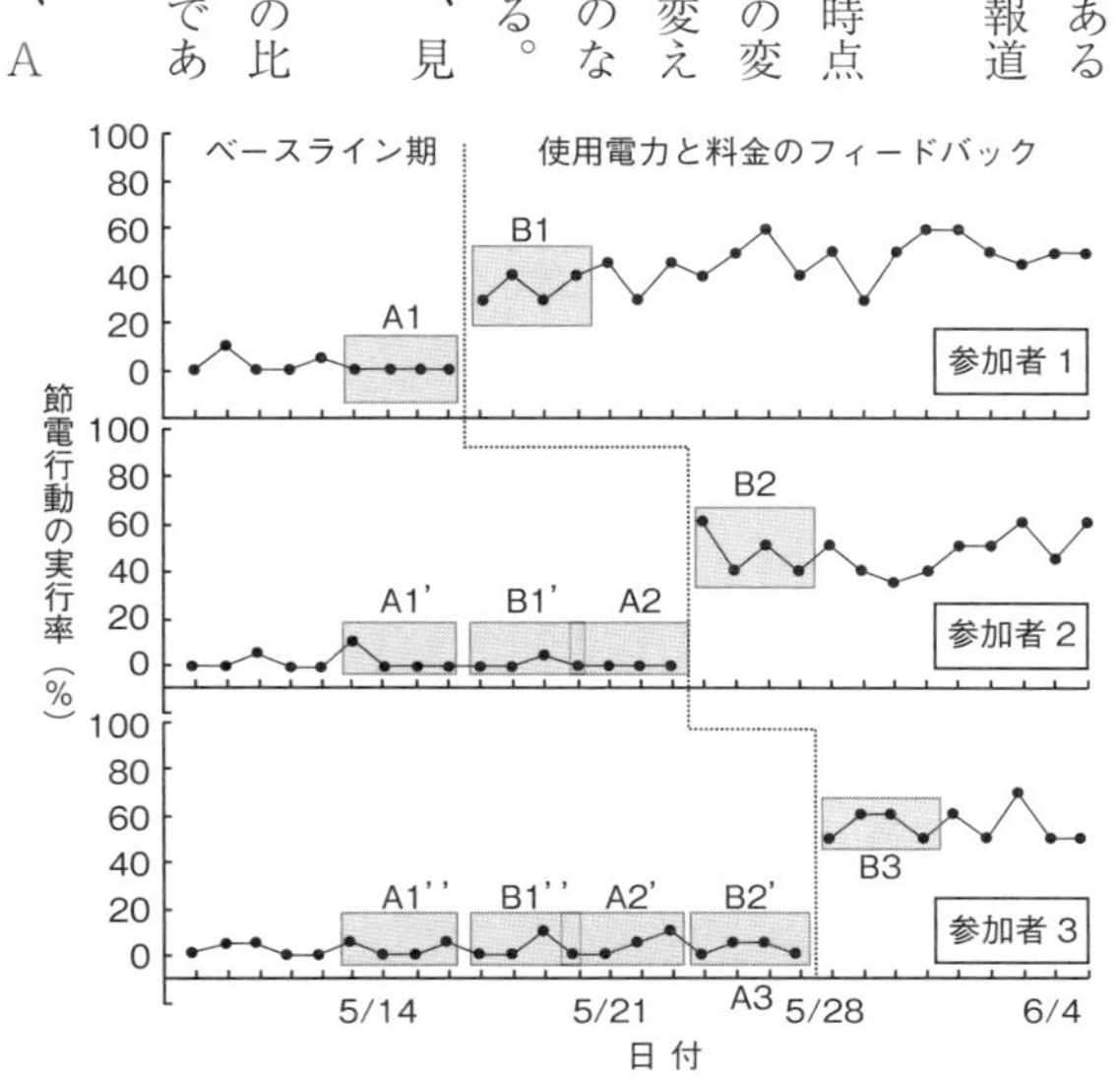

図14-2　多層ベースライン法における目視分析（内的妥当性の確認）

1からB1への変化と同様の変化が起こっていないことを確認する。変化がみられなければ、A1からB1への変化が剰余変数によるものであった可能性が低くなる。逆に、変化がみられたなら、何かしらの外部変数が影響していたことが示唆される。

この目視分析を以降も繰り返していく。

参加者2に介入を導入したときには、A2とB2との比較で介入効果を比較しながら、参加者3のA2´とB2´を見比べる。変化がなければ、剰余変数の影響が排除できる。参加者1で得られた結果が再現されたことになり、介入の効果がより確実になる。

参加者3に介入を導入するときには、A3とB3との間で介入効果を確認する。ただし、このときには剰余変数を排除するために比較できるデータはないことになる[4]。

参考までに、図14-3には剰余変数が統制できなかった場合の図を示した。参加者1の標的行動は、単独では、介入によって変化したようにみえるが、介入を導入していない参加者2や3の標的行動も同時期に変化してしまっているので、この変化は介入によって引き起こされたとはいえない。

このような事態では、実際に行動に影響した剰余変数を推定し、それが操作可能であり、かつ介入として検討する意義がありそうなら、新しく募集した他の参加者でそ

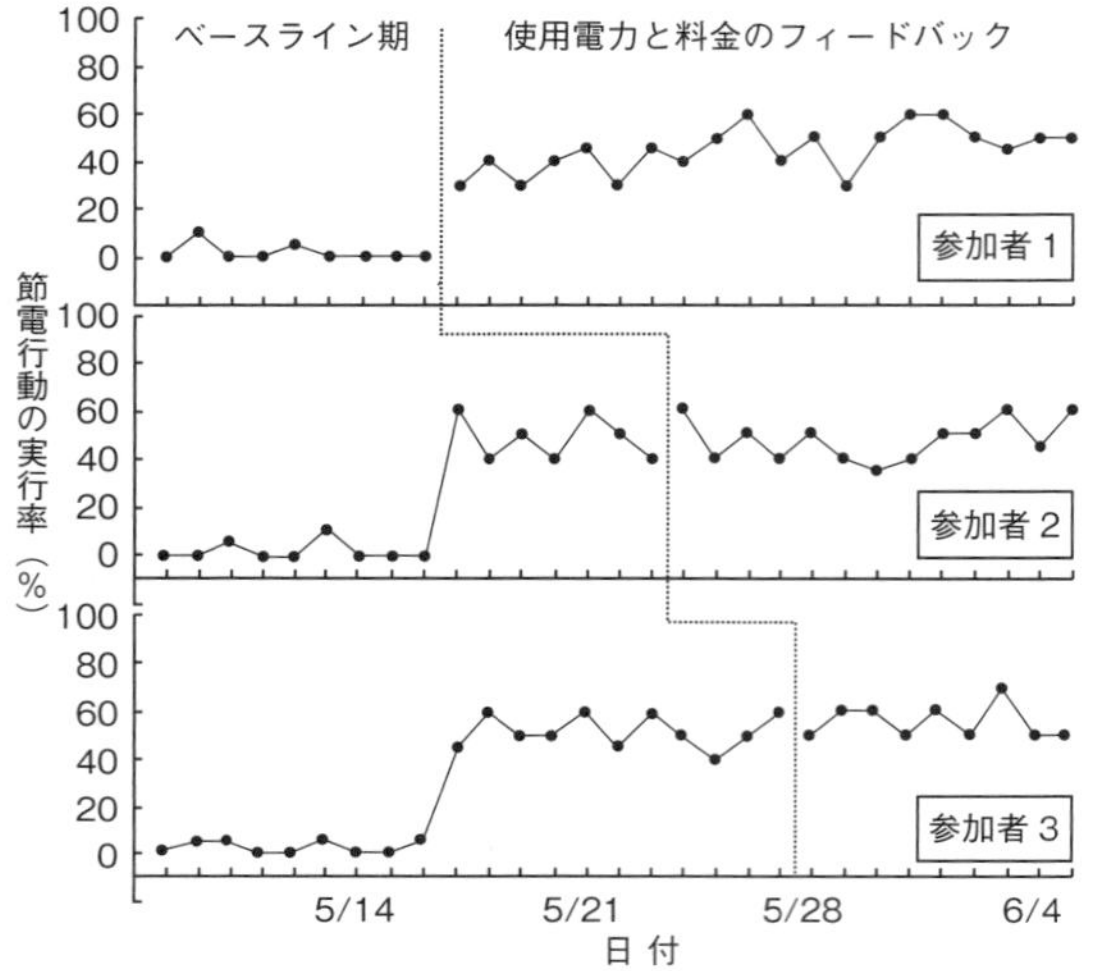

ベースライン期　使用電力と料金のフィードバック
節電行動の実行率（%）
参加者1
参加者2
参加者3
5/14　5/21　5/28　6/4
日付

図14-3　多層ベースライン法における目視分析（剰余変数の影響）

の効果を再現してみるといった次の手が考えられる。

多層ベースライン法を用いるために必要な、複数の独立した標的行動には、節電実験の例のように異なる参加者の同じ行動を用意することもあれば、一人の参加者の異なる行動を用意することもある。たとえば、テニスの自主練習におけるビデオフィードバックの効果を検証しようとするときに[5]、サーブ、フォアハンドストローク、バックハンドボレーという三種類の課題を設定し、それぞれベースラインを測定してから、順次、介入を導入していけば、これら三つの課題間で多層ベースラインを構成できる。

コミュニティを対象に、不特定多数の集団間で多層ベースラインを構成することもできる。たとえば、一時停止が求められているのに違反者が絶えない交差点で、一時停止を示す交通標識の大きさを四倍にする効果を検証するために、十分に離れた交差点を複数箇所用意し、順次大きな標識を導入することで、場所間の多層ベースライン法による検討が可能となる。

複数の標的行動を用意するときには、標的行動間の独立性について事例ごとに慎重な検討を行う。前述したように、多層ベースライン法で内的妥当性を検証する論理は、一つの標的行動が変わっても、それが他の標的行動には影響しないことが前提になっているからである。

節電実験の例であれば、たとえば参加者が同じシェアハウスに住んでいたり、友人

[4] すでに介入が導入されている参加者1、2の、該当部分のデータを比較することも論理的には可能であるが、たとえば、チェックリストの実行率がほぼ一〇〇パーセントになっているなどのように、標的行動が可能な限り変化していたときには**天井効果**（逆方向なら**床効果**）によって検証できなくなる。

[5] ボールを打っている自分の姿をビデオカメラで撮影し、プレイ直後にそれを観ながら自己評価する手続き。

同士だったら、節電行動について話をしたり、互いに様子をうかがうことで、影響し合う可能性が高くなる。テニスの場合なら、共通する動作が多く含まれるフォアハンドストロークとバックハンドストローク、サーブとスマッシュを両方とも標的行動にしてしまうと、片方の上達がもう片方の上達につながる可能性が残り、多層ベースライン法を用いた検証が困難になる。同様に、自動車の一時停止を増やす実験でも、運転者の大部分が共通になってしまうほど隣接している交差点は避けるべきということになる。

多層ベースライン法を用いた実験計画においてもう一つ重要なことは、各標的行動の時系列を揃えることと、その揃え方である。上述したように、多層ベースライン法では、一つの標的行動に介入が導入された時点での他の標的行動の変化を目視する。このため、グラフは横軸を揃えて縦に積み上げて、横方向の時系列をすべてのグラフで合わせる必要がある。

時系列の揃え方は、排除したい剰余変数の特性によって決まる。節電実験における電気料金の値上げ報道のように、複数の参加者の標的行動に同時に影響し得る剰余変数が想定されるのであれば、時系列は暦どおりに揃えるべきである。自動車の一時停止の実験でも、標的行動は天候や道路の混雑状況などに影響される可能性があるため、やはり時系列は暦どおりに揃えるべきであろう。

練習効果が標的行動の変化に最も影響を及ぼすと考えられる場合には、暦ではなく、セッションや試行などの練習回数を時系列にとる。たとえば、テニスの上達に及ぼすトレーニングの効果を参加者間多層ベースライン法で検証しようとする場合、参加者ごとに期間あたりの練習回数が異なるのであれば、時系列には暦ではなく練習回数をとり、これを剰余変数として排除すべきである。[6]

無作為化を用いた統制も可能な限り行うべきである。たとえば、ベースライン期を傾向が明確に読み取れるまで十分に長くとり、単純に練習を繰り返す条件と介入条件との差が明らかになるようにしたり、ベースライン期の長さを参加者ごとに無作為に変えたりすることも、練習回数の効果を統制するのに有効な方法である。[7]

[6] たとえば一週間あたりの練習日数や練習日ごとの練習回数など。多層ベースライン間の時系列をどのように同期させるかで、どのような剰余変数を排除できるかが変わってくる。

[7] ベースライン期の練習回数が少ない参加者でも多い参加者でも、同じように介入効果が得られれば、練習回数が影響している可能性を小さくできる。時系列に暦をとる場合でも同じである。各期の長さを変え、それを参加者や条件に無作為に割り当てることで、剰余変数を制御する精度を上げられるのである。

15

条件交替法

——将来有望、意外な伏兵

条件交替法は複数の介入の効果を比較するのに適した実験計画法である。多条件反転法[1]では統制できない履歴効果や統制しにくい順序効果を、複数の介入を無作為な順序で入れ替えながら導入することで相殺する。

コンビニで商品の売上を伸ばす方法を検証する仮想実験を例に考えよう[2]。

店内で調理し、販売しているこの店イチオシの焼肉弁当だが、工場で生産され配送されてくる出来合いのおにぎりや幕の内弁当に比べ、売上が上がっていない。焼肉弁当のほうが利益率が高く、他のコンビニと差別化できる商品なのに、顧客に手にとってもらえずにいる。

そこで店長はこの商品を目立たせるため、陳列棚にＰＯＰ広告をつけることにした。光沢のある素材に「おすすめです！」と印字された既製品を取り寄せたが、アルバイトの学生たちの意見から、「心をこめて作ってます～店長より」と自ら手書きで書いた札も用意した。

市販と手書き、はたしてどちらのＰＯＰが有効だろうか？

［1］ 反転法を拡張して複数の介入を比較するデザイン。項目13「ＡＢＡ法（反転法）」を参照。

［2］ 条件交替法を用い、コンビニで売上に及ぼすＰＯＰ広告の効果を比較した実験については Sigurdsson, et al.（2010a）、価格を比較した実験については Sigurdsson, et al.（2010b）を参照。

条件交替法では、他のシングルケースデザイン法とは異なり、介入前にベースラインを測定することが必要条件ではない。比較する条件のなかにベースライン条件を含めてしまってもかまわない。

それでも、店長はこれまでの売上を見直してみようと思い、過去一カ月間の焼肉弁当の売上をさかのぼって調べ、グラフにした（図15-1）。横軸が日付、縦軸が一日あたりの焼肉弁当の購買数。図の左側がベースライン期で毎日八〜一六個くらい売れていたのがわかる。増減の傾向はなさそうであるが、大きな変動が認められる。変動のうち、土日に購買数が低下しているのは、近くの会社や学校から弁当を買いに来る顧客が休日は少なくなるためであると店長は解釈した。

図の中央部が二種類のＰＯＰ広告の効果を比較するための**介入比較期**である。店長は、念のため、ベースライン期と同じくＰＯＰ広告をつけない条件の日ももうけ[3]、全部で三条件を無作為に繰り返すことにした。三条件それぞれに対応するトランプのカードを一枚ずつ決め、三日ごとにシャッフルして順序を決めた[4]。

条件交替法の各条件で得られたデータは、条件ごとに折れ線を引く[5]。それぞれ別のマーカーを使い、場合によっては線種も変えると目視しやすくなる。

グラフから、折れ線ごとに、それぞれ水準、変動、傾向を読みとる。反転法や多層ベースライン法と同じように、ベースライン期のデータから予測傾向線とその範囲を引き、介入比較期の各条件のデータから実測傾向線とその範囲を引いて比較すること

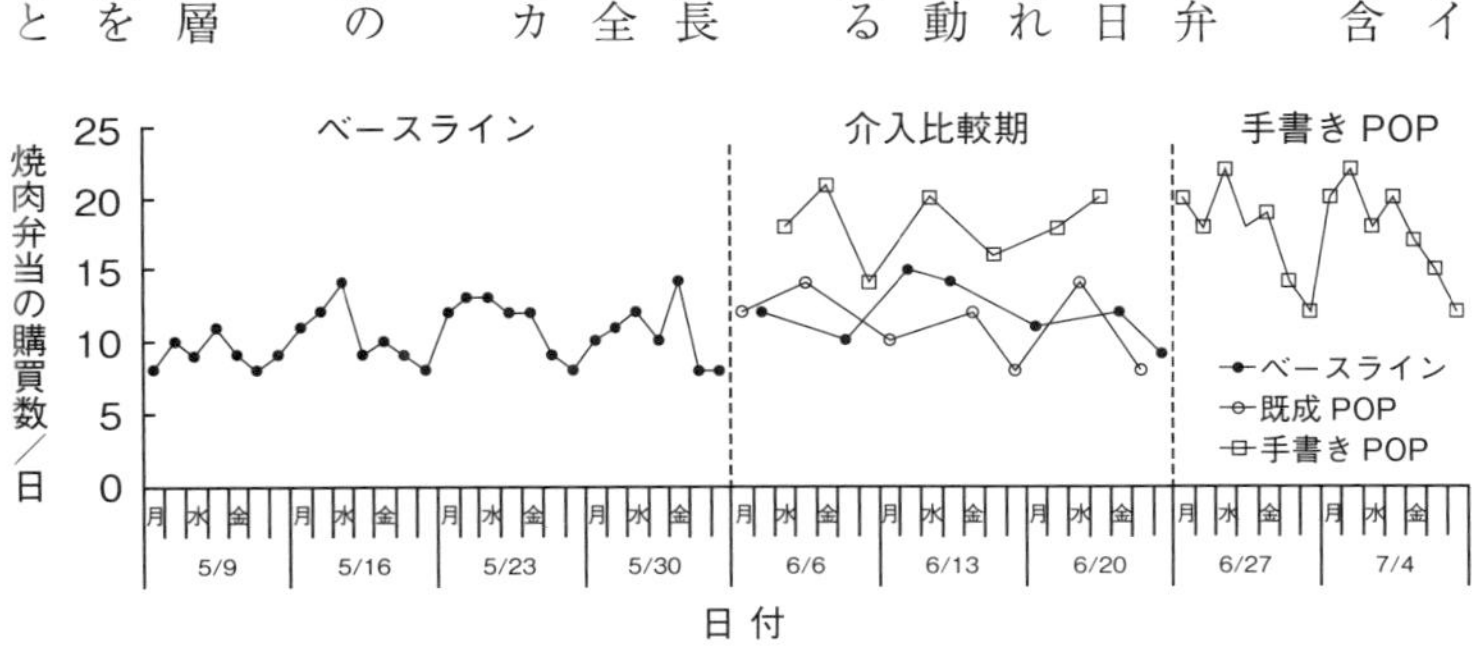

図15-1　条件交替法の適用例

もできるが、条件交替法の特徴は、介入比較期における各条件間の比較になるので、以下、そこを詳しく取り上げよう。

図15－1の中央部からは、手書きPOPが既成のPOPに比べて焼肉弁当の売上を伸ばしたことが、二本の折れ線が重なっていないことからわかる。[6] 同時に、既成のPOPとPOPなし条件とでは折れ線が重なっていて、両者に差がないこともわかる。この比較をより精密に行う方法を、介入比較期の手書POPと既成POPのデータのみを残し、図15－2に拡大して示す。

反転法や多層ベースライン法では予測傾向線と実測傾向線およびその範囲を比較したが、介入比較期では各条件の実測傾向線とその範囲を比べる。図15－2からは、手書POPのデータはやや上昇傾向、既成POPのデータはやや下降傾向にあること、水準の差はあるが、分散も大きく、すべての実測値が含まれるように引いた範囲のなかには、それぞれデータポイントが一つずつ重なっていることがわかる。

条件交替法で配慮すべき剰余変数の一つは、短期間に異なる介入を繰り返し導入することがそれぞれの介入効果に及ぼす相互作用である。たとえば、焼肉弁当ファンの固定客がいて、彼らでさえも週に数回しか焼肉弁当を選ばないとする。そうすると、介入比較期にPOP広告がついていたときに彼らが焼肉弁当を買い、それ以外の日は買わなかったということかもしれない。そうなると、介入が及ぼしたのは焼肉弁当を買うタイミングであって、頻度ではないということになってしまう。

[3] 後述するように、POP広告がついたことで、それ以外の日に逆に売上が低下してしまっていないかどうかを確かめるため。

[4] 完全に無作為に選ぶと、同じ条件が偶然連続したり、条件ごとの日数が異なってしまったり、条件と曜日（特にこの場合は平日と休日）の組み合わせが偏ったりして、剰余変数が混入してしまうかもしれない。そのため、条件の数をブロックとし、ブロック内の順序を無作為化したり、ラテン方格を使ってブロック内の順序効果を相殺するパターンを作り、これを無作為に割り当てたりするような工夫が必要となる。

[5] 他のシングルケースデザイン法におけるグラフと同様に、条件変更線を挟んだデータポイントはつながない。

[6] 二種類のPOP広告は書かれているメッセージも異なるため、顧客の購買行動を変えた要因がどの違いにあったのかはこの実験からはわからない。

介入比較期の前にベースライン期を設け、介入比較期にベースラインと同じ条件も併せて比較すれば、この相互作用を検知できるようになる。図15－3からは、ベースライン期より、介入比較期のベースライン条件のほうが購買数が多くなっていることがわかる。このことから、相互作用があるとすれば、むしろ逆方向に働いていたことが示唆される。もしかすると、これまで焼肉弁当を買ったことがなかった顧客がＰＯＰ広告をきっかけに試しに購買し、気に入り、ＰＯＰ広告がついていない日にも購入してくれたのかもしれない。

ただし、これだけではその他の剰余変数による影響は排除できない。たとえば介入比較期と同時に焼肉ブームが巻き起こり、それが条件に関わらず、焼肉弁当の購買数を上げたのかもしれない。こうした剰余変数の効果は、比較している介入すべてに同じように影響していると考えられる限り、そして、実験の目的が介入効果の相対的な差を検討することであるなら無視できるが、介入の絶対的効果を検討するのであれば問題になる。

ベースライン期と比べた介入比較期における各条件の効果が、単独の介入のみを継続しても得られるかどうかは、比較評価が終わった後に、最も効果があった介入のみを継続することで検討できる。この操作によって、上述の相互作用やその他の剰余変数の影響を排除することも可能となる。

現実的に考えると、複数の条件のうち最も効果が認められたものを採用し、導入す

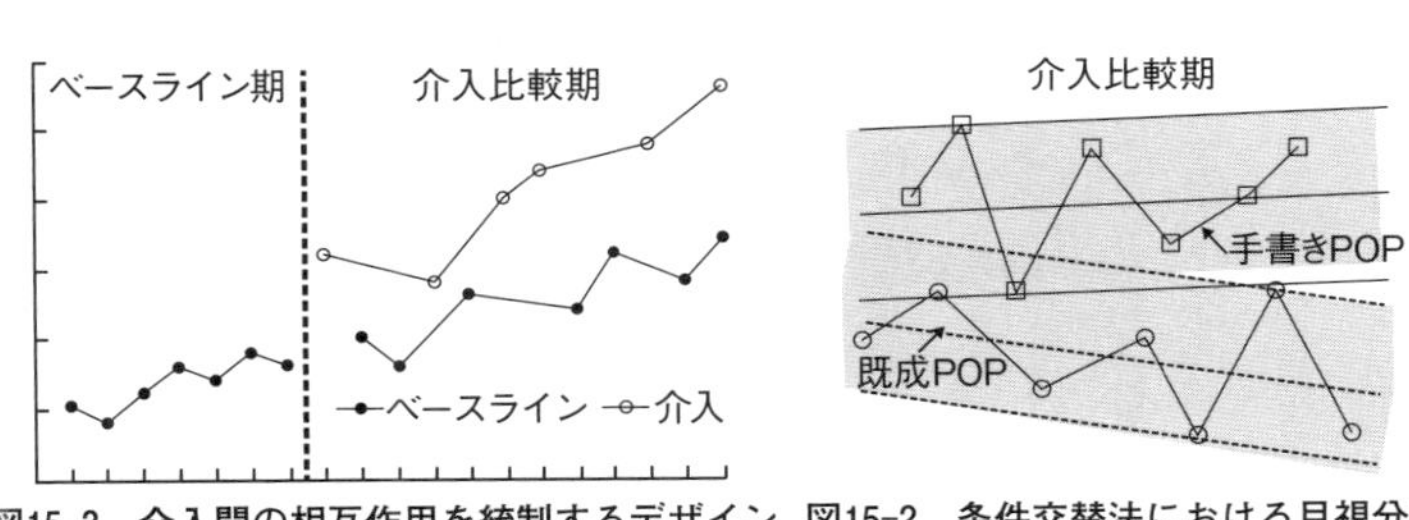

図15-3　介入間の相互作用を統制するデザイン　図15-2　条件交替法における目視分析

るのが常識的な判断であるので、これは自然な流れで実施できることであろう。図15－1の右側は、手書きPOPのみを継続し、単独でも効果があることを確認した結果となっている。

このように、条件交替法には、複数の介入の効果を履歴効果と順序効果を相殺しながら比較的短期間で比較できるという長所がある。ベースライン期を設けず、いきなり介入比較期を開始することもできるし、何らかの都合により実験を途中で終了しなければならなくなっても、ある程度結論を出せるデータが残る可能性が高い[7]。

因果関係の検証のために効果のある介入を中止してベースラインへ戻さなければならないことが反転法の弱点の一つであるが、条件交替法はこの点においても有利となる。条件比較期にベースライン条件と介入条件の二つを比較し、介入条件に効果があるとわかったら、介入条件のみを継続すればよいからである。

反転法ではベースライン期のデータがある程度安定していることが前提になる。傾向があると、ベースライン期と介入期の間の変化を目視することが困難になるからだ。この点でも条件交替法は有利となる。傾向があっても、複数の介入間で水準に差がありさえすれば効果を比較できるからである（図15－2）。

長所の多い実験計画法だが、一つの条件を継続して導入しないと効果が期待できない標的行動や介入には適用できない。たとえば、小学校で「友だちを大切にする」という校風を育もうと、友だち同士の望ましい交流をいくつかの具体的な標的行動とし

[7] これに対し、反転法でベースライン期を終えた直後に実験を終了しなければならなくなると、介入効果や標的行動の制御変数について結論づけられるデータは得られない。

て話し合って決め（たとえば、休み時間に一緒に遊ぶ、体育の授業では声を出して仲間を応援するなど）、教師が児童がそのようにしていたら褒めて強化するという介入の効果を検証しようとする。[8] このような場合に、介入比較期に昨日は褒められたが、今日は褒められないという事態は不自然であるし、介入効果を妨害することにもなる。

条件交替法における再現は、条件比較期における各データポイントがその前の時点までのデータから作成される予測傾向線上にあるかどうかで判断される。したがって、分散が大きくなると、条件間の差が見いだしにくくなるだけでなく、再現の信頼性も低くなる。分散が小さく、条件間の差が大きいデータが繰り返し得られることで、内的妥当性が高まることになる。

条件交替法は「処遇交替法」や「操作交替法」とも表記される。英語のトリートメント（treatment）の訳が異なるだけで内容は同じである。たとえばＰＯＰ広告を使う介入の効果を検証する際に文字の大きさや書体を変えて比較するように、同じ介入の細かな変数の差を検討することもできる。本書では比較できる変数の広さを示すために「条件」と表記した。

[8] このような介入はスクールワイドのポジティブな行動支援プログラムとして、実際に研究、実践されている（項目40「学校に風を吹かせる」を参照）。

16

基準変更法

――スモールステップ法との相性抜群

基準変更法では、標的行動を強化したり、弱化したりする基準を段階的に変え、それに対応して行動の測度が変わるかどうかを確かめることで、強化や弱化の手続きが行動を制御しているかどうかを検討する。

ここでは、建設現場で生じる廃棄物を運搬するトラックの事故を減らす介入を開発する仮想実験を考えよう。[1]

過去に発生した複数の事故の原因分析から事故防止策はすでに立案されているとしよう。搬入搬出作業の前にタイヤ止めとコーンを設置するとか、出発前に積荷がシートやロープで固定されているかどうか、クレーンが格納されているかどうかを指差しで確認するなど、運転手がすべき具体的な標的行動はリストアップされている。到着時、荷積み時、出発時、運転時にすべき行動として、場面ごとにそれぞれ一〇から一五項目からなるチェックリストが作成され、配付されている。[2]

運転手は毎日このチェックリストで自己記録し、シフトの終わりにその日の実行率を計算し、運転手五、六人からなるチームのリーダーに日報として提出する。リーダ

[1] 安全管理については、米国を中心に、根拠に基づいたこのような実践がすでに行われている。項目44「職場の安全を確保する」を参照。

[2] チェックリストの各項目については、何をすべきかわかりやすく書かれているか、安全確保や事故防止に有効か、現場で実行できることかどうかなど、標的選定の妥当性を検討することも重要である。

[3] 観察者間一致率による記録の信頼性評価。項目8「行動観察の信頼性」を参照。

[4] チームごとに同じようなグラフを作図することになる。工場での安全行動マネジメントの効果測定に基準変更法を用いた研究についてはSulzer-Azaroff et al. (1990) を参照。

ーはチーム全体の実行率を集計し、管理職に提出することになっている。
運転手による自己記録が信頼できそうにないとリーダーが判断した場合には、監督者による抜き打ちの観察と記録を行い、監督者と運転手による記録をつき合わせて正確さを確認し[3]、不正確な記録をしていた運転手にはそのことを伝えていた。

数カ月後、自己記録の信頼性は高くなってきたが、肝心の実行率は上がらない。相変わらず、時折、重大事故につながりそうなインシデントが発生していた。

そこでこの会社の経営者とリーダーたちが話し合い、安全行動に関する目標を設定し、目標達成にはインセンティブを提供する介入プログラムを試してみることにした。チームごとにチーム全体の実行率について週の目標を設定し、週の終わりに目標が達成できていたチームのメンバーには商品券やネットで使えるクーポンなどを支給する作戦である。

図16－1にこの仮想実験のデータを示す[4]。横軸は週、縦軸はチームAの実行率である。過去二カ月間のベースライン期では、安定して、全チェックリストの項目のうち二五パーセントほどが実行されていたことがわかる。分散も小さい。

条件変更線の右側、縦軸の値が三五パーセントのところに引かれている短い横線が、介入が始まって最初の目標値を示す。

介入が導入されると、実行率もこの目標値を少し超えたところまで上昇したことが図からみてとれる。その後、目標値（強化基準値）は、三五、四五、六五、七五、八

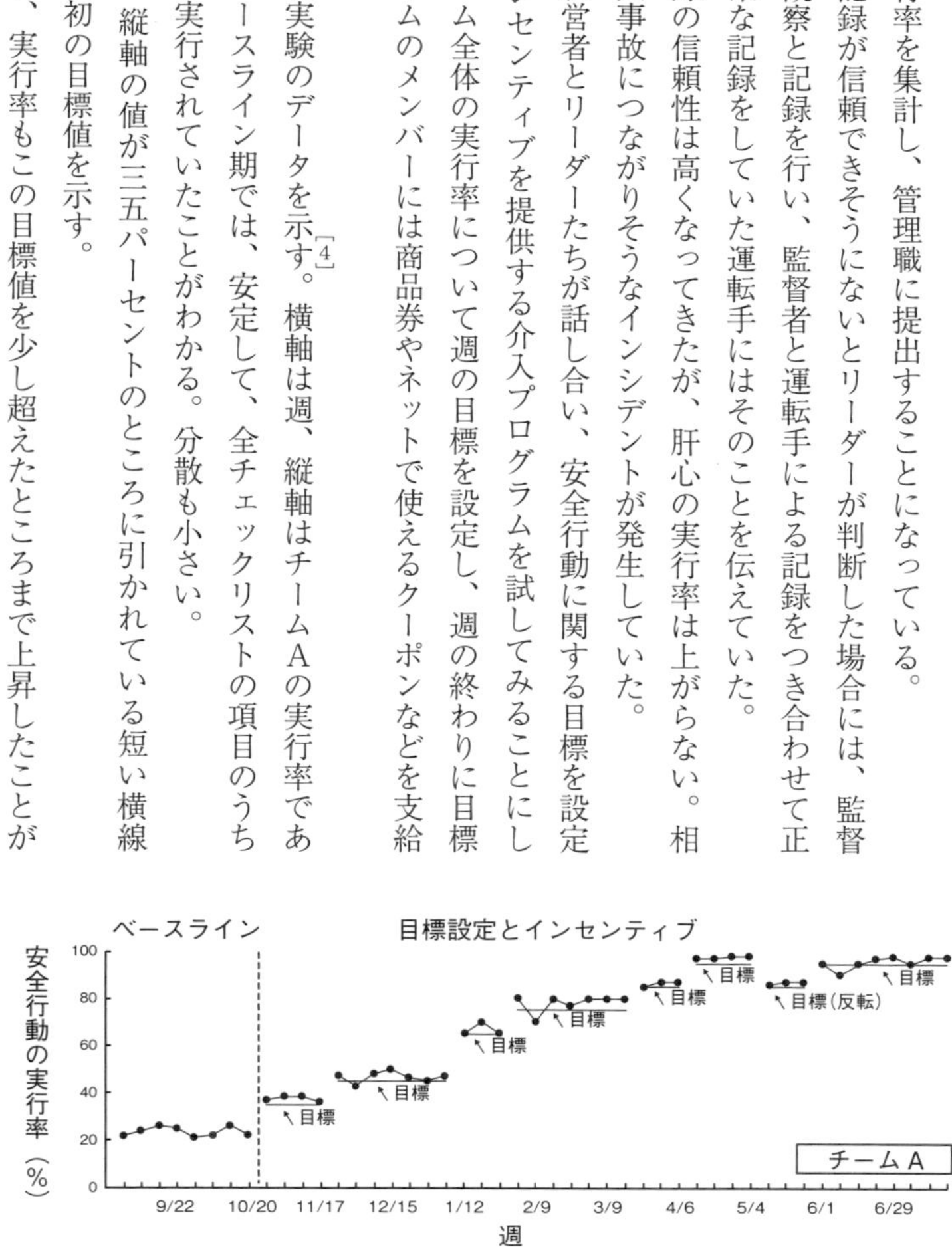

図16-1　基準変更法の適用例

五、九五パーセントと段階的に引き上げられ、それに応じて実行率も上昇している。さらにその後、目標値は一度、八五パーセントに引き下げられてから最後に九五パーセントに戻されている。

介入期の折れ線グラフについては、目標値が同じデータポイントはつないで示し、目標値が切り替わった時点で折れ線も区切る。そうすることで、独立変数である目標値と従属変数である安全行動の実行率との関係を目視しやすくなる。

基準変更法では、このように、強化や弱化の基準に対応して標的行動が変わるかどうかを検討することで、導入した手続きの効果を検証する。より精密な目視分析のため、図16－2に目視で比較すべき点を描き込んだ。四角い枠線で囲んだ範囲が実測傾向線とその範囲、四角い影をつけた範囲がその前の条件からの予測傾向線とその範囲である。

基準変更法の論理はＡＢ法と同じで、基準を変化するたび再現を試みることになる。最初はベースラインのデータから予測傾向線を作成し、介入後の実測傾向線と範囲とを比較する。次に、最初の介入条件における実測値から次の予測傾向線と範囲を作成し、実測傾向線とその範囲とを比較する。基準を変化させるたびに、予測を上回る（あるいは下回る）実測値が得られれば、介入の効果が確認され、これが繰り返されることで再現がなされると考える。

つまり、基準変更法では基準を変える回数が再現可能性を検証する機会数となる。

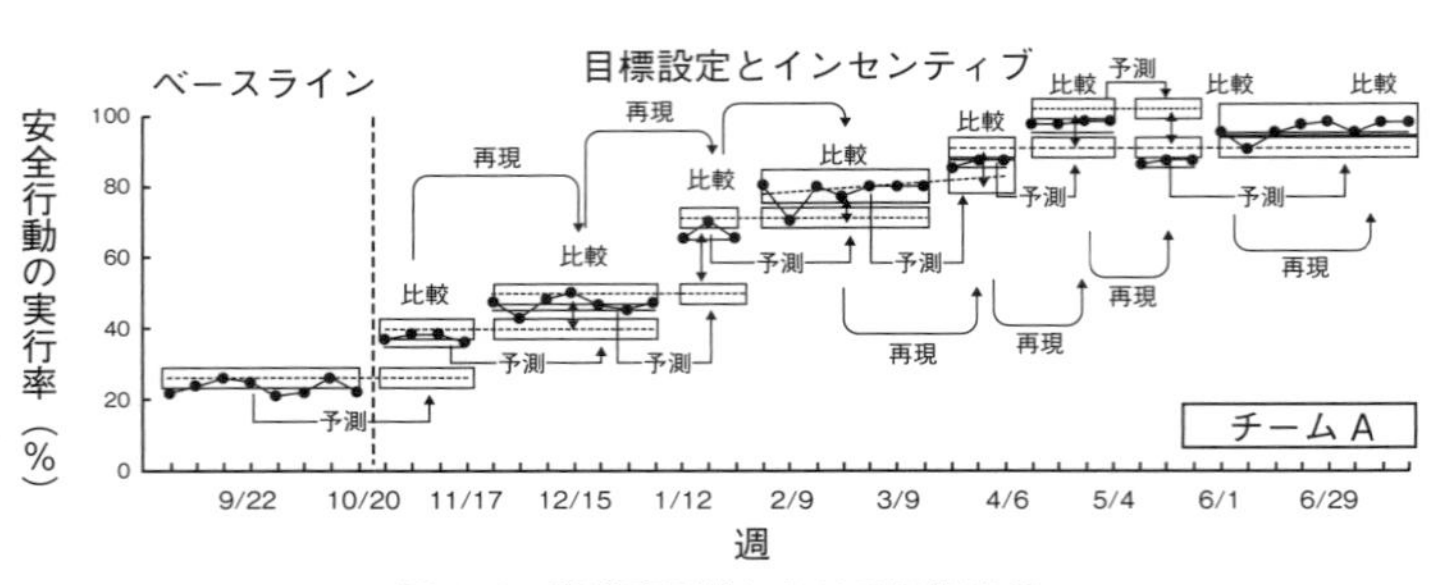

図16-2　基準変更法における目視分析

このため、介入を計画する時点で、少なくとも四～五回以上、基準を変更できるかどうか、基準変更の全体的な余地と変更あたりの幅を検討しておく。

測定回数や測定期間が剰余変数になることも考えられるため[5]、同一基準における回数や長さは無作為化すべきである。

練習効果や成熟などの剰余変数を排除するためには、さらに、基準変更の幅も無作為に変えることが望ましい。毎回、同じ幅で基準を変化させていると、たまたまそれと同じ勾配で練習や成熟の効果があるときに混交してしまうからである。

安全行動マネジメントの例のように、しなくてはならないとわかっているのになかなかできていない標的行動を増やそうとするときに、いきなり要求水準を大幅に上げてしまうと目標が達成できず、目標達成に取り組む行動が消去されかねない。基準変更の幅は、実験計画法に求められる条件と、行動変容のための条件の両方に配慮して決定する必要があることになる[6]。

練習効果や成熟など、時間経過に伴う単純増加（あるいは減少）傾向を統制する方法としては、図16－2の右側にみられるように、反転法と同じ論理を用いて基準を反転させるという手もある。ただし、これも行動変容や維持に不利にならない範囲で、また倫理的に問題のない範囲で検討すべきこととなる。

［5］　たとえば条件を毎月変更するようにしていたら、給与や通達など、月ごとに変わる剰余変数と混交してしまう可能性がある。

［6］　たとえば個々の運転手の実行率の分散を調べ、少なくとも数人は何度か達成している実行率を選ぶことで、達成が困難すぎる目標設定を避けられる。これは基準変更法に限らず、何らかの基準で強化を行う介入を立案するときには必ず考慮すべき点である。

17

シングルケースデザイン法の評価基準

――エビデンスを伝えるための数量化と標準化

ここまで解説してきたとおり、シングルケースデザイン法ではデータを加工せず、できる限りそのまま、傾向や変動といった情報を失わないように図示して目視分析を行う。この方法には、個々の行動に影響している変数を丁寧に探っていけるという長所がある一方で、独立変数が従属変数に与えた効果を判定するための基準が曖昧で、客観性に欠けるという批判もなされてきた。

目視分析では、効果がない介入を効果があると判断してしまう第一種の過誤を犯すリスクは比較的小さいとみなされていたのだが、近年ではデータに**自己相関**がある場合に誤判断のリスクが大きくなることが指摘されている。[1]

ここでの自己相関とは、たとえば二日目のデータと初日のデータ、三日目のデータと二日目のデータというように、ある日のデータと前日、前々日のデータとの間にある相関のことである。時系列にそって収集されたデータは、その性質上、このような相関を示すことがある。[2]

自己相関があるということは、ある日のデータは当日だけではなく別の日の条件に

[1] 山田（2015）

[2] **系列依存性**とも呼ばれる。ただし、実際に測定されたデータに認められる自己相関の大きさにはばらつきがあり、統計的に有意な相関が認められないこともある。また、連続した二時点間に相関がなくても、たとえば曜日による変動がある場合には、離れた時点でのデータに相関があることもある。

も影響されていること、つまり個々のデータが独立ではないことを意味する。時系列データの検定にt検定や分散分析が適用できないのはこのためである。[3]

この問題を打開するために、C統計、二項検定、ランダマイゼーション検定、さらにはＡＲＩＭＡなどモデル式を使った分析手法などが開発されてきた。しかし、C統計はベースラインに傾向がないことが前提で条件ごとに八つ以上のデータが必要である。二項検定は自己相関に脆弱で、ランダマイゼーション検定には介入開始時を無作為に決めなければならないなどの制約がある。モデルを使った分析には多くのデータ数が必要になる。このように、それぞれシングルケースデザイン法とは相容れない点があり[4]、どれも普及してはいない。

シングルケースデザイン法に適用できる標準的な統計的検定法が定まらないなか、目視分析の精度を上げる方法も検討されている。本書でも解説した**傾向線**を用い、予測線に対する実測値の水準で効果を判定する方法である。

たとえば、フィッシャーら[5]は、目視分析の検定力を向上させる客観的な方法を開発した。まず、ベースライン期のデータから最小二乗法を用いて回帰直線を作成する。次に、ベースラインデータの平均値を延長した直線を引く。これら二本を予測線とする。介入期のすべての実測値がこの二本の線よりも上（もしくは下）に位置したときに効果があったと判定する。図17－1[6]にこの適用例を示す。

実践に科学的な根拠を求める潮流により、統計的検定のような推測統計だけではな

［3］ t検定や分散分析の前提条件である標本の独立性を満たさないため。

［4］ 山田（2015）

［5］ Fisher et al.（2003）

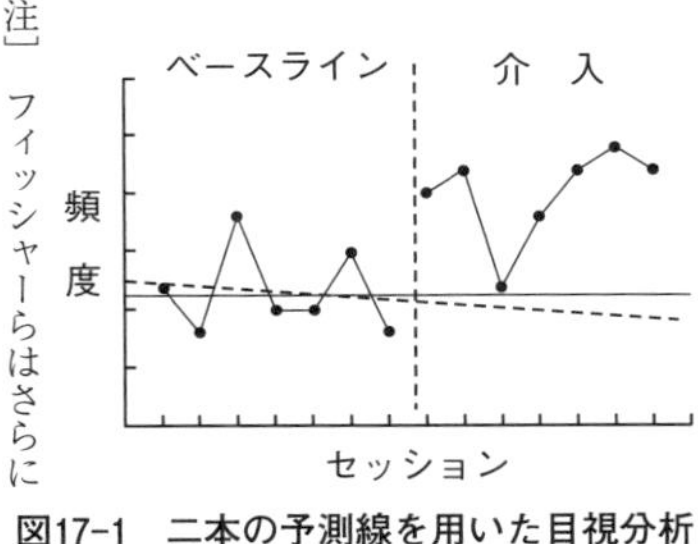

図17-1　二本の予測線を用いた目視分析

［注］ フィッシャーらはさらに慎重な方法として予測線を上に標準偏差の四分の一だけずらす方法も提案している。

く、独立変数が従属変数に及ぼした影響力の大きさを**効果量**として示す記述統計が心理学全般で求められるようになっている[7]。この流れのなかで、シングルケースデザイン法を用いた研究で効果量を計算する方法も提唱されている。

シングルケースデザイン法は帰納的アプローチを採る。一つの実験で確かめた関数関係をその実験のみで一般化することはできないが、先行研究も含め、同じような関数関係を再現した実験が増えれば、それらをまとめて一般化できる。このための方法の一つが、複数の実験結果をまとめて統計的解析を行う**メタ分析**である。そしてメタ分析を行うには、各実験における効果量を、標準化した方法で算出する必要がある。

ここでは目視分析と相性が良いと考えられる効果量の計算方法を五つ紹介する[8]。標的行動の自発頻度を増やす目的の仮想実験データを例とするが、標的行動を減らす目的の実験でも増減の方向を変えれば同じ論理で計算可能である。また、ここでは説明を単純化するためにAB法を仮定しているが、反転法でBからAに戻るときや多層ベースライン法における各層のデータにも適用でき、複数の効果量を合算する方法も提案されている。

●PND（Percentage of Non-overlapping Data）[9]

① ベースライン期の最大値を基準値とする。
② 介入期のデータのうち基準値を上回るデータ数を数える。

[6] 項目3「科学的な根拠にもとづいた実践」を参照。

[7] 米国心理学会のPublication Manualでは論文の投稿者に効果量や信頼区間を記述するように求めている。我が国でも日本心理学会の『執筆・投稿の手びき』が二〇一五年に改訂され、効果量と信頼区間の記述を求めるようになった。なお、効果量の指標としてよく使われるコーエンの*d*は参加者間のグループ比較デザイン法を用いた実験で得られたデータへの適用を前提としており、参加者内比較となるシングルケースデザイン法には適用外とされているが、シングルケースデザイン法に適用可能な*d*の算出方法も開発されている（Shadish et al., 2014）。

[8] 他にもいろいろな計算方法が提唱されている。ベースライン期の平均値と介入期の平均値の差をベースラインの標準偏差で割って求めるSMDなどもある（高橋・山田 2008、山田 2015）が、ここでは目視分析を補完するという意味で、代

③　介入期のデータ数のうち、②が占める割合を計算する。
図17－2では基準値が第3セッションの18、介入期のデータのうちこれを上回るデータは第10、11セッション以外の五つになるので、PNDは5/7＝0.71と計算できる。基準値を無条件で最大値（もしくは最小値）とするため、PNDは外れ値の影響を受けやすい。

● **PAND（Percentage of All Nonoverlapping Data）**[10]

①　ベースライン期と介入期で範囲が重複しているデータからいくつ除去すれば重複がなくなるのかを数える（図17－3）。

②　①を全体のデータ数から引いた数が全体のデータ数に占める比率を計算する。
図17－3では、ベースライン期の第1、3、6セッション、介入期の第10、11セッションのデータが重複する範囲にあるが、第3、第10、もしくは第10、第11セッションの二つのデータがなければ重複はなくなる。[11] 全データ数からこれを引き、全体のデータ数で割った値、すなわち（14－2）/14＝0.86がPANDとなる。

● **IRD（Improvement Rate Difference）**[12]

①　PANDと同じように重複を解消するデータを選ぶ（図17－3）。

②　ベースライン期のデータのうち重複を解消するために除去する必要があったデータ数の比率を求める。

③　介入期のデータのうち重複を解消するために除去しなくてもよかったデータ数

表値による計算ではなく、図示されたデータを見ながら手計算できるものを選んだ。

[9]　Scruggs et al.（1987）

[10]　Parker et al.（2007）

[11]　取り除けば重複がなくなるデータを見つけるわけだが、除去といってもこれらのデータを削除するわけでないので誤解がないように。

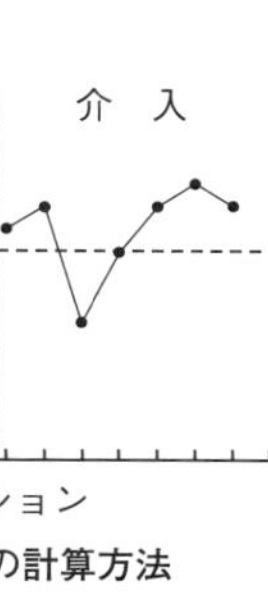

図17-2　PNDの計算方法

[注]　ベースライン期の最大値を上回る実測値の割合を計算する。

の比率を求める。

④　③から②を引いてこの比率の差を求める。

上述のように、図17－3のデータでは、重複を解消するために除去するデータの選択肢が複数ある。こういった場合には、両条件にそれぞれできるだけ多くのデータが残るように、そしてどちらかの条件でデータが不足しないように選ぶ。この場合は、第3、第10セッションのデータを選ぶことにする。したがって6/7－1/7＝0.71がIRDとして算出される。

●NAP（Non-overlap of All Pair）[13]

①　ベースライン期と介入期の全データの組み合わせを一つずつ比べる（図17－4の第1セッションと第8、9、……、14セッション、第2セッションと第8、9、……、14セッション…というように）。

②　介入期のデータがベースライン期のデータよりも大きければポジティブ、小さければネガティブ、同じ値ならニュートラルと判定する。

③　ポジティブに1点、ニュートラルに0・5点、ネガティブに0点を配点する。[14]

④　すべての組み合わせ判定の合計点を、組み合わせの数で割って計算する。

NAPと次のTau－Uを計算するためには、データを行列形式にするとわかりやすい。[15] 図17－5には、ポジティブを「＋」、ネガティブを「－」、ニュートラルを「N」として記入した。

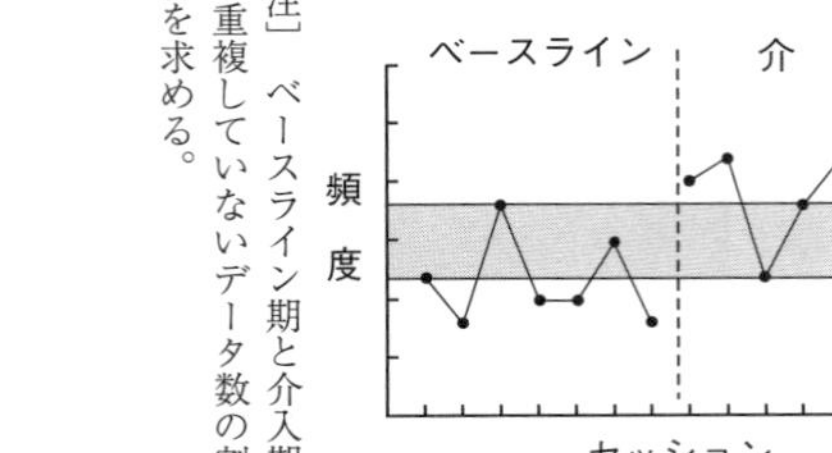

図17-3　PAND/IRDの計算方法

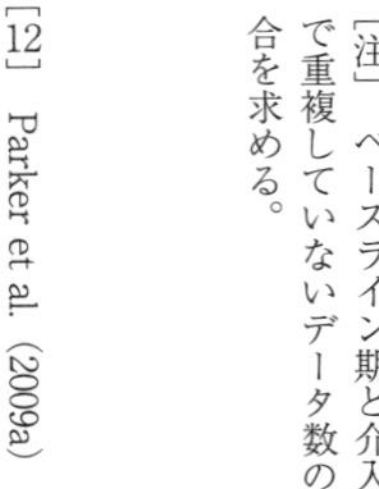
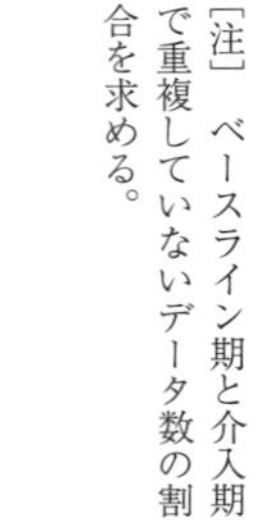

［注］ベースライン期と介入期で重複していないデータ数の割合を求める。

[12] Parker et al.（2009a）

[13] Parker et al.（2009b）

[14] ニュートラルを数えないで計算する方法もあるが、どちらでも大きな影響はないという。

[15] 参考文献ではデータを左上に

NAPではベースラインと介入を比較するため、灰色の部分だけを用いる。「＋」が45個、「－」が2個、「N」が2個あるので、NAPは（45＋0.5＊2）/49＝0.94となる。

●Tau-*U*[16]

Tau-*U*では条件内の傾向を含めて効果量を計算するために、図17-5の右上、左下の部分も用いる。

① ベースライン期内のデータについて（図の右上部分）、ポジティブの個数からネガティブの個数を引いて効果の大きさ（S^a）を求め、これを組み合わせ数で割って傾向（Tau^a）を求める。

② 介入期内のデータについてS^bとTau^bを同様に求める（図の左下部分）。

③ ベースライン期と介入期のデータを比較した場合のS^{ab}とTau^{ab}を同様に求める（図の灰色部分）。

④ ベースライン期の傾向を減算したTau-*U*をS^{ab}からS^aを引き、組み合わせ数で割って求める。

図17-5から、

$S^a = 8 - 11 = -3$

$Tau^a = -3/21 = -0.14$

$S^b = 13 - 5 = 8$

集めるためにセッション順を入れ替えて行列を作成しているが、本書ではわかりやすさを優先してセッションは順列とした。

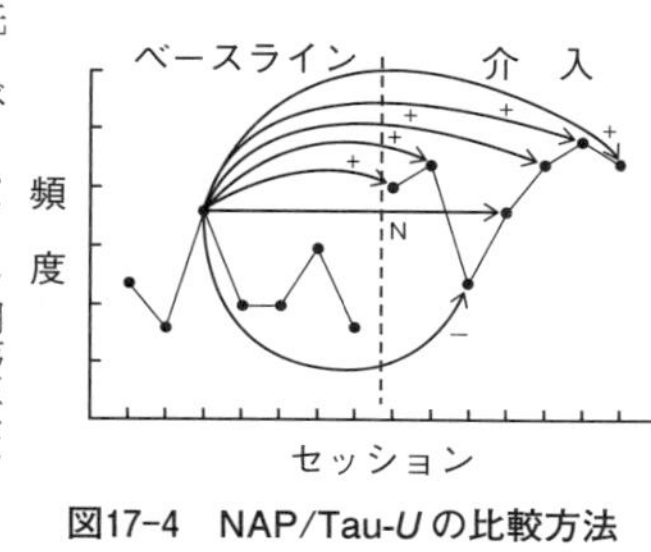

図17-4　NAP/Tau-*U*の比較方法

［注］ベースライン期第三セッションと介入期の全データを比較しているが、これをすべての組み合わせについて行う。

［16］Parker et al.（2011）。

［17］Tauが0・2より小さければ傾きは無視してもよいという見解もある（Vannest & Ninci, 2015）。

$$\mathrm{Tau}^{b} = 8/21 = 0.38$$

$$S^{ab} = 45 - 2 = 43$$

$$\mathrm{Tau}^{ab} = 43/49 = 0.88$$

となり、これが傾向を考慮しない効果量となる。[17]

次に、介入期の傾向を加算したＴａｕ－*U*は

$$(43 - (-3))/49 = 0.94$$

となる。[18]

効果量は記述統計である。数値の大きさをどう解釈するかは、研究対象となった行動や場面などを考慮し、実際の研究でどのような値が得られているか調査して、それに照らして評価することになる。[19]

高橋・山田（2008）は『行動分析学研究』に掲載された六三事例のデータを対象に八種類の指標を計算し、それぞれの分布から各指標を評価する目安を示した。ＰＮＤに関しては、０・３３付近が小さい効果、０・８３付近が中程度の効果、１・００が大きな効果となっている。

本項で解説した五つの指標間で数値が一致しないように、

条件			介入							ベースライン					
	セッション		8	9	10	11	12	13	14	2	3	4	5	6	7
		データ	20	22	12	18	22	24	22	8	18	10	10	15	8
ベースライン	1	12	+	+	N	+	+	+	+	−	+	−	−	+	−
	2	8	+	+	+	+	+	+	+		+	+	+	+	N
	3	18	+	+	−	N	+	+	+			−	−	−	−
	4	10	+	+	+	+	+	+	+				N	+	−
	5	10	+	+	+	+	+	+	+					+	−
	6	15	+	+	−	+	+	+	+						−
	7	8	+	+	+	+	+	+	+						
介入	8	20		+	−	−	+	+	+						
	9	22			−	−	N	+	N						
	10	12				+	+	+	+						
	11	18					+	+	+						
	12	22						+	N						
	13	24							−						

図17-5　NAP や Tau-*U* を計算するためにデータを行列の形に並べる。NAP ではベースラインと介入を比較するため、灰色の部分だけを用いる。Tau-*U* では条件内の傾向も算入するため、右上、左下の部分も用いる。

効果量の値は指標によって異なってしまう。そもそも主観的と批判されがちな目視分析を補完するものとして開発されたのにもかかわらず、それぞれ長所と短所があるとはいえ、得られる値が異なってしまっては客観性の担保という点では課題がある。

効果量は、本来的には、複数の研究成果をまとめて一般化しようとするときに使うべき指標であり、個々の研究成果を評価するときには、得られた数値だけではなく、各々の研究における目的や実験場面の状況などを十分に考慮すべきである。

同じ種目のスポーツで**行動的コーチング**[20]の効果を検証する実験をしたとしよう。初心者が対象でスキルに大きな改善の余地がある場合と、競技者が対象で改善の余地が小さい場合とでは、おのずと期待する行動の変化量が異なってくる。効果量は小さくても意義がある変化もあるのである[21]。

応用行動分析学では介入がもたらした効果を評価し、さらなる改善の余地を調べるために**社会的妥当性**[22]が検討される。個々の研究成果を評価するときには、社会的妥当性との関連で効果量を解釈すべきであろう。

目視分析を客観的で数量的な指標で補完していくという方向性は間違っていない。今後は、指標の信頼性と妥当性の検証、学会などによる標準化、そして研究者や実践家を支援する教材やソフトウエアの開発などの展開が望まれよう[23]。

シングルケースデザイン法を用いた研究における効果量はベースライン期と介入期で

[18] Tau-Uはノンパラメトリックな統計的検定が可能である。今回使用したデータでは、$z=2.94$ $p=0.003$ 信頼区間 (90%) は0.413 ＜＞ 1.00だった。詳しくはParker et al. (2011) を参照されたい。

[19] このような手続きは**ベンチマーク**と呼ばれる。

[20] 項目42「しごきも根性も、もういらない」を参照。

[21] 運送会社が運転手の急ブレーキや急発進を減らす介入を導入し、一日平均百回あった危険運転が半分に減り、大きな効果量が得られても、事故のリスクが残っているのは逆の例である。

[22] 項目4「応用行動分析の進め方」を参照。

[23] 無料の統計ソフトRに組み込めるプラグイン (Bulté & Onghena, 2008) や、ブラウザーで計算ができるサイトも公開されている。

データの水準に差があるかどうかだけでは判断できない。前提として従属変数の変化が独立変数によってもたらされたものであること、すなわち**内的妥当性**が確保されていなければならない。

内的妥当性を脅かす要因としては、時間経過に伴う成熟や測定の反復の影響、実験では操作していない外的な要因などが考えられる。[24] 別項で紹介した代表的なシングルケースデザイン法はこれらの剰余変数を実験計画として統制するものであるが、これまで実験計画の評価方法については標準化されていなかった。

最近では、シングルケースデザイン法が行動分析学だけではなく、心理学の他領域や教育、医学など、関連諸領域において注目され、用いられるようになってきている。[25] そして、こうした動向に対応するため、シングルケースデザイン法を用いた研究を評価する手続きや基準を明文化する作業が進められている。

米国教育省の研究機関である Institute of Education Sciences（ＩＥＳ）は、二〇〇二年、教育に関するエビデンスを評価し、公表することを担った組織として、What Works Clearinghouse（ＷＷＣ）を設立した。ＷＷＣでは研究成果を評価するための手続きと基準の明文化を進めている。シングルケースデザイン法を用いた研究も対象となっていて、評価基準がまとめられている。[26] 図17-6にはこの一部を示した。

評価の第一段階はまず効果検証するに足る実験計画だったかどうかである。このた

(Pustejovsky, 2017, Vannest et al., 2016)［ＵＲＬ］

[24] 石井（2014）など。

[25] Tate et al.（2016）や井垣（2015）を参照。

[26] What Works Clearinghouse Standards Handbook Version 4.0
他にシングルケースデザイン法に特化したおよそ四〇頁からなるガイドラインも公開されている。(*Reviewer Guidance for Use with the Procedures Handbook and Standards Handbook*)［ＵＲＬ］

[27] 参加者の都合や実験者の主観的な判断ではなく、条件移行基準として実験を始める前にあらかじめ決めておくことが求められる。基準を満たしたら、その後、条件移行するまでの猶予期間を1～3セッション数から無作為に選ぶというような工夫をすることで、手続きの客観性をさらに高めることもできる(Kratochwill & Levin, 2010)。

めに、観察研究とは異なり、独立変数を実験者が操作することが求められ、介入開始の時機も実験者が決めることになっている。[27] 従属変数の信頼性を確保することも求められる。

ＷＷＣでは、無作為化比較試験などのグループ比較デザイン法も含め、様々な研究法で行われた実験の成果を、合格、限定付き合格、不合格の三段階で評価するようになっている。[28] 図17－6にあるように、評価基準は用いられた実験計画法ごとに設定されているが、[29] 原則は、直接的再現が3回以上行われることと、各フェイズのデータ数が少なくとも三つ、理想的には五つ以上あることである。[30]

実験計画をこのように評価した上で、次に、得られたデータを、①水準、②傾向、③変動、④効果の即時性、⑤範囲の重複、⑥同一条件内の一貫性から評価する。①から③についてはすでに別項で解説している。[31] ⑤が本項の前半で解説した効果量の測定に対応する。よって、ここでは以下、④と⑥のみ補足

共通の必要条件

1. 実験者が、独立変数（介入）を、いつどのように導入するか決めた上で系統的に操作していること。
2. 従属変数は時系列的に測定されていること。かつ、複数の観察者が条件ごとに20%以上のデータを独立して観察し、十分に一致していること（一致率なら80%以上、カッパ係数なら.6以上）。
3. 以下に示す基準で独立変数の効果が再現されるかどうかを確かめていること（原則　は再現が３回）。

	反転法	多層ベースライン法	条件交替法
合格	データ数が５つ以上あるフェイズが４期以上ある（例：ＡＢＡＢで全期でデータ数が５以上）。	データ数が５つ以上あるフェイズが６期以上ある（例：三人の参加者間で全期でデータ数が５以上）。	条件ごとにデータ数が５つ以上あり、各条件は３回以上連続していない。
限定合格	データ数が３～４つ以上あるフェイズが４期以上ある（例：ＡＢＡＢでデータ数が３～４つ以上）。	データ数が３～４つ以上あるフェイズが全部で６期以上ある（例：三人の参加者間で全期でデータ数が３～４つ）。	条件ごとにデータ数が４つ以上あり、各条件は３回以上連続していない。
不合格	データ数が２つ以下、もしくは、フェイズが３期以下ある（例：データ数が５以上あってもＡＢＡなら不合格）。	データ数が２つ以下、もしくはフェイズが全部で５期以下（例：三人の参加者間で一人目のベースライン期のデータ数が２つしかない）。	条件ごとにデータ数が３つ以下、もしくは各条件は３回以上連続している。

図17-6　WWC Standards Handbook ver. 4の Figure A.1. を翻訳し、例を追加して、レイアウトを変えた。

しよう。

効果の即時性とは独立変数を導入した直後に従属変数が変化するかどうかであり、直前直後それぞれ三つのデータポイントを比較して判断する。直後に水準が大きく変わり、重複が少なくなる変化があれば、内的妥当性が高まることになる。実験の目的や介入の性質によっては最初から即時性が期待できないこともある。[32] この場合には論文内でそのように説明することが求められる。

同一条件内の一貫性とは、たとえばＡＢＡＢ反転法において、最初と二回目のベースライン期、介入期でデータの水準、傾向、変動などが類似していることである。異なるようであれば、何らかの剰余変数や履歴効果が効いている疑いが生まれ、内的妥当性が危ぶまれることになる。

別項でも論じたように、目の前の人や動物の行動を変える仕事をしている専門家にとって無作為化比較試験を行うのは決して容易ではない。同質の母集団を想定することも、そこから無作為抽出することも現実的ではないからだ。

シングルケースデザイン法はこのような行動変容の実践現場で、実際に行動を変えながら、それを根拠として積み上げていくのに最適な研究方法である。評価基準の標準化によって質の高い研究がさらに増えていくことが期待される。

[28]　このような手続きで収集し、評価した複数の研究成果から、特定の介入の効果を客観的に判定していく。たとえば、研究者が重複しない三つ以上の研究チームで同じ介入手続きの効果を検討した合格もしくは限定つき合格の研究が五つ以上あり、それらの合計事例数（参加者数であったり、学級数であったり）が二〇以上あって初めて「根拠あり」と判定されるというように。

[29]　基準変更法や多層プローブ法についても同様に評価される。詳細はガイドライン（本項の脚注26）を参照していただきたい。

[30]　この基準によれば、応用行動分析学の黎明期にはよく用いられたＡＢＡ法はもはや不合格となる。

[31]　項目11「目視分析」を参照。

[32]　たとえば行動レパートリーの形成に時間や試行数を要する場合など。

Ⅲ

行動の諸法則

18

行動随伴性と機能分析

――人はなぜそのように行動するのか

人はなぜそのように行動するのだろうか。この問いに対する答えを「意思」や「目的」や「思考」や「感情」といった心的概念に求めず、行動と環境との相互作用に見いだそうとするところに、行動分析学の特徴がある。

応用行動分析学七大原則の一つである「系統的であること」は、介入の効果を行動の諸法則のみを用いて記述することを求めている。

これが**徹底的行動主義**である。主義というと信念のように聞こえるかもしれないが、すべての行動分析家がそう信じているわけではない。行動の制御変数はそのように記述できるに違いないという仮定は行動を科学するために必要な「作業仮説」である。まずはその立場に立ってみないと研究が始まらない。そして、そのような作業仮説のもとで研究を進めるためには、行動の制御変数を行動の諸法則を駆使して記述できることが技術として求められることになる。

とはいえ行動の諸法則のすべてを詳細に解説することは本書の守備範囲を超えている。本書においてはこれまで通り、応用行動分析学の研究や実践をするために最低限必要となる概念を中心に紹介していきたい。

行動随伴性は行動分析学の中核となる概念である。**行動の機能**に焦点をあて、行動制御の関数関係を分析するさいの基本単位となる。

行動の機能とは行動が環境に及ぼす影響のことである。行動の「理由」や「意味」といってもよい。男の子が走っている様子を思い浮かべてほしい。両手を大きく振りながら両足を交互に前方に突き出して地面を蹴って進んでいる。観察すれば「走る」という**行動の形態**[1]を、身体各部位の軌跡や強度などとして記述できる。

ところが、これだけでは男の子がなぜ走っているのか、その理由まではわからない。

行動の理由を推察するためには、より俯瞰的に観察するとよい。視野を空間的に拡げて想像してみよう。男の子が走って行く先に、長い出張から帰ってきたお父さんが立っているのが見えるかもしれない。運動会のゴールを目指して一緒に走っている友だちが見えるかもしれない。あるいは男の子の後から怪しげな不審者が追いかけているのが見えるかもしれない。

「走る」という行動の形態はほぼ同じでも、各々の例で男の子が走っている理由や意味がそれぞれ異なるわけだが、行動分析学ではこれを「お父さんと早く話したいから」とか「友だちとの競争に勝つために」というように、行動の「意図」や「目的」といった心的概念では説明せず、行動随伴性として記述する。

[1]「構造」といってもよい。行動の形態が行動変容の標的となることもある（項目6「行動の測度」を参照）。

行動随伴性として記述するためには、もう少し情報が必要になる。そこで今度は時間軸にそって、さらに思い浮かべてみよう。男の子はコンビニに走り込んだ。店の中から外をきょろきょろ見ている。不審者の姿は見えない。スマホを取り出して電話をかけている。家族に助けを求めているようだ。

男の子が走っていた理由は不審者から逃げるためだった。だが、行動の機能を推測するための空想観察はまだ続く。

数日後、学校からの帰り道、男の子がふと気づく。また、あいつだ。男の子はどうするだろう。怖くてうずくまってしまうだろうか。逃げるのはやめて果敢に不審者に向かって行くだろうか。いや、男の子はまた走り出した。コンビニめがけて一直線に。

ここまで空想観察すれば、男の子が不審者に出くわしたときに走る行動の理由が推測できる。

図18−1に、これを行動随伴性として図示した。行動随伴性の記述法は、行動の制御系によって異なる。応用行動分析学では後述する**オペラント**と**レスポンデント**の二系統を主に扱うのだが、この例はオペラント系の制御になる。

オペラント系の制御における行動随伴性の最小単位は「行動」とその直後に生じる**後続事象**である。「走った」ら「不審者に捕まらなかった」というように。この行動随伴性が行動を制御しているかどうかは、同じような状況で同じ行動が自発されるか

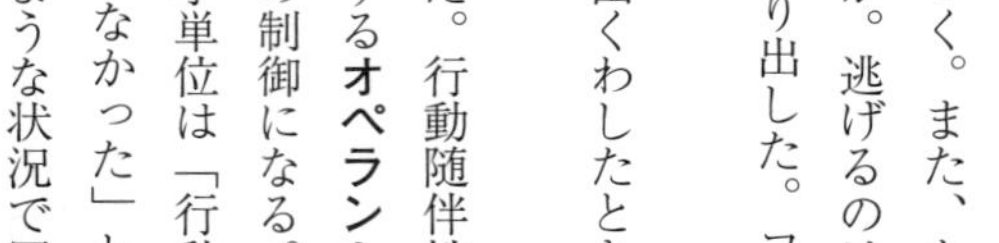

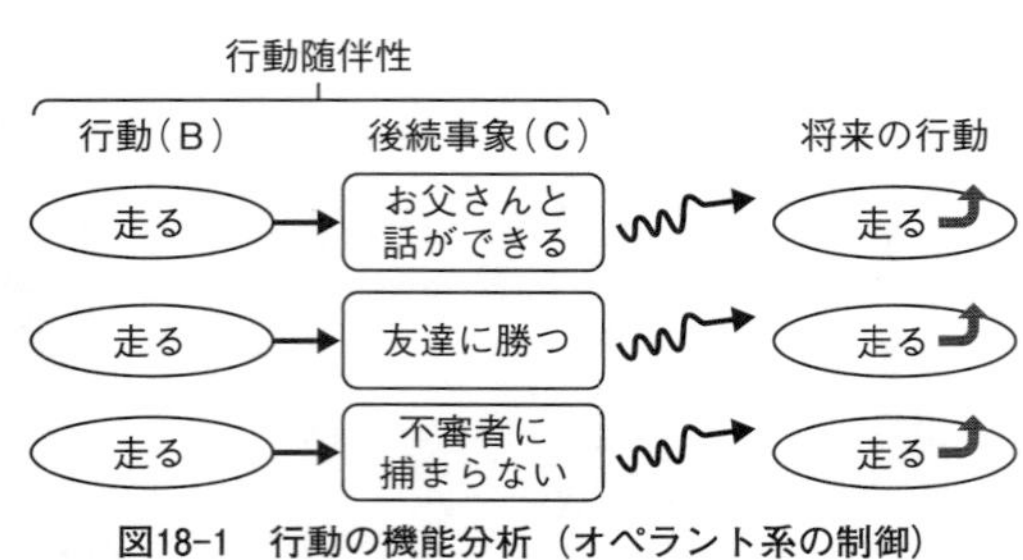

図18–1　行動の機能分析（オペラント系の制御）

どうかで判断する。

図18－1には他の可能性も図示してみた。同じ「走る」でもその理由は異なる。そして、それぞれの理由は、「意図」や「目的」といった心的概念を用いなくても、行動随伴性を記述することで記述できる。

ただし、この段階ではまだ観察による推測にすぎない。制御変数を突き止めるには実験が必要になる。行動随伴性を変え、それによって行動が変わることを確認するのである。たとえば、走り寄っても出張帰りのお父さんが仕事の電話をしていてすぐに話をしてもらえないことにする。後続事象を変えるのである。これで走る行動が減るなら、走ればお父さんと話ができていたことが走る行動を制御していた可能性が高まる。同じように、いくら走っても友だちに勝てないようにしたり、いくら走っても不審者に捕まってしまうようにしたときに、走る行動がどのように変化するか測定すれば、制御変数が特定できる[2]（図18－2）。

レスポンデント系の制御についてもふれておこう。レスポンデントはオペラントとは違い、行動の後続事象による制御は受けない。**先行事象**によって誘発される行動である。反射として遺伝的に組み込まれた無条件刺激による制御と、無条件刺激と対提示された他の刺激に派生した制御からなる[3]。したがって、行動随伴性の最小単位は先行事象と行動になる。

男の子の「不審者」に対する反応を例に考えてみよう。駅からの帰り道、ふと振り

［2］ 後続事象によって制御されていることがわかれば、これがオペラント系の制御であることも確定する。

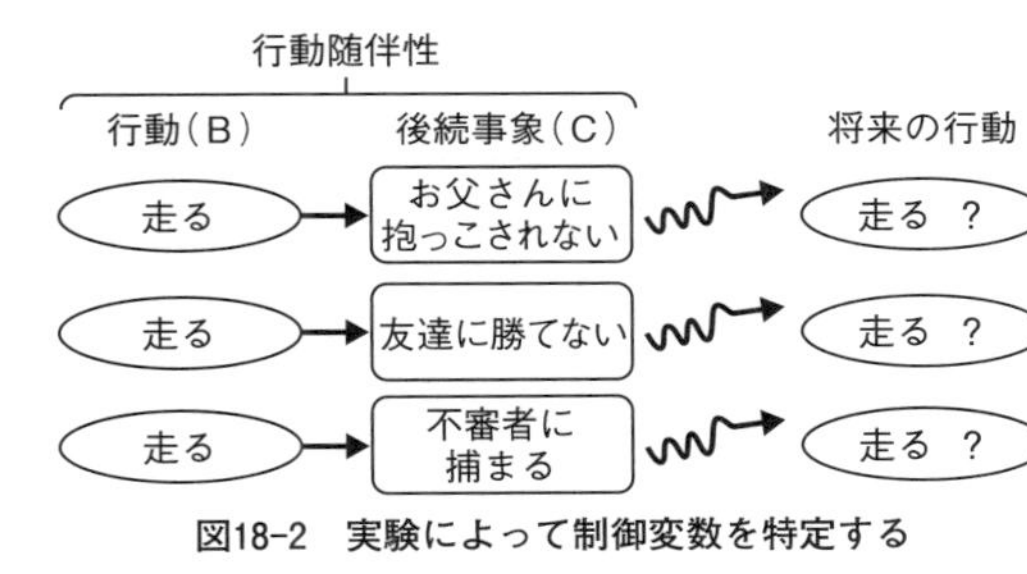

図18-2　実験によって制御変数を特定する

［3］ **条件反射**（項目24「レスポンデント条件づけ」を参照）。

返ったときに見えたのは、サングラスとマスクをして顔を隠し、丈の長いコートを着た中年男性だった。ドキドキしてくる。体が固まってしまい、息も荒くなってきた。心拍数の増加や過緊張、いわゆる不安反応である。

そのような不安反応が生じるようになった原因は、オペラントと同様に、空想観察の視界を広げることで推測可能となる。もしかしたら、以前、同じような出で立ちの男に追いかけられたことがあったのかもしれないし、テレビドラマで子どもが公園で不審者に誘拐されるシーンを観たことがあったのかもしれない。図18−3には前者を仮定した制御関係を行動随伴性として描いてみた。

サングラスとマスク姿は、元々は不安反応を生じさせない中性刺激であったと仮定しよう。それがある日、公園で追いかけられるという出来事と同時に起こることで、それからは、追いかけられなくても同じような風貌の人を見ただけで不安に感じるようになったという解釈である。

この段階の解釈はやはり推測にすぎない。制御変数を特定するには、実験が必要となる。この場合、サングラスとマスク姿の男を見ても、追いかけられないという状況を作り出し、それを経験するうちに、サングラスとマスク姿の男を見ても不安を感じなくなれば[4]、不安反応を制御していたのがこのような随伴性であった可能性が高まる。

行動を測定しながら行動随伴性を変え、それによって行動が変わったかどうかを確

[4] **レスポンデントの消去**（項目21「先行事象としての刺激作用」を参照）。

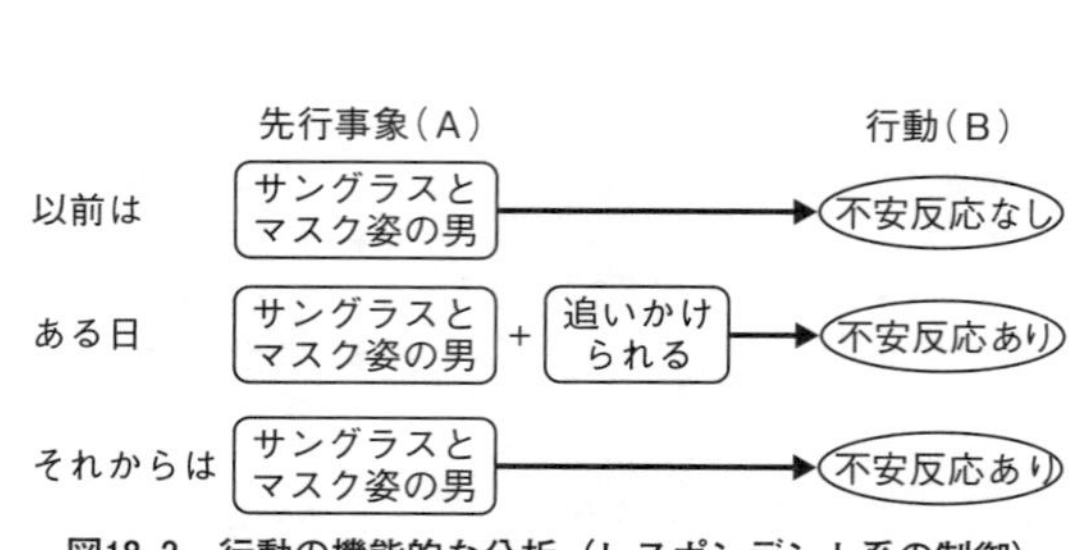

図18-3　行動の機能的な分析（レスポンデント系の制御）

認することで制御変数を突き止めるのが、行動分析学の実験手法である。どのように行動随伴性を変えれば、どのように行動が変わるのか、人や人以外の様々な種の動物を対象とした基礎研究から、こうした制御変数に関する法則性が明らかになっているのである。

応用行動分析学も基本的には同じ手法を用いて研究と実践を行う。行動随伴性という基本単位とそれに関する諸法則を、基礎研究でも、応用研究でも、理論的な研究でも、そして実践でも共通して用いることで、幅広い領域における多種多様な発見や知見を共有し、お互いに役立てることができるのである。ハトの行動を対象とした研究のデータを、人の世の経済の分析にまで応用できるという拡張性が、他の心理学にはない魅力の一つになっているのだ。[5]

[5] たとえばハトやネズミを使って明らかにされた対応法則の行動経済学への適用（池田 2012 など）。

19

行動の定義

——死人にできないことすべて

前項で解説したように、行動分析学における分析の基本単位は行動と環境との関係性である。

オペラント系の制御であれば、最小単位は行動とその後続事象からなる**二項随伴性**である。[1] 強化によって特定の先行事象が弁別刺激として行動を喚起するようになれば、先行事象、行動、後続事象からなる**三項随伴性**が基本単位となる。[2]

レスポンデント系の制御であれば、最小単位は先行事象と行動であり、レスポンデント条件づけの手続きとしては、先行事象としての複数刺激間の随伴性が重要になる。[3]

行動は狭義には筋や腺の活動として定義されるが、筋や線の活動として検出されるまでには至らない神経活動を除外するわけではない。[4] 単一細胞の発火を対象とした実験も行われている。[5] 行動のより広義な定義として、死人にはできないことすべてを行動とするという考え方もあり、[6] 本書においてもこの定義を採用する。この定義によれば、考えたり、思い浮かべたり、感じたりするといった、第三者からは直接観察することが困難な**内潜的な行動**も研究対象となる。

[1] 「～したら～になる」という関係性。

[2] 「～のときに～したら～になる」という関係性。

[3] 中性刺激と無条件刺激あるいは条件刺激の対提示の方法については項目24「レスポンデント条件づけ」を参照。

[4] たとえば、声に出さずに頭の中で考えたり、何かを思い浮かべたりしているときには、声帯や眼球の運動は生じなくても脳内の神経活動は生じており、これも行動である。

[5] Stein et al.（1993）

[6] 「死人テスト」については、杉山ら（1998）などを参照。

[7] ワトソンの行動主義など。**方法論的行動主義**とも呼ばれる。

この点に関して注意すべきなのが、行動分析学の礎となる**徹底的行動主義**とそれ以前の行動主義[7]との区別である。

心理学を科学として確立することに貢献したワトソンの行動主義では、対象を第三者が観察できるかどうかを科学的研究が成立するかどうかの基準としていた。このため、上述のような内潜的な行動は、たとえそれが本人にとっては観察可能でも、科学的研究の対象からは除外された[8]。

これに対し、徹底的行動主義を唱えたスキナーは、対象の観察可能性は観察方法や観察装置の性能によって制限される条件でしかなく、科学の基準としては不適切であると考えた。観察方法や観察装置は技術革新によって変化するからである[9]。

スキナーはさらに、たとえば声に出さずに頭の中で考える行動（内言）は、声に出して話をする行動（外言）の強度が低いものとみなすことができ、内言を制御する行動法則が外言を制御する行動法則とまったく異なるものであると推測する必然性はないと考えた[10]。スキナーにとって、科学に重要なのは対象の観察可能性より、対象となる現象の**再現性**であり、心理学においてはそれが**行動と環境との関係性**であると考えたのである。

行動分析学における行動の定義に関して二つめに重要なのは、上述したように、行動が行為単体ではなく環境との関係性として位置づけられることである。単体では同じ行為でも、随伴性が異なれば別の行動とみなされることになる。

[8] ワトソンの行動主義はそれ以前の内観を中心とした研究手法に対するアンチテーゼだったこともあり、第三者の観察による信頼性の確保が重視されたと考えられる。生体内の観察不可能な活動をコンピュータの情報処理プロセスになぞらえ、観察可能な行動のデータから処理過程を推測するアプローチを採っているのが、心理学において現在主流派である認知心理学の方法論である。科学としての基準はワトソンの行動主義を継承しているため、認知心理学は方法論的行動主義に基づいているといわれる（佐藤 1985）。

[9] 実際、光トポグラフィやfMRIなど、スキナーの時代には存在しなかった装置が開発され、当時は観察不可能だった行動が今では観察できるようになっている。

[10] 言葉の獲得は外言から内言へと発達するという言語学者、ヴィゴツキーやルリヤの主張とも符号する考え方である。

たとえば、「みず」と発話する行為は、「水」という漢字を見て読んだのか、喉が渇いていたときに誰かに「何か飲みますか」と尋ねられたときに応えたのか、友人と廊下を歩いていて、床がびしょびしょに濡れているのを見つけて、友人が滑って転ばないように注意を促したのか、それぞれ異なる行動随伴性で自発される（図19－1）。

行動随伴性が異なるということは、制御変数が異なるということである。行動を単体の行為ではなく、行動随伴性の構成要素として定義するということは、すなわちその行動を制御する変数を同定するということである。行動変容を求められる応用行動分析学においては、こうした定義を用いることが研究や実践を前進させる力になっている。[11]

三つめに重要なのは**クラス**という概念である。クラスは、種や類、集合という意味だが、どれも訳語としてあてはまりが悪いので、本書ではカタカナ表記のまま用いる。

クラスには実体がない。たとえば種を示す概念としての「人」はクラスであるが「人」という実体は存在しない。実体があるのは「私」であり、読者の皆さん一人ひとりである。同じように「本」というクラスにも実体はない。しかし、皆さんのお手元にある本には実体がある。クラスに対して、実体は**インスタンス**と呼ばれる。

同じことが行動にもあてはまる。行動はクラスとして定義される。わかりやすくするために本書では、行動（クラス）の実体を**反応**（インスタンス）と呼ぶことにす

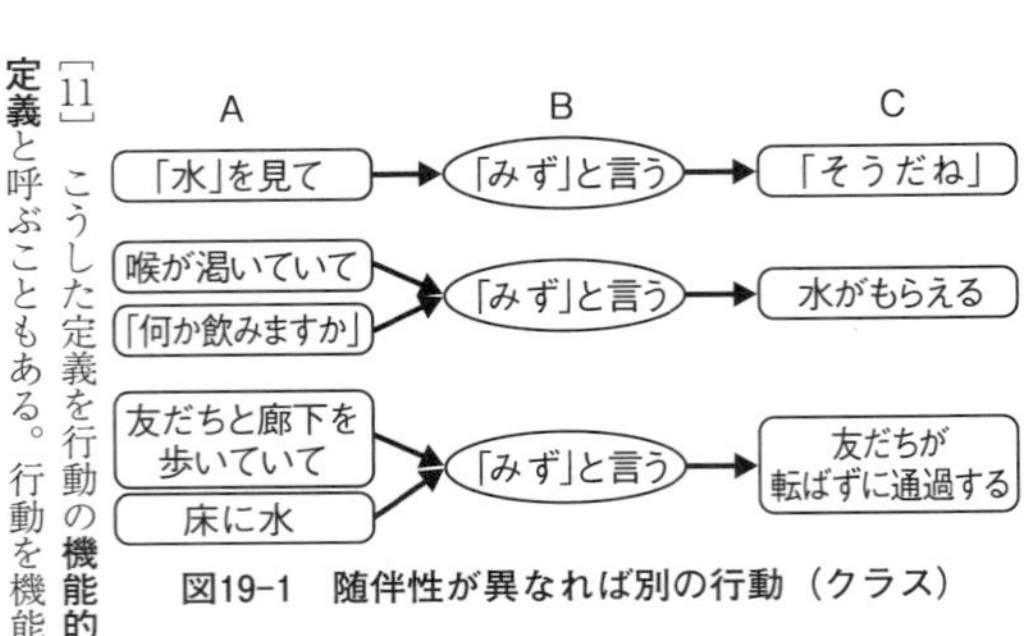

図19-1　随伴性が異なれば別の行動（クラス）

[11]　こうした定義を行動の**機能的定義**と呼ぶこともある。行動を機能的に定義するためには行動の制御変数を実験により明らかにする必要があり、定義とその使用が継ぎ目なく連動しているところに特徴がある。

[12]　本書におけるこの区別と用語の使い方は必ずしも一般的ではないが、同様の解説は坂上・井上（2018）

る。[12] 先の例を使って解説しよう。

廊下の床が濡れているのに気がついて「みず」と言った。この「みず」は実体がある反応である。「みず」と言われた友だちが、濡れているところを避けて歩き、転ばなくて済んだとする。「みず」という反応に、友だちが転ばずに通り過ぎたという後続事象が随伴したことになる。次に同じような機会が訪れたとき、再び「みず」と言う可能性が高くなれば、強化の法則が作用したことになる。

さて、最初の「みず」と次の「みず」は同じ反応だろうか。答えは否。それぞれ異なる実体をもつ別の反応である。最初の「みず」の反応が強化されて増えたのが「みず」という反応（インスタンス）が含まれる行動（クラス）なのである。[13] 強化の手続きで後続事象を随伴させることができるのは実体がある反応に対してだが、その結果として自発頻度が増えるのは、その反応が含まれるクラスとしての行動なのだ。

最初の「みず」と次の「みず」は、声の大きさやイントネーションにも違いがあるだろうし、もしかしたら形態さえ異なるかもしれない。「みずだ！」とか「ぬれてるよ」とか「あぶない！」のように。[14] これらはすべて、友だちが転ばずに済むという共通の後続事象によって強化される一つの行動（クラス）に含まれる反応である（図19−2）。

このように、行動分析学における行動は、クラスとして、同じ機能をもつ反応の集合体として定義されるのである。

にもみられる。

[13] 行動は**反応クラス**として定義されるということになる。

[14] ある反応を強化することでその反応に類似した反応が自発されることを**反応般化**、形態的に類似していない反応まで自発されるようになることを**反応誘導**ともいう。

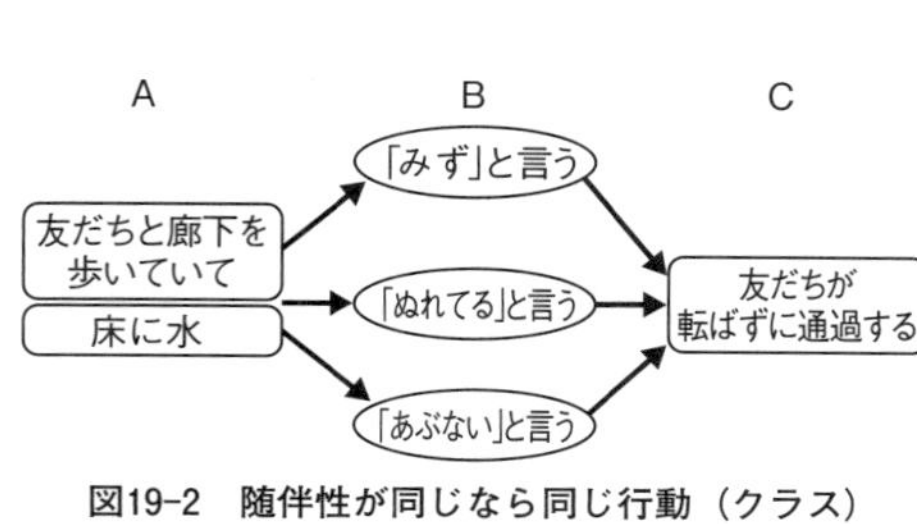

図19−2　随伴性が同じなら同じ行動（クラス）

20

刺激の定義

——反応に影響することすべて

行動分析学における分析の基本単位は行動と環境との関係性である。行動の定義は前項で解説したので、ここでは**環境**を定義しよう。

オペラントであれレスポンデントであれ、行動随伴性として記述する環境とは、行動に影響を与え得る刺激、もしくは刺激の変化や操作として定義される。

特定の刺激が行動に影響を与え得るかどうかを判断するには生理学や生物学の基礎的な知識や精神物理学[1]に関する理解が必要になる。

まず前提条件として、人であれば音刺激は耳、視覚刺激は目というように、その刺激の様相（モダリティ）に対応する受容器が備わっている必要がある。[2]

人にはない受容器を有している動物もいる。たとえば、サメやエイには微弱な電場を感じることができる器官、ヘビの一部には赤外線を感知できる器官が備わっていて、深海や暗闇に隠れている獲物を探すことができる。[3] 受容器が応答する刺激特性の範囲には制限があり、これを**刺激閾**という。刺激閾は成熟や加齢によって変化することもある。公園やコンビニなどにたむろする若者を追い払うのに使われている「モス

[1] 刺激の大きさと感覚の大きさの関係を調べる心理学の一領域である。刺激の絶対閾や弁別閾を測定する手法が開発されている。

[2] 「五感」や「第六感」という慣用表現から、人が感じられる様相の種類は五つまでしかないと思われがちだが、視覚、聴覚、触覚、味覚、嗅覚以外にも、触覚、痛覚、温覚、内臓感覚、平衡感覚など、多様な受容器と感覚が存在する。

[3] 上田ら（編）（2013）「電気定位」（p. 369）、「ピット器官」（p. 451）

キートノイズ」が高年齢者には聞こえないのはその一例である[4]。

なおサブリミナル（閾下知覚）効果とは、一九五〇年代に、米国の映画館で、上映中のフィルムに短く挿入した宣伝文によって観客がそれに気づかないのに休憩中のポップコーンの売上が増えたとされる現象であるが、心理学の実験としての再現性は低いようである[5]。

刺激閾を超えた刺激であっても、受容器、そして受容器が刺激に応答した信号を中枢神経まで伝える求心性神経のどこかに障害があれば知覚されなかったり、知覚されにくいこともある。刺激のなかには特定の行動に対し特定の影響を及ぼすことが遺伝によって決まっているものがある。刺激と行動の生得的な関係性の多くが動物行動学において発見され、整理されている。

最も原始的な関係性は**走性**と**動性**である。走性は特定の刺激によってその刺激に対して近づく、もしくは遠ざかる運動が引き起こされる関係性を示す。たとえば、ハマトビムシは光に向かって行き、コオロギは何かが動くことで生じた空気の流れを感知し、それとは逆方向へ遠ざかる。動性は特定の刺激によって運動が活発になるが、方向性が決まっていない関係性を示す。ワラジムシは湿度が低くなると、早く移動するようになる。方向はでたらめだが、生存に必要な水分に辿り着く確率は高くなる[6]。

固定的動作パターンは、**触発刺激**と呼ばれる特定の刺激によってより複雑な一連の行動が最後まで引き起こされる関係性を示す。たとえば、リスが木の実を運び、地面

[4] 通常、人が音として感じることができる周波数は20Ｈｚから20ｋＨｚ程度に限られるが、コウモリは自ら１ｋＨｚから１２０ｋＨｚの超音波を発生させ、洞窟の壁などから戻ってきたエコーを手がかりに反応できる。
上田ら（編）（2013）「音声伝達」(p. 61)

[5] 中島ら（編）（1999, p. 25)

[6] 上田ら（編）（2013）「走性」(p. 318)、「動性」(p. 380)

を前足でひっかいて穴を掘り、木の実を埋める行動や、オスのトゲウオがなわばりに入ってきた別のトゲウオに対し、その腹にオスの印である赤い斑点があれば攻撃する行動、卵を温めていたミヤコドリが巣から転げ落ちた卵を頭と首で元に戻す行動などがこれにあたる。途中で卵を取り上げても動作は最後まで続けられる[7]。

生得的反応連鎖では、固定的動作パターンと同様、触発刺激によって一連の行動が引き起こされるが、途中で要となる刺激が提示されなければ次の反応は行われない。たとえば、オスのトゲウオは発情期にメスのトゲウオがなわばりに入ってくるとジグザグダンスと呼ばれる求愛行動を示し、メスを巣へ導くが、メスがいなくなるとダンスを途中でやめてしまい、巣への導き行動も行わない[8]。

反射は**無条件刺激**と呼ばれる特定の刺激によって、比較的単純な行動が引き起こされる関係性を示す。大きな音がしたら驚いたり（驚愕反射）、音がしたほうへ振り向いたり（定位反射）、目にゴミが入ったら瞬いたり（眼瞼反射）、口の中に食べ物が入ったら唾液を分泌させる（唾液反射）など、神経生理学的な仕組みが解明されているものが多い。

反射には**原始反射**と呼ばれる、乳幼児の段階で生じ、成長とともに消失する刺激と行動の関係性もある。たとえば、探索反射は頬や口に触られるとそちらのほうへ向く反射、吸啜反射は口に触れたものを吸う反射である。こうした反射は生まれたばかりの乳児が何の学習もせずに母乳を摂取し、生き延びるのに役立つ。

[7] Mazur (2006) 人でも、あくびが伝染するのは固定的動作パターンの一種であるという説もある。

[8] 実森・中島（2019）

ここまでに解説した、走性・動性、固定的動作パターン・生得的反応連鎖、反射は、どれも種の進化の過程で自然選択され、遺伝子に残された、いわば**系統発生的**な刺激と行動の関係性である。原始反射を除けば、疾病などが原因で異常をきたさない限り、揺りかごから墓場まで保持される。

これに対し、本書で主に取り扱うオペラントにおける刺激と行動の関係性、そしてレスポンデントのうち条件刺激と条件反応の関係性は、生後、個々の個体がさらされる随伴性によって獲得され、変容し、消失する。いわば**個体発生的**な関係性といってよい。

系統発生的な関係性と個体発生的な関係性につながりがあることもある。たとえば、探索反射や吸啜反射が自然消失する前には、乳房に近づいたり、乳房を吸うという行動が母乳が飲めることで強化され、オペラントとして習得される。散歩をしているときに草むらでがさがさと音がして定位反射としてそちらを見たらヘビがいて、怖くて反対方向に走り出し、噛まれずに済めば、次に散歩をしているときにがさがさ音がしたら、それが警告刺激として機能し、すぐに逃げ出すようになる。

ある刺激がある反応を引き起こすとき、それが系統発生的な関係性によるものなのか、それとも個体発生的な関係によるものなのかを実証的に判断することは簡単ではない。たとえば、ヒト、野生のサル、実験室で生まれ育ったサルのいずれでも視覚探索課題ではヘビの画像の検出が早いが、検出が早くても怖がらないサルもいるという。[9]

さて、前項で解説した、行動の定義にまつわる重要な点のいくつかは刺激の定義にもあてはまる。

徹底的行動主義に基づく行動分析学では、第三者が観察できない内潜的な刺激を**私的事象**と呼び、観察不可能であるからといって分析の対象から排除しない。また、私的事象だからといって公的事象とは異なる行動法則を想定しない。頭痛や腹痛を訴える行動の弁別刺激は第三者には観察できないが存在し、それについて言及する行動の制御変数も、その他の行動の制御変数と同じように記述できると考える。[10]

行動をクラス、反応を行動のインスタンスとして区別したように、刺激にも実体のあるインスタンスとその集合がある。残念ながら、行動と反応のようにクラスとインスタンスに対応する用語がないので、本書ではクラスを**刺激クラス**、インスタンスを**刺激**と表記する。

前述のヘビの例なら、最初の「がさがさ」と次の「がさがさ」は同じ刺激ではない、音も違えば音がした場所も異なるだろう。それでもレスポンデントとしての驚愕反応は誘発され、オペラントとしての走り出し反応は喚起される。後述するレスポンデント条件づけやオペラント条件づけの手続きに用いるのは実体のある刺激であるが、その結果、行動（クラス）を誘発し、喚起するようになるのは、その刺激が含まれる刺激クラスなのである。

[9] 川合（2011）ヘビが生まれつき恐いのではなく、目につきやすいだけなのかもしれない。

[10] 私的事象を弁別刺激とした言語行動の形成については杉山ら（1998）を参照されたい。

ある反応が強化されればそれに類似した反応が自発されるようになるように、ある刺激のもとで反応が強化されれば、それに類似した刺激がその反応が含まれる行動を喚起するようになる。これを**刺激般化**という。

物理的類似性による刺激般化は自然に生じる。レスポンデント条件づけやオペラント条件づけの手続きによって、レスポンデント条件づけやオペラント条件づけが自然に生じるように、物理的類似性によって刺激クラスが成立すること自体は自然法則の一つである。

言葉や記号のように、物理的特性が類似していない刺激群が一つのクラスを形成することもある。たとえば、「大」と「小」という文字、「おおきい」と「ちいさい」という音声はそれぞれ、実物の大きさとは無関係だが、物理的に大きいものと「おおきい」や「大」、物理的に小さいものと「ちいさい」や「小」はそれぞれ刺激クラスを形成し得る[11]。

最後に、反応は刺激としても機能する。たとえば、ゴルフのティーショットを習うとき、コーチがやってみせてくれる見本は、コーチにとっては反応であるが、レッスン生にとっては、それを真似してスイングする反応の弁別刺激となる。パソコンを起動してメールを読むような一連の行動連鎖では、連鎖の一つ前の自らの反応や反応が生みだす刺激が弁別刺激となり（例：ノートＰＣのカバーを開ける）、次の反応（例：電源スイッチを押す）が喚起される。

[11] こうした刺激クラスの形成については項目33「刺激等価性と関係フレーム理論」で解説する。

21

先行事象としての刺激作用

――行動を引き起こす、行動を抑える

刺激は先行事象あるいは後続事象として行動に影響を及ぼす。

先行事象としての刺激の作用には、前項で解説した走性・動性、固定的動作パターン、生得的反応連鎖、反射のように、刺激とそれによって引き起こされる行動の組み合わせが生得的に決まっている関係性と、レスポンデント条件づけやオペラント条件づけによって新しい刺激が行動を引き起こすようになる習得的な関係性がある。表21－1に本項で解説する関係性をまとめた。

生得的な関係性においても、刺激作用の大きさは条件によって変化する。たとえば、大きな音がするとびくっとする驚愕反射は同じ音が続けて繰り返し提示されると次第に生じなくなる。刺激に対する慣れを示すこの現象は**馴化**と呼ばれる。ミミズのような無脊椎動物にさえみられる最も原始的な行動法則である[1]。

馴化における刺激作用には以下の主な特性が確認されている。

馴化が生じた後、しばらく同じ刺激を提示しなければ、驚愕反射は元通りに生じるようになる。これを**自発的回復**という。

[1] 実森・中島（2019）

[2] 馴化も刺激ではなく刺激クラスに対して生じる現象であることになる。

[3] たとえば、音刺激に馴化させた後で、強い光を提示すると、音刺激への驚愕反射が復活する。

[4] 刺激に対する反応がいったん強まり（鋭敏化）、その後に弱まる（馴化）という経過を辿ることもある。馴化と鋭敏化は多くの種に共通する現象であり、神経生理学的なメカニズムも解明されている。比較的単純で再現しやすい現象なので、乳児の視覚認知や記憶の測定にも用いられている。たとえば、Fagan Test of Infant Intelligence は、新奇な刺激に対する注視反応が刺激の繰り返しによって低下する馴化を活用した手続きである。（鈴木・佐藤 2005）

[5] 項目24「レスポンデント条件づけ」を参照。

馴化が生じると、提示した刺激に類似した刺激に対する反応も弱まる。馴化においても、**刺激般化**が生じることになる。[2]

馴化の進行は刺激強度にも影響を受ける。刺激が大きかったり、明るかったりするほど、馴化が生じるまでに要する提示回数が多くなる。

馴化に特徴的な法則もある。馴化が生じた後に新しい刺激を提示すると元の刺激に対する反応が回復することがある。これを**脱馴化**という。[3] 刺激強度が大きいときには、提示を繰り返すと特にその初めの段階で、刺激への反応が逆に強まることがある。これを**鋭敏化**という。[4]

習得的な刺激作用には、レスポンデント条件づけによって生じる条件刺激による誘発作用とオペラント条件づけによって生じる弁別刺激や確立操作による喚起作用がある。[5][6][7]

レスポンデント条件づけによって獲得される誘発作用は、条件刺激を単独で提示するレスポンデント消去手続きによって次第に減衰する。消去手続きが何日かにわたって行われると、翌日のセッション開始時に前日のセッション終了時よりも誘発作用が高くなることがある。これを**自発的回復**[8]という。

レスポンデント条件づけにおいても刺激般化が生じる。条件づけに用いられた条件刺激に物理的に類似している刺激ほど誘発作用は高くなる。たとえば、ある周波数の

[6] 項目23「オペラント条件づけ」を参照。

表21-1　先行事象としての刺激作用

関係性		刺激	行動	行動への作用
レスポンデント	反射	生得的 (無条件刺激)	生得的 (無条件反応)	誘発
	条件反射	習得的 (条件刺激)	習得的*a (条件反応)	誘発と抑制
オペラント	弁別刺激	習得的	習得的	喚起と抑制
	生得性確立操作	生得的	習得的*b	喚起と抑制
	習得性確立操作	習得的	習得的	喚起と抑制
その他	走性・動性	生得的	生得的	細胞や個体全体の動きの活性化
	固定的動作パターン	生得的 (サイン刺激)	生得的	触発
	生得的反応連鎖	生得的 (サイン刺激)	生得的	触発

*a　ただし、無条件反応に類似した行動のみ。
*b　ただし、特定の操作によって確立される好子や嫌子は生得的に決まっている。

音を条件刺激に用いて恐怖反応のレスポンデント条件づけを行い、元の周波数とは異なる周波数の音によって誘発された恐怖反応の頻度や強度を測定し、横軸に周波数、縦軸に誘発された行動の指標をとると、元の刺激の周波数付近を頂点とした山型の分布が得られる。これを**般化勾配**という。

ある刺激を無条件刺激と対提示し、別の刺激は無条件刺激と対提示しないようにすると、前者は行動を誘発するようになり、後者は行動を誘発しないようになる。これを**刺激弁別**という[9]。上述の例であれば、ある周波数の音を正刺激として条件づけをした後に、別の周波数の音を負刺激として単独提示すると[10]、負刺激と負刺激の周波数に近い音に対する行動の頻度や強度が低下する。また、このとき般化勾配の頂点は高く、幅は狭くなり、頂点の位置は正刺激から負刺激とは反対の方向へ移動する。これを**頂点移動**という（図21－1）。

複数の刺激を組み合わせた刺激を**複合刺激**という。たとえば、大きな音と弱い光を組み合わせ、一つの複合刺激としてレスポンデント条件づけを行い、この複合刺激に誘発作用が獲得されたことを確認した後で、大きな音、弱い光それぞれを別々に提示すると、大きな音のみに誘発作用がみられることがある。複合刺激のうちいずれかが他の刺激の条件づけを妨害するこの現象は**隠蔽**と呼ばれる。

複合刺激をレスポンデント条件づけに用いる前にそのうち一つの刺激を単独で条件づけに用い、誘発作用を獲得させておく。その後で複合刺激を正刺激とした条件づけ

［7］ レスポンデントの関係性において無条件刺激や条件刺激が反応を引き起こすことを**誘発**、オペラントの関係性において弁別刺激や確立操作が反応を引き起こすことを**喚起**、また、固定的動作パターンや生得的反応連鎖においてサイン刺激が反応を引き起こすことを**触発**と呼んで、それぞれ区別することがある。

［8］ 同じ「自発的回復」と記述されるが、馴化における自発的回復とは手続きと現象が異なることに留意すべきである。いったん獲得された条件刺激の誘発作用は、無条件刺激と条件刺激の対提示を止めても、時間経過だけでは消失せず長期間維持されることがわかっている（実森・中島 2019）。

［9］ 弁別という用語には、刺激の作用というより、生体の振る舞いというニュアンスがあるが、ここではこのまま用いる。

を行うと、その他の刺激が誘発作用を獲得しにくくなる。この現象は**阻止（ブロッキング）**と呼ばれる。

レスポンデント条件づけの進行も刺激の強度に影響を受ける。刺激が大きかったり、明るかったりすると、条件刺激が誘発作用を獲得するまでに要する無条件刺激との対提示回数が少なくて済む。

条件刺激による誘発作用は、新しい刺激と同時に、あるいは新しい刺激を提示した直後に提示すると弱まる。これを**外制止**という。逆に、レスポンデント消去手続きによって誘発作用が減衰した条件刺激を新しい刺激と同時に提示すると、一時的に誘発作用が復活する。これを**脱制止**という。外制止、脱制止はレスポンデントにおける刺激作用に特有の現象である。

オペラント条件づけによって獲得される刺激作用には、弁別刺激としての喚起作用と、確立操作としての喚起作用がある。これまで解説してきた刺激作用と大きく異なる点は、刺激作用の対象となる行動の多様性にある。走性・動性、固定的動作パターン、生得的反応連鎖、反射においては、行動とそれを触発もしくは誘発する刺激との組み合わせが遺伝により決まっている。レスポンデント条件づけにおいても誘発作用を獲得する条件刺激には多様性があるが、条件反応はほぼ無条件反応と同一である。

これに対し、オペラント条件づけによって成立する刺激と行動の関係性は、遺伝による制限をあまり受けない[11]。恣意的な関係性さえ成立し得るところに特徴がある。

[10] 実験で条件刺激と対提示したり（レスポンデント）、その刺激のもとで反応を強化したり（オペラント）する刺激を**正刺激**や**S$^+$**、条件刺激とは対提示しない、あるいはその刺激のもとで反応を強化しない、すなわち消去手続きを用いる刺激を**負刺激**や**S$^-$**ということがある。

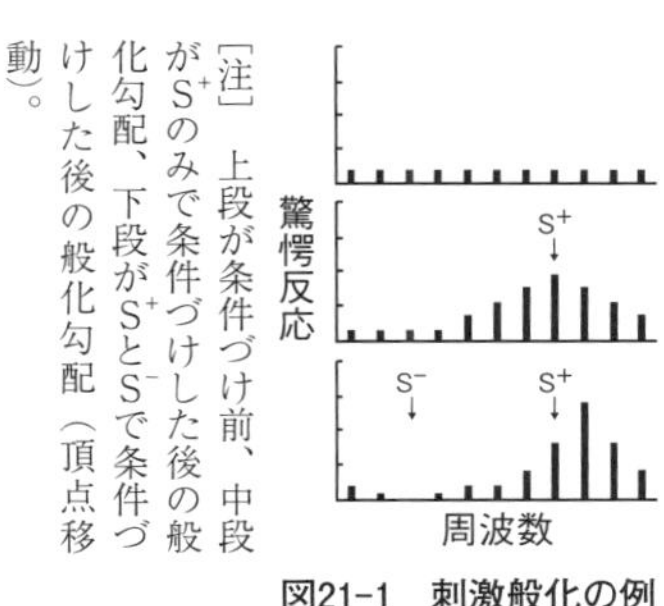

［注］上段が条件づけ前、中段がS$^+$のみで条件づけした後の般化勾配、下段がS$^+$とS$^-$で条件づけした後の般化勾配（頂点移動）。

図21-1　刺激般化の例

他方で、レスポンデント条件づけにみられる特性や現象の大部分は、オペラント条件づけにおいても共通して確認されている。

オペラント条件づけによって獲得される行動を喚起する作用はオペラント消去手続きによって次第に減衰するが、レスポンデント消去手続きと同じように、消去の過程で自発的回復が生じることがある。[12]

オペラント条件づけにおいても刺激般化が生じる。般化勾配も得られる。正刺激と負刺激を使うと、弁別が生じ、般化勾配の頂点が高く、幅が狭くなり、頂点移動が起こるのもレスポンデント条件づけと同じである。

オペラントの関係性については、行動を喚起するようになった刺激を**弁別刺激**（S^D）、行動を喚起しなくなった刺激をS^{Δ}と呼ぶことが慣例となっている。[13] 弁別刺激が行動を喚起することを**刺激性制御**と呼ぶ。

オペラント条件づけにおいても隠蔽やブロッキングが生じる。たとえば、無発語の自閉症児に音声模倣を教えようとして単音（「あー」や「うー」）をモデリングするとき、実験者が音声刺激をS^+として提示し、音声模倣を強化しているつもりでも、実際にS^Dとして喚起機能を獲得するのは口の形（視覚刺激）であり、隠蔽によって音声刺激が喚起作用を獲得しないことがある。[14]

正刺激（S^+）と負刺激（S^-）という用語は実験者が設定した条件について記述するときに用い、S^DとS^{Δ}という用語は実際に行動を制御している刺激について記述すると

[11] たとえば、ブタがコインを運ぶ行動を強化して訓練することは可能だが、しばらくするとコインを落としては鼻で探すような行動が出現し、運べなくなってしまう。**本能的逸脱**と呼ばれ、種に特有な行動パターンの影響が観察される現象は他にも報告されている。このように、遺伝的に決まっている行動の制御変数が、個体の学習による行動制御に影響することを**生物学的制約**という（Mazur, 2006）。

[12] オペラント消去手続きによって生じる**バースト**や**反応拡散**については項目33「オペラント条件づけ」を参照。

なお、レスポンデントと同じようにオペラントでも、いったん獲得された弁別刺激の喚起作用は、単なる時間経過だけでは減衰しにくいと考えられている。

[13] S^Dはdiscriminative stimulusで「エスディ」と読む。S^{Δ}には記号の読みしかなく、「エスデルタ」と読む。

きに用いられる。上記の例のように、実験や臨床で操作した変数と行動を制御する変数が必ずしも一致しないことがあるためである。

オペラント条件づけにおいては、複数の刺激間の関係（同異や大小など）や文脈、他者や自分の言語行動なども弁別刺激として喚起作用をもつようになる。複雑で高度なこうした刺激性制御については別項で解説する。[15]

確立操作はその確立操作のもとで強化された行動を喚起する。[16] たとえば、かつて空腹時に冷蔵庫を開けてみたら夕べの残りのカレーライスを見つけて食べたことがあれば、食べ物の遮断化が冷蔵庫を開ける行動を喚起するようになる。

確立操作は行動の自発頻度を下げる方向にも作用する。冷蔵庫を開けて再びカレーを見つけ、それを食べて食べ物に対する飽和化が起これば、冷蔵庫を開ける行動の自発頻度は低くなる。

食べ物の遮断化と飽和化のような生得性の確立操作は対提示によって新しい刺激に派生するとされているが、[17] この過程には不明な点も多い。[18]

[14] Lovaas et al.（1971）

[15] 関係フレーム反応については項目33「刺激等価性と関係フレーム理論」、言語行動については項目31「言語行動論」を参照。

[16] 確立操作については項目25「確立操作」を参照。

[17] マイケル（Michael, 2004）による**転移性確立操作**。

[18] たとえば、刺激般化や弁別が生じるのか、隠蔽やブロッキングが起こるのかといった基礎的な研究はまだ行われていない。

22

後続事象としての刺激作用

――行動を増やす、行動を減らす

前項では刺激が先行事象として行動を引き起こす作用について解説した。反応という言葉には、そもそも何かに応答した動きという意味がある。直観的にも理解しやすい、常識の範囲内の現象である。

これに対し、刺激が後続事象として行動に影響を及ぼす現象は、日常生活にありふれているのにもかかわらず、気がつきにくく、その意味で反常識的な現象であるともいえる。[1] 行動分析学の創始者であるスキナーが、それまでに見いだされていたレスポンデント条件づけとは別の行動法則としてオペラント条件づけの法則を見いだしたことが心理学史における重要な功績の一つとして認められている所以である。[2]

特定の刺激が行動の直後に出現するとその行動の将来の出現頻度が高まる。学習心理学の教科書などでは強化の法則がこのように定義されていることが多い。[3] 本書ではこの作用を後続事象としての刺激がもつ**行動変容作用**と呼ぶことにする。

行動変容作用をもつ刺激を**好子**または**嫌子**と呼ぶ。[4] 好子は行動の直後に出現すると頻度を上げる刺激、嫌子は行動の直後に出現すると頻度を下げる刺激と操作的に定義

[1] 後続事象としての何かを得るために行動するという素朴に目的論的な解釈は一般的であるが、オペラント条件づけは「目的」や「意思」のような仕組みを想定しない。

[2] 当時はまだこの区別がなかったため、条件づけといえばパブロフが発見した古典的条件づけの手続きを意味していた。

[3] Michael (2004)。より正確に記述するなら、特定の刺激が特定の反応の直後に出現するとその反応が含まれる行動の将来の出現頻度が高まる現象。

[4] 名前から連想されるような好き嫌いといった主観で定義されているわけではない。好子は**正の強化子**、嫌子は**負の強化子**や**嫌悪刺激**、**罰子**と呼ばれることもある。

[5] 阻止型の随伴性については、杉山ら (1998)、島宗 (2014) を参照されたい。

される。ただし、頻度の増減の方向は行動随伴性の型に依存する。行動の直後に好子が出現すれば行動は強化されるが、消失すれば弱化される。行動の直後に嫌子が出現すれば行動は弱化されるが、消失すれば強化される。随伴性にはこのような四つの基本形（図22－1）と四つの阻止形（図22－2）がある。阻止形は、行動が自発されなければ生じる環境変化が行動の直後に停止する随伴性である。[5]

好子や嫌子という概念は実体のある刺激を示すのに使われることが多いが、これは慣習的な用法であり、正確には刺激クラスがもつ行動変容作用を示す概念である。

特定の刺激が行動変容作用をもつかどうか、あるいはどのような行動変容作用をもつかは他の条件に依存する。たとえば、コップ一杯の水が水を飲む行動を強化する行動変容作用をもつかどうかは、水分に対して**確立操作**が効いているか否かに依存する。それは、しばらく水分を摂取していないという**遮断化**かもしれないし、ポテトチップスのような塩辛い食べ物を食べたという確立操作かもしれない。

遮断化によって水分が行動変容作用をもつことは、後述するように生得的に決定されているが、水分に行動変容作用をもたらす操作は他にもある。目の前に火を消し損ねてくすぶっている吸い殻があれば水をかけて消すという行動が自発されるだろうし、コップ一杯の水がテーブルの上に何日も放置されていたことに気づけば、流して洗うという行動が自発され、強化されるだろう。[6] コップ一杯の水は先行事象としても作用する。それを見ながらスケッチの練習をするときには**弁別刺激**になるし、飲み込

行動の直後に	好子が	嫌子が
出現する	強化	弱化
消失する	弱化	強化

図22-1　行動随伴性：四つの基本形とその効果

行動の直後に	好子の	嫌子の
出現が阻止される	弱化	強化
消失が阻止される	強化	弱化

図22-2　行動随伴性：四つの阻止形とその効果

[6]　前者は煙が確立操作となって火を消す道具としての水に行動変容作用が生じる例、後者は「片づけないと不潔」という言語行動が確立操作となってコップの水を嫌子化し、

めば嚥下反射を誘発する**無条件刺激**として作用する。

コップ一杯の水が状況や対象によって様々な作用を多重に持ち得ることからわかるように、好子や嫌子は事物の名称ではなく、刺激がもつ作用の名称であるのだ。[7]

後続事象としての刺激には他にも二つの作用がある。どちらも他の刺激の機能を変える作用であり、本書では**機能変容作用**と呼ぶことにする。[8]

一つは、反応の先行事象として提示されていた刺激に行動を喚起する機能をもたらす作用である。[9] オペラント条件づけの手続きによって弁別刺激や確立操作が行動を喚起するようになるのは機能変容作用の効果である。

居酒屋で料理や飲み物を注文する場面を例に考えよう。最終的な好子は料理や飲み物である。客が店員を探して手をあげるが、すぐに気づいて席に来てくれる店員Aと、なかなか気づかずに来てくれない店員Bがいたとする。何回か注文するうちに、客はすぐに来てくれる店員Aのほうを探し、手をあげるようになる。店員Bには手さえあげなくなるかもしれない。注文して料理や飲み物を得ることを繰り返すうちに、店員Aが、客が店内を見回して店員Aを探し手をあげる行動の**喚起作用**を得たことになる。

もう一つは、後続事象と同時にあるいは先行して提示されていた他の刺激に、好子や嫌子としての機能をもたせる作用である。居酒屋の例なら、店員Aがこちらに気づいて目くばせしてくれること、席に来てくれること、注文をとってくれることは、ど

行動変容作用を生じさせる例として記述できる。

[7] 弊著も含め行動分析学の入門書では、好子や嫌子を実体のある事物や人、出来事として定義していることが多い。これは、初学者にとってはそのほうが理解しやすく、実践にも役立てやすいからである。

[8] Michael (2004)

[9] 隠蔽やブロッキングのように、先行事象のすべてではなく、一部の刺激や刺激クラスの作用のみが変容されることもある。

[10] 目くばせしてもらった後には手をあげないし、注文を復唱された後には注文しないことから刺激行動連鎖が形成されたことがわかる。ところで、動物を対象とした典型的な刺激反応連鎖の実験においては、最終的な強化までの中継的な刺激が獲得する作用は必ずしも一様ではないようである。中継的な刺激と最終的な好子とは対提示されないし、逆

れも料理や飲み物の入手に先行して生じる刺激であり、最終的に料理や飲み物を得ることで、こうした刺激が好子としての機能、すなわち行動変容作用や機能変容作用をもつようになる。手をあげる行動が目くばせや席にきてくれることで強化され、注文する行動が注文の復唱で強化されるという**刺激行動連鎖**が形成されることになる。[10]

特定の行動変容作用と機能変容作用が生得的に組み込まれている刺激を**生得性好子**もしくは**生得性嫌子**という。[11] 最低限の生存や種の保存に関わる、水分や食物、空気、運動、睡眠、性的刺激などは生得性好子、生命の危険に関わる、痛みや疲れ、高温・低温、異臭などは生得性嫌子として、行動変容作用と機能変容作用をもつ。[12]

その他の好子や嫌子の機能変容作用により、好子や嫌子としての作用を獲得した刺激を**習得性好子**、**習得性嫌子**という。居酒屋の例なら料理や飲み物は生得性好子で、[13] 店員の目くばせや復唱は習得性好子である。店内を見回す行動が店員Aが見つかることで強化されるように、機能変容作用によって弁別刺激になった刺激も習得性好子の作用をもつようになる。

より原始的な生命体は、走性・動性、固定的動作パターン、生得的反応連鎖、反射といった、先行事象としての刺激作用に頼ることで、限定されるが安定した環境に、できる限り単純なメカニズムで適応するように進化してきたといえる。これに対し、無脊椎動物の一部や脊椎動物は、後続事象としての刺激作用がその時々の環境変化に応じて行動を変え、適応するように進化してきたといえる。

に、中継的な刺激の提示直後にはいくら反応しても餌は提示されない。このため、中継的な刺激が逆に$S^{\triangle}$としての機能を獲得することもあるからだろう。

[11] ここでも、正確にはそのような実体があるわけではなく、刺激のもつ作用を分類しているだけであることに留意されたい。

[12] たとえばビタミンのように、生命維持に必要な栄養素であってもそれ自体では好子としての作用をもたないものもある。種の保存に必要な刺激すべてが個々に生得性好子としての作用をもつわけではない。また、糖分や脂肪分のように生命維持に必要で自然界には永く希有だった栄養素がおそらくはそれゆえに生得性好子となっているが、現代ではこれが肥満や生活習慣病の原因になっているという例もある。

生得性好子・嫌子は種によって決まっているが、習得性好子・嫌子は個体や個人が生まれてからの環境との関わりによって形成され、環境の変化によって変容していく。つまり、行動変容作用と機能変容作用に対する**感受性**[14]が個体差・個人差という多様性の源であり、個体・個人が環境に適応し、生き残り、また、そのような感受性をもった種が個体間、個人間の多様性によって**自然選択**[15]されてきたと考えられる。

上述したように、生得性好子・嫌子であっても、常に行動変容作用と機能変容作用をもつわけでない。そのための確立操作が必要になる。これについては別項で詳しく解説する。[16]

習得性好子・嫌子が行動変容作用や機能変容作用をもつためには、元になった好子・嫌子に確立操作が効いている必要がある。居酒屋の例なら、店員Aも店員Aの目くばせも、連鎖の最終的な好子である料理や飲み物に対する確立操作が効いていなければ、行動変容作用や機能変容作用をもたない。

これに対し、数多くの異なる刺激によって機能変容作用をもたらされた履歴から、特定の刺激に対する確立操作の影響を受けなくなっている刺激を**般性習得性好子**、**般性習得性嫌子**という。貨幣や他者の笑顔は般性習得性好子の例であり、朱のバッテン印（「×」）や他者の怒った顔は般性習得性嫌子の例である。[17]

本項ではオペラント条件づけの手続きにおいて生じる行動変容作用と機能変容作用について解説したが、これらの作用は他の手続きにおいても生じる。これらについて

[13] ただし、刺身かフライドポテトか、日本酒かモスコミュールかというように、食事における注文行動には、食物や水分といった生得性好子の他に、味覚に関する嗜好、その場の雰囲気との調和、一緒にいる人たちに美味しいものを教えたかったり、そうすることで格好をつけたかったりというような、習得性好子も影響している。

[14] そのような作用の影響をどの程度受けるかという特性。

[15] 「自然淘汰」と訳されることもある。

[16] 項目25「確立操作」を参照。

[17] 特定の刺激作用が生得性か習得性かを実証することは実はかなり困難である。一般的に、同一種内で共通に生後すぐに確認できる作用は生得性のものである可能性が高く、個体差・個人差が明らかな作用は習得性のものである可能性が高いが、これは手がかりにすぎない。たとえ

も別項で解説する[18]。なお、レスポンデント条件づけの手続きがもたらす変化を刺激の対提示によって生じる機能変容作用と位置づけることも可能である。こちらも別項にて解説しよう[19]。

ところでスキナーの最初の著書である *The Behavior of Organisms: An Experimental Analysis* で彼は、オペラント条件づけの手続きによって変容するのは行動の**強度**であるとしていた。この場合の強度とは、声の大きさやボタンを押す強さのように実際に自発された反応の強さではなく、行動が自発される確率と相関する、直接には測定できない、媒介変数としての強度である[20]。

媒介変数は、しかし、これを行動の原因に位置づけると循環論になってしまう。その後、行動分析学、特に応用行動分析学とその実践が発展するうちに、研究や実践の従属変数が実際に測定可能な**頻度**であることから、強化の原理や行動変容作用の対象も頻度として説明されるようになってきたという経緯がある[21]。

一方で、言語行動や関係フレーム反応など、高度に複雑で認知的な人の行動を対象にした実験や実践から、媒介変数として行動の強度を想定することの価値を主張する研究者もいる。従属変数としてどのような行動指標をとるべきなのか、その妥当性は研究や実践の目的に依存するし、観察可能性にも影響される。研究対象が広がり、測定装置や技術が発展することで、これまでは敬遠されていた指標が用いられるようになることもあるだろう。

ば、乳児は怒り顔よりも笑顔のイラストを長く注視することが確認されていて、笑顔が生得性好子である可能性を示唆するものの、大人の行動が恋人の笑顔で強化される理由がそこにあるとは限らない。

[18] 項目33「刺激等価性と関係フレーム理論」、項目34「ルール支配行動」を参照。

[19] 項目24「レスポンデント条件づけ」を参照。

[20] 行動の「強度」は「strength」、自発された反応の強さは「force」や「magnitude」というように使い分けられることがある。行動の強度はハルの習慣強度と類似した概念であるといってよいだろう。

[21] 行動の強度と頻度の間に、もう一つ「確率」という概念もある。行動の生起確率は行動の自発頻度から推定することになるが、その方法の開発や概念的な整理はあまり進んでいない。

23 オペラント条件づけ

――行動を自発している原因はここにあり

オペラント条件づけの基本的な手続きは反応の直後に刺激を変化させることである。この手続きによってその反応が含まれる行動の自発頻度[1]が増加または減少したときに、そしてその反応の先行事象がその行動を喚起または抑制するようになったときに、オペラント条件づけが成立したことになる。つまり、反応直後の刺激変化が行動変容作用と機能変容作用[2]をもたらすことがオペラント条件づけの基本法則である[3]（図23－1）。

オペラント条件づけが成立するためにはいくつかの条件が満たされなくてはならない。

第一に、刺激変化は**反応生起の直後**に生じなければならない。直後とは、一、二秒以内のことである。遅延が短いほど効用は大きくなり、長引けば効用は急速に低下する。動物を被験体とした実験からすれば、総じて、六〇秒以上の遅延には耐えないと考えてよいだろう。

刺激変化が六〇秒以上遅延しているのに行動が変わるのであれば、遅延を中継する

[1] 行動を反応クラスとしてみなすことについては、項目19「行動の定義」を参照。

[2] 行動変容作用と機能変容作用については、項目22「後続事象としての刺激作用」を参照。

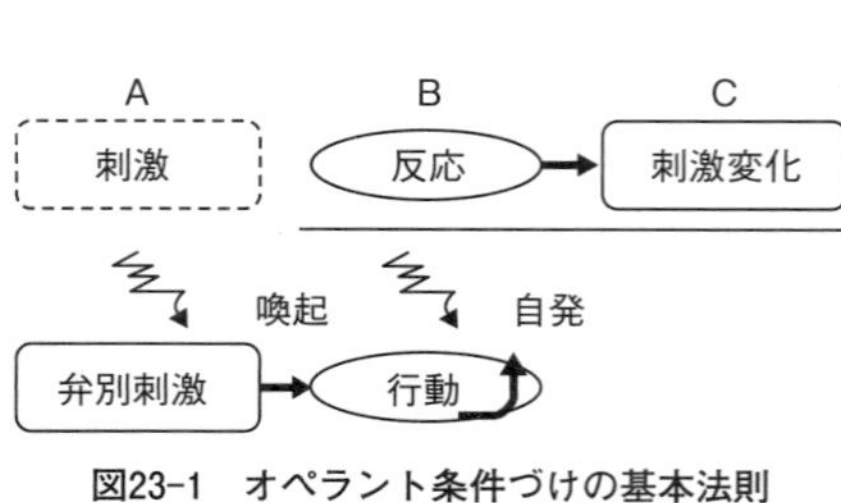

図23-1　オペラント条件づけの基本法則

何らかの習得性好子や言語行動による制御を疑うべきである。逆にいえば、行動変容の手続き上の制限でどうしても遅延が生じるなら、**クリッカー**[4]や**トークンシステム**[5]などの習得性好子や**ルールによる制御**[6]をあらかじめ計画すべきである[7]。

遅延が長引き、遅延中に別の反応が生じると、刺激変化に時間的に近接していた反応が含まれる行動のほうが変化する。たとえば、子どもが宿題に取り組む行動を強化しようとしても、顔を上げて振り向くたびに褒めてしまうと、課題に取り組む行動より、顔を上げて振り向く行動のほうが増えてしまうかもしれない[8]。

第二に、刺激変化をもたらす好子や嫌子には、それが生得性か習得性に関わらず、何らかの**確立操作**[9]が効いている必要がある。食べ物や飲み物のような生得性好子を使っても、遮断化されていなければ好子としては作用せず、よってオペラント条件づけも成立しない。

好子や嫌子は刺激作用の名称であってモノやコトの名前ではないことも注意すべきである[10]。褒めても行動が変わらなければ、褒められることが好子の作用をもっていないということになるし、仕事がうまくいけば強化されるはずだろうと上司が思っていても、仕事がうまくいくことが部下にとって好子の作用をもつとは限らない。特に、習得性好子や習得性嫌子には個人差や条件差があることが前提になる。臨床や実践の仕事をするときには「これは好子（嫌子）のはずである」という思い込みに気をつけるべきである[11]。

[3] 行動の直後に好子を提示すること（手続き）、それによって行動の自発頻度が増えること（現象）、これが広範囲で高確率に再現されること（法則）はそれぞれ区別すべきであるが、行動の諸法則には往々にして同一の名前がつけられている（この例の場合「強化」）ことに留意していただきたい。

[4] 項目38「命を救うネズミたち」を参照。

[5] 項目35「行動変容の諸技法」を参照。

[6] 項目34「ルール支配行動」を参照。

[7] 臨床家や実践家が行動変容プログラムを開発するさいに強化遅延の問題に配慮するための備忘録として、これを**六〇秒ルール**と呼ぶこともある。

[8] 褒め上手になるためには何をどう言うかだけではなく、褒めるタ

般性習得性好子[12]に関しては原則として確立操作は不要であると考えられている。たとえば、金銭のようにそれと交換できる他の好子の数や種類がたくさんある場合には、そのうちのどれかに確立操作が効いている可能性が高い。他者から認められたり、感謝されたりすることのように、数多くの場面で他の好子と対提示されている場合も、それらのうちいずれかに確立操作が効いている可能性が高い。

第三に、好子や嫌子は**十分な量や強度**で用いられる必要がある。たとえば、チョコレート菓子を遮断化し、夕食の後に子どもが食器洗いを手伝う行動を強化する手続きに使おうとしても、家族四人ぶんの食器をすべて洗い終わった後にチョコ一片しかもらえないなら、お手伝いは増えないだろう。野菜炒めを作ろうとして、熱しすぎたフライパンに注いだサラダ油がとびはねて火傷したら、次はより丁寧に油を投入することになるだろうが、この影響も火傷の強さによるだろう。病院で治療を受けなくてはならないほど重傷を負ったら油を使って料理をする行動全体が減ってしまうだろうが、痕が残らないくらいのとびはねなら影響は少ないだろう。

好子／嫌子の量の効果は行動の自発に要する負荷と交互作用をもつ。夕食の片づけの例で考えよう。自分が使ったお皿だけを台所へ運ぶ行動であれば、チョコ一片でも強化できるかもしれない。逆に、ゲームで三〇分間遊べることを好子に使えば、家族四人ぶんの食器すべてを洗う行動を強化できるかもしれない[13]。行動を変容しようとして十分な量や強度の好子や嫌子を用いているのに期待した効用が得られない場合に

イミングが重要なのだが、この点は見失われがちである。

[9] 項目25「確立操作」、項目26「生得性確立操作」、項目27「習得性確立操作」を参照。

[10] 詳しくは項目22「後続事象としての刺激作用」を参照。

[11] 生得性好子／嫌子でさえ絶対ではない。たとえば、難病に指定されている先天性無痛症の患者にとっては、転倒や落下、衝突などの刺激が嫌子として作用しない。このため、倒れないように歩いたり、ぶつからないように避けたりする行動が強化されず、発達遅滞をもたらすことがある。

[12] 項目22「後続事象としての刺激作用」を参照。

[13] 子どもがゲームをする自発頻度がそもそも高い場合の話である。自発頻度が高い行動をする機会を自発頻度の低い行動の後に提示するこ

は、行動の自発にかかる労力や時間、手間や難易度などを確認すべきである。

好子／嫌子の量や質の効用は**対応法則**[14]に関する研究として数多く行われてきた。対応法則の研究の多くは並立スケジュール[15]を用いた選択場面を使い、異なる強化率や異なる好子をもたらす選択肢をどのように選ぶかを調べる。こうした研究から、ある選択肢を選ぶ割合は、その選択肢を選ぶことによる単位時間あたりの相対強化率で予測できることがわかっている。[16]

臨床や実践では、新しい行動の習得や刺激性制御の獲得が目標になることも多い。新しい行動を形成した後、その行動を維持するのに、好子の量を減らしたり、強化の頻度や確率を減らしていく手続きを**リダクション**と呼び、臨床・実践ではよく行われている技法ではあるが、基礎研究の数は少なく、このため手続きも洗練されているとはいえない。習慣化の仕組みや手続きについては、今後の研究が望まれるトピックの一つである。

第四に、好子や嫌子は**十分な確率**で用いられる必要がある。子どもにひらがなの「あ」の読みを教えることを例に解説しよう。「あ」の文字を指差して、「あ」と音声でモデリングし、子どもが「あ」と言ったら褒めて強化するとする。これがこの子にとって初めて学ぶ文字であれば、常識的に考えても、子どもが正解するたびに毎回褒めることになる。このときの強化の確率は1・0となる。子どもが確実に「あ」を読めるようになり、「い」も「う」も、他のひらがなも読めるようになれば、ひらがな

とで、自発頻度の低い行動が増えることは**プレマックの原理**として知られている。この場合、食器をすべて洗わなければ、その晩はゲームができないという条件設定が当然必要になる。

[14] 項目29「選択行動と対応法則」を参照。

[15] 項目28「強化スケジュール」を参照。

[16] ただし、対応法則の研究のほとんどは、ハトならキーつつき、ネズミならレバー押し、人ならボタン押しのように、すでに行動レパートリーとして獲得されている行動を対象に行われている。新しい行動を形成するときと、すでに獲得された行動を維持するときとでは、好子の量の効果に違いがある可能性もある。

たとえば、子どもに文字の読み方を最初に教えるときには、大げさに褒めるなどの**教育的強化**が必要になるが、いったん行動レパートリーとして習得されれば、そのような強化

を一文字読むたびに褒めることはなくなっていく。三回に一回になり、五回に一回になり、そのうち、新しい文字や区別するのが苦手な文字を読めたときだけ褒めるようになっていく。これが上述のリダクションという手続きの一つで、強化確率を低くしていく方法である。

強化確率も、好子の大きさや質の効用と同様に、新しい行動の形成期とすでに形成された行動の維持期とでは異なることが直観的に理解できるだろう。強化確率は、より広い概念である**強化スケジュール**の一部として捉えることもできる。これについては別項で解説しよう。[17]

オペラント条件づけの手続きを中止することを**消去**という。たとえば、好子出現によって強化されていた行動は、行動しても好子が出現しなくなれば次第に自発されなくなる。

消去の初期には**消去バースト**と呼ばれる行動の急増がみられることがある。たとえば、照明のスイッチを入れても灯りが点かないと、カチャカチャと何度も連続してスイッチを押してみる反応が生じる。[18] スイッチを強く押し込んでみたり、叩いたりするように、反応の強度や形態に影響することもある。これは**反応拡散**と呼ばれる現象であり、行動形成の技法である**シェイピング**はこの現象を活用している。[19]

消去を続けると行動の生起頻度は減少していくが、日が変わったり、場所が変わると一時的に生起頻度が増加することがある。これらはそれぞれ、**自発的回復**、**反応復**

はなくても読字行動は維持できる。絵本を読むことで物語の展開がわかったり、時間割を読むことで次の日の準備ができるなど、褒められること以外の強化が維持に関わってくるからである。

[17] 項目28「強化スケジュール」を参照。

[18] いつもうまくいっていることがうまくいかないときに、日常語で「パニックになる」と表現されるような状態になることがあるが、消去バーストとはまさにそのような状況である。

[19] 項目35「行動変容の諸技法」を参照。

活[20]と呼ばれる現象である。行動頻度が減少しても、強化を再開すれば行動頻度は増加し、元に戻るまでに必要な時間や強化の回数は最初より少なくて済むことが多いことから、オペラント条件づけの消去手続きは、用語から連想されるように行動を「消し去る」わけではなく、特定の先行条件をS^{Δ}に機能変容させていると解釈できる。

　たとえば、学校やクリニックでそれまで大人からの注意によって強化されていた暴力的な言動を無視することで消去し、その場での自発頻度が低下しても、自宅に帰ったり、友だちと遊んでいるときには、学校やクリニックで機能変容したS^{Δ}[21]が存在せず、自宅や友人といったS^Dの機能変容が起こっていなければ、暴力的な言動が自発されると解釈できる。

　オペラント条件づけは、誰かが誰かの行動を変えようとして人為的に操作しなくても生じる自然現象である。たとえば日差しが眩しいときに掌をかざす行動は眩しくなくなることで強化される。プラモデルを組み立て、着色する行動は完成したプラモデルによって強化される。このような随伴性は**行動内在的随伴性**として、第三者が関与する**付加的随伴性**と区別される[22]。また、反応の直後に刺激が変化すれば、反応と刺激変化の間に因果関係がなくても強化は生じる。たとえば、ゲーム機がフリーズしたときにゲーム機を揺さぶり、たまたま動き出したら、次にフリーズしたときにも同じ行動が自発されやすくなるだろう。これを**偶発的強化**と呼び、そのように強化された行動は**迷信行動**と呼ばれる。

[20] 問題行動を消去し、代替行動を強化して増やした後に代替行動が消去されると、以前に消去された問題行動が自発されるようになること。

[21] 教室や特定の教員、セラピスト。

[22] 杉山ら（1998）

24 レスポンデント条件づけ

――行動が誘発されている原因はここにあり

レスポンデント条件づけの基本的な手続きは、誘発作用をもつ刺激[1]とももたない刺激との対提示である。オペラント条件づけの手続きとは異なり、反応が誘発されても後続事象は変化させない。この手続きによって元々の刺激が誘発していた行動が新しい刺激によっても誘発されるようになったとき、レスポンデント条件づけが成立したことになる（図24－1）。

行動分析学では、前項で解説したオペラント条件づけと本項で解説するレスポンデント条件づけを区別し、この二つの手続きとその結果として生じる行動変容を人や動物の主要な学習要因とみなしている。[2] 言語や理解、概念や記憶といった、「認知」と呼ばれる活動の制御変数でさえ、究極的にはこの二つの手続きで記述し、解釈できると考える。「発達」も、老化を含めた成熟とこれら二つの行動変容との相互作用によって生涯を通じて連続して生じる変化であると考える。[3]

レスポンデント条件づけの概念を、基本的には無条件反射に由来する刺激作用の派生に限定するのも行動分析学の特徴である。スキナー以前、レスポンデント条件づけ

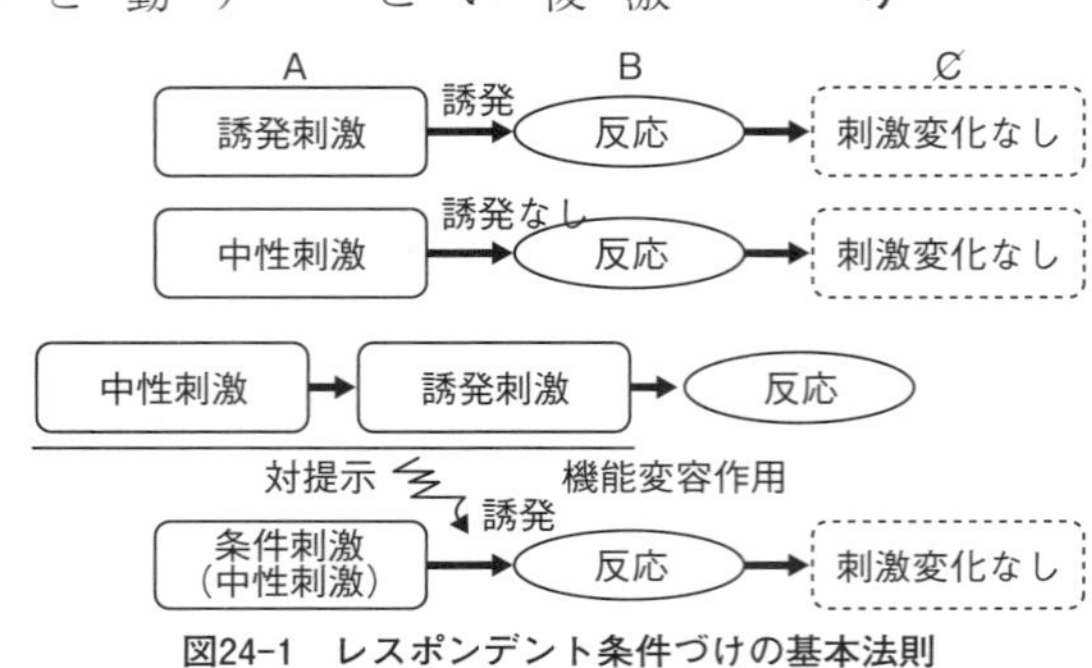

図24-1　レスポンデント条件づけの基本法則

[1] 無条件刺激ないし条件刺激。

[2] とはいえ、種に固有で生得的な行動制御の仕組みがあることや、そうした特性がオペラント条件づけやレスポンデント条件づけに影響することを無視したり、否定したりす

の手続きは**古典的条件づけ**と呼ばれていた。現在でも一部の学習心理学ではこの名称が用いられている[4]。そして「学習」の対象となる事象は無条件反射と条件反射に限定されず、刺激間のより広い関係性をも含む[5]。

刺激と刺激の対提示によって片方の刺激作用がもう片方の刺激へ派生する現象は、オペラント条件づけに関連する刺激作用においても確認されている。好子としての作用をもつ刺激ともたない刺激を対提示すれば、新しい刺激が習得性好子の作用を獲得するし、弁別刺激として行動を喚起する刺激を喚起しない刺激とを対提示すれば、新しい刺激も行動を喚起するようになる。

このように考えると、オペラント条件づけとレスポンデント条件づけという区分より、反応の直後に刺激変化を起こす手続きと、刺激と刺激を対提示する手続きという区分で整理しなおすほうが、多くの現象をより網羅的かつ相互排反的に記述できそうである。前者はまさにオペラント条件づけのことである。後者には無条件反射と条件反射というレスポンデントも含まれるが、その他の刺激作用の派生、すなわち機能変容作用も含まれることになる[6]。

レスポンデント条件づけの成立には、誘発作用をもつ刺激ともたない刺激の対提示の仕方が大きく影響する。前者を**誘発刺激**、後者を**中性刺激**、両者を一回対提示することを一試行として、条件づけの成立に影響するいくつかの要因を解説しよう。

なお、レスポンデント条件づけの成立は、誘発刺激と中性刺激の対提示を何試行か

るわけではない。項目21「先行事象としての刺激作用」を参照。

[3] ヒトのほとんどの行動がオペラントとレスポンデントで記述できるというのも、行動分析学が打ち立てている作業仮説である。

[4] たとえば、連合学習理論を標榜する学習心理学では刺激の対提示も強化と呼ぶ。そして、オペラント条件づけの手続きは**道具的条件づけ**と呼ぶことが多い。

[5] たとえば、刺激間に随伴関係があるかないかの学習など。

[6] レスポンデント条件づけの成立に影響する要因がその他の刺激作用の派生においても重要かどうか、刺激般化、隠蔽やブロッキング、消去の過程なども共通かどうかを再整理し、比較対照できるだろう。

[7] 一度だけの対提示で条件づけが成立することもある。

[8] レスポンデント条件づけした

繰り返した後に、中性刺激を単独で提示し、誘発刺激が誘発していた反応と同様の反応の有無もしくは強度を測定して確認するのが一般的である[7]。たとえば分泌された唾液の量や心拍数を測定することで、条件づけの大きさが測定される。条件づけをする前にも同様の測定を行っておき、条件づけ手続きの後に反応測度に変化がみられれば条件づけが成立したとみなされる。試行ごとに反応を測定したり、あらかじめ設定した反応基準に至るまでに要した試行数をもって条件づけの速さを測定することも可能である。また、レバー押しなど、他のオペラントを強化しておき、ブザー音（中性刺激）と電撃（誘発刺激）を対提示し、ブザー音がなったときにオペラントの自発頻度がどのくらい低下するかをレスポンデント条件づけの指標とすることもある[8]。

レスポンデント条件づけの成立に大きく影響する第一の要因は、誘発刺激と中性刺激の提示順序である。四つの基本的な手順を図解した（図24−2）。図の横方向は時間経過、縦方向が刺激の強度を示す[9]。**同時条件づけ**は、誘発刺激と中性刺激を同時に提示し、同時に終了させる方法である。**遅延条件づけ**は、中性刺激を提示し、しばらくしてから誘発刺激を提示し、その後同時に終了させる方法である。**痕跡条件づけ**は、中性刺激を提示、終了させ、しばらくしてから誘発刺激を提示、終了させる方法

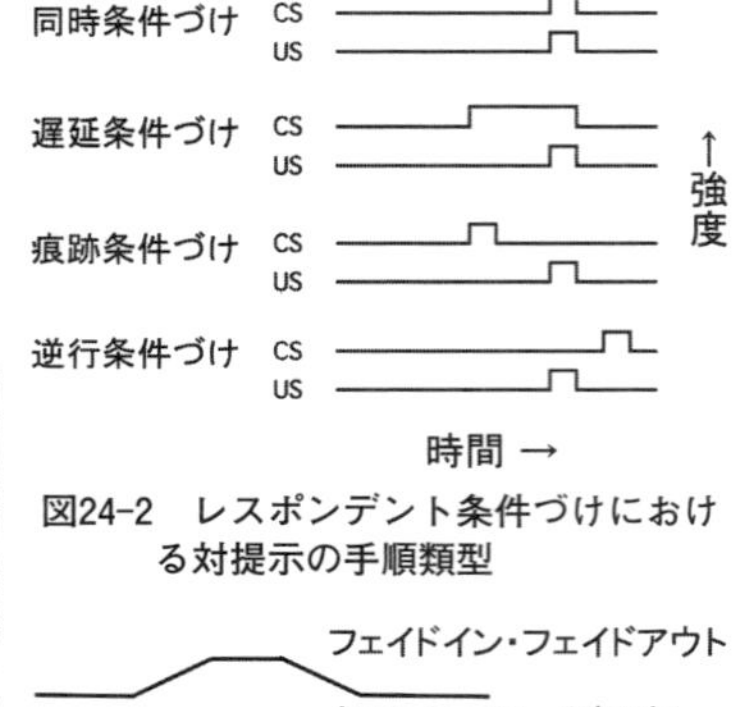

図24−2　レスポンデント条件づけにおける対提示の手順類型

図24−3　事象記録の読み取り方

誘発刺激の提示がオペラントの自発頻度を下げる現象は**条件性抑制**と呼ばれる。

[9]　刺激や反応のこのような記録を**事象記録**と呼ぶ。図24−2では提示や終了にかける時間が一瞬で刺激強度も一定であるが、たとえばフェイドインやフェイドアウトのように提示や終了に時間をかけ、刺激の強度を次第に変えるなら、事象記録は図24−3のように山状になる。

[10]　誘発刺激を提示し、しばらく

である。**逆行条件づけ**は、誘発刺激を提示、終了させて、しばらくしてから中性刺激を提示し、終了させる方法である。[10]

他の条件が同じであれば、中性刺激が獲得する誘発作用の大きさは、同時条件づけ、痕跡条件づけ、遅延条件づけの順に大きく、逆行条件づけでは条件づけがほぼ成立しないといわれている。

第二に、レスポンデント条件づけの効果は中性刺激と誘発刺激の時間差に影響を受ける。遅延条件づけの場合には中性刺激が提示されてから誘発刺激が提示されるまでの時間、痕跡条件づけの場合には、中性刺激の提示が終了してから誘発刺激が提示されるまでの時間が長くなれば条件づけが成立しにくく、条件づけの効果は小さくなる。最適な時間差は種や反射によって異なる。遅延条件づけの場合には、この時間差が短くなると同時条件づけの手順に近づき、条件づけの効果も小さくなる。

第三に、中性刺激と誘発刺激が対提示される確率も条件づけの成立に影響する。レスコーラは中性刺激が提示されたときに誘発刺激が提示される確率と中性刺激が提示されていないときに誘発刺激が提示される確率を二次元に配置した空間を想定し（図24－4）、こうした確率を操作した実験から、条件づけの効果を決定しているのは中性刺激と誘発刺激との時間的接近ではなく、両者の相関関係であるとした。[11]

レスコーラの理論は数々の実験を生みだしたが反証もあがり、その後改訂されている。[12] それでも、刺激と刺激の関係性を二次元の確率空間で記述する考え方は、オペラ

してから中性刺激を提示し、その後同時に終了させれば遅延条件づけの逆転手順となるが、やはり条件づけは成立しにくい。

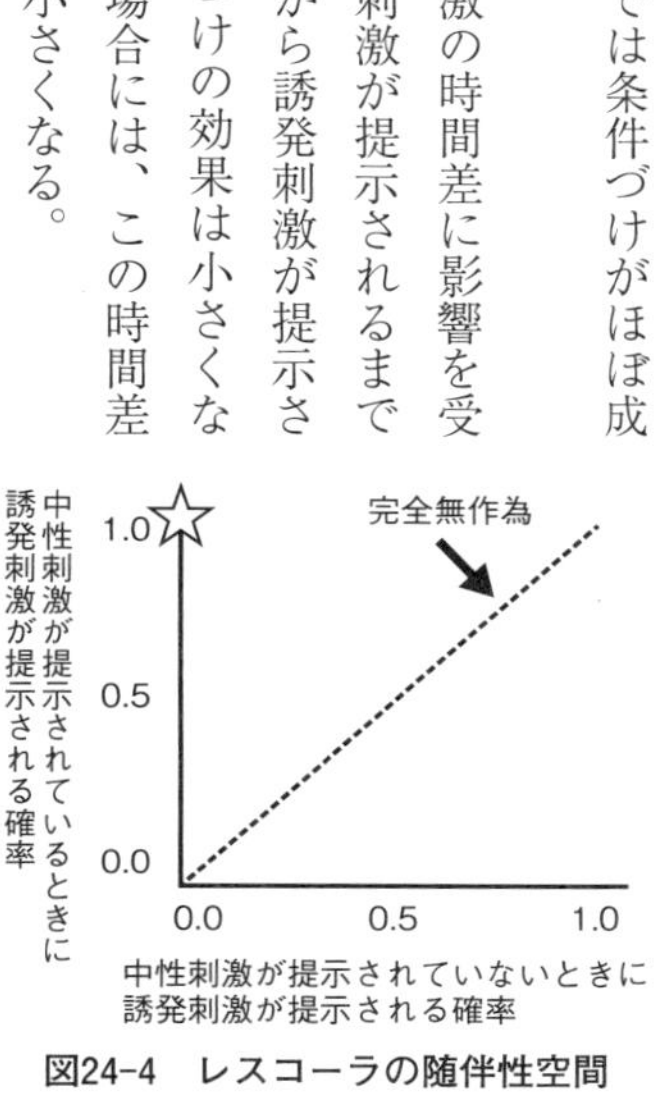

完全無作為
中性刺激が提示されているときに誘発刺激が提示される確率
中性刺激が提示されていないときに誘発刺激が提示される確率

図24-4　レスコーラの随伴性空間

[11]　なお、図24－4の点線は中性刺激と誘発刺激が完全に無作為に提示される組み合わせであり、消去の手続きは星印が示す手続きではないとレスコーラは主張した。たとえば誘発刺激を提示する、あるいは提示しないことによる効果と対提示による効果を分離できないからである。同じ論理をオペラントに導入すると、好子を行動の直後に出現させな

ント条件づけにおける強化スケジュールと同様、レスポンデント条件づけの手続きを量的に記述し、その効果を検証する方法を提示したという点で大きな意義がある。

　レスポンデント条件づけは、すべての試行で中性刺激と誘発刺激を提示するほうが部分的に対提示するよりも条件づけが早く進む。図24－4では、中性刺激が提示されているときには必ず誘発刺激が提示され、中性刺激が提示されていないときには誘発刺激が提示されない星印の組み合わせがこれにあたる。ところが、部分的に対提示して形成した誘発作用のほうがレスポンデント消去手続きに移行したときには弱まりにくいこともわかっている。この点は、オペラント条件づけにおいて、連続強化より部分強化のほうが消去抵抗が高くなることと相似している。

　レスポンデント条件づけに影響するその他の要因としては、誘発刺激の強さ、誘発刺激と中性刺激との類似性や共通性、試行間間隔（ＩＴＩ）などがあげられる。誘発刺激は強いほど条件づけが成立しやすい[13]。誘発刺激と中性刺激は似ているほど条件づけが成立しやすい。試行間間隔は長いほど、条件づけが早く進むといわれている。

　レスポンデント条件づけによって獲得された誘発作用は、条件刺激を単独で提示する**レスポンデント消去手続き**によって次第に減衰する[14]。不安症などの治療においては、リラクゼーションを促したり、誘発作用の小さい刺激から漸次的に導入するなど、条件反応である不安反応を生じさせない様々な工夫をしながら、最終的には条件刺激の単独提示を行うことが基盤になっている[15]。

いのが消去ではなく、反応の自発と無関係に提示すべきということになる。実際にそのような手続きに消去の効果が確認され、問題行動を低減する手続きにも応用されている。

[12] 詳しくは中島(2003)を参照。

[13] ただし、誘発刺激の強さは絶対的な大きさだけではなく、提示前との差、つまり刺激変化の大きさとの交互作用で捉えるべきである。たとえば、犬が急に吠え始めたときの音の大きさ（九〇デシベル程度）は驚愕反射を誘発するのに十分な大きさでも、犬が吠え続けている状況では同じくらいの大きさで吠えても驚愕反射は小さくなるし、条件づけも成立しにくくなるはずである。

[14] 項目21「先行事象としての刺激作用」参照。

[15] たとえば、暴露療法やＥＭＤＲ（眼球運動による脱感作と再処理療法）の手続きや効果もレスポンデント消去として解釈できる（Spates & Koch, 2004）。

25 確立操作

——三項随伴性から四項随伴性へ

特定の刺激クラスを一時的に好子や嫌子として作用させる手続きを**確立操作**と呼ぶ。たとえば、しばらく水分を摂っていないとか、塩辛いものを食べるといった手続きによって、コップの水は好子としての作用——後続事象としての行動変容作用と機能変容作用——をもつようになる。友だちに飲み物をお願いして水をもらえれば、要求行動は強化され、その友だちは飲み物を要求する行動を喚起する**弁別刺激**の作用を獲得することになるだろう（図25－1）。

好子の行動変容作用の大きさを**強化価**と記述することもある。[1] 先の例なら、しばらく水分を摂らないという遮断化の手続きは、水分の強化価を増大させる確立操作ということになる。ただし、強化価は行動変容作用（行動が増えるかどうか）でしか測定できない記述概念である。[2]「強化価が高いから行動が増えた」というように行動の原因として説明に用いると循環論に陥ってしまうので注意が必要である。

確立操作の効果は一時的なものである。遮断化によって強化価を得たコップの水は、水分を十分に摂取するという飽和化の手続きによって水分摂取に関わる好子とし

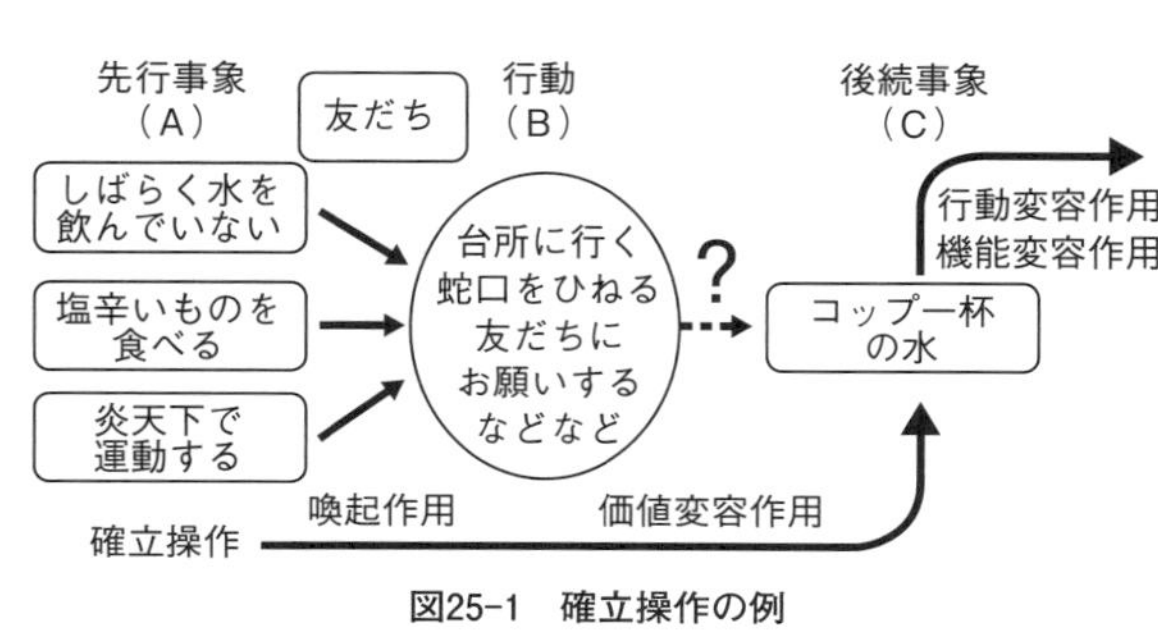

図25-1　確立操作の例

[1] 嫌子の場合には**弱化価**としてもよいが、好子は弱化、嫌子は強化にも使えるためこの区別には意味がないかもしれない。

ての作用を失う。[3] 確立操作がもつ好子の強化価または嫌子の弱化価を変える効果を**価値変容作用**と呼ぶ。[4] 価値変容作用には価値を増大させる手続きもあれば減少させる手続きもある。水分の遮断化と飽和化はその一例である。

　確立操作には、過去にその手続きのもとで強化された行動を喚起する作用もある。水分の遮断化によって、台所へ行ったり、コップに水を汲んだり、友だちに飲み物をお願いしたりする行動が生じる確率が高くなることがこれにあたる。飽和化が生じればこうした行動が生じる確率は低くなる。過去にその手続きのもとで弱化された行動があれば、その行動は抑制されることになる。

　先行事象として行動を喚起あるいは抑制する作用は、強化や弱化の手続きによって弁別刺激が獲得する作用でもあるが、両者には区別すべき違いがある。

　確立操作は過去に強化された行動を喚起するが、その行動が強化されるかどうかとは無関係な手続きである。水分の遮断化によって台所へ行く行動が喚起されても水道工事中で蛇口をひねって水が出なければ強化されないし、友だちにお願いしても断られれば強化されない。

　これに対し、弁別刺激はその行動が強化されることで先行事象が獲得した作用である。定義からしても、弁別刺激が提示されているときに行動が自発されれば強化される確率が高く、弁別刺激が提示されていないときには、[5] 行動が自発されても強化されないか強化される確率が相対的に低いことになる。刺激が弁別刺激としての作用を獲

[2] もしくは機能変容作用（弁別刺激が行動を喚起するようになるかどうか）であるが、いずれにしても行動頻度への影響をもって測ることになる。

[3] 水分摂取が飽和化しても、火を消したり、うがいをしたり、料理に使うなど、コップの水がもつ他の刺激作用には影響しない。確立操作は刺激作用ごとに独立していると考えるべきである。

[4] Michael (2004)

[5] あるいは他の刺激がS^{Δ}として提示されているときには。

得するためには、その刺激がない状況で同じ行動が消去されるか、相対的に低い確率でしか強化されないという事態が必要になる。

庭仕事をしていて指に棘が刺さった場面を考えよう。ちくりとして手を見ると右手の人差し指に棘が刺さっている。痛くて作業ができない。家の中に戻り、眼鏡をかけ、ピンセットでゆっくりと棘を抜き、消毒した。

棘はピンセットで挟んで抜く行動の弁別刺激だろうか。確かに棘は行動を喚起しているし、ピンセットで挟んで抜くことで痛みがなくなり、強化されているようにみえる。しかし、それでは棘が刺さっていないときはどうだろう。そもそも刺さっていない棘を抜くことはできないし、行動することで消失する痛みも存在しない。つまり、棘が刺さっていないときにはそもそも棘を抜く行動を強化する随伴性が存在しないのである。

したがって、この例における棘による痛みは弁別刺激ではなく確立操作と記述すべきである。水分の遮断化が水分を好子化し、水を得る行動を喚起するように、棘は指に刺さることで指に刺さった棘を嫌子化し、棘を抜く行動を喚起する。そして水分の遮断化だけでは水を得る行動が強化されるとは限らないように、棘が刺さっただけでは棘を抜く行動が成功するとは限らない。小さい棘が深く刺さってしまったら、ピンセットでつまもうとしてもつまめなかったり、棘の根元がちぎれてしまい、先っぽが皮膚の中に埋没したままになったりする。

そのように考えるとわかるように、この例で弁別刺激になり得るのは棘の大きさや皮膚の外に出ている長さである。太くて長い棘は引き抜きやすい。細くて短く皮膚に入り込んだ棘は引き抜きにくい。強化率の違いがS^Dと$S^\triangle$という刺激作用の違いを生みだす。棘が細くて短くてピンセットでつまむための引っかかりがなさそうなら、棘を抜く行動は喚起されないだろう。

一つの刺激が確立操作と弁別刺激の両方の作用をもつこともある。

目覚まし時計で起床する場面を例に考えよう。朝七時、アラームが鳴り、目が覚める。もう少し寝ていたくて布団にもぐり込むが、アラーム音はどんどん大きくなってくる。たまらず布団から出て時計にタッチし、音を止める。

この例で目覚まし時計のアラームは時計にタッチする行動の弁別刺激だろうか。確かにアラームは行動を喚起しているし、タッチする行動は音が鳴り止むことで強化されている。ところが棘の例がそうであるように、アラームが鳴っていなければそもそもタッチする行動は自発されない。アラームが鳴ることで大きな音が嫌子化し、それを止める行動が強化される。棘と同じように確立操作の作用をもつといってよいだろう。

ただし、目覚まし時計が複数ある場合はどうだろう。寝坊しがちな人のなかにはいくつかの時計を少しずつ時刻をずらしてセットしている人もいる。寝ぼけて、まだ鳴っていない、あるいはさっき止めたばかりの時計を次々にタッチして、それでも鳴り

[6] 杉山ら（1998）では、オペラントの頻度を変えるのは行動の後続事象として生じる刺激変化であることを理解しやすくするために、行動随伴性を行動の直前から直後への刺激変化として図示している。

続けるアラームを手がかりに、ようやく音を出している時計に辿り着いたりする。この場合、音が鳴っていない時計をいくらタッチしても強化されない。S^{Δ}が存在することになり、転じて、アラームには弁別刺激の作用もあることになる。

確立操作も弁別刺激も刺激の名称ではなく、その刺激の作用に対する名前である。一つの刺激が複数の異なる作用をもつこともあり、確立操作であり、かつ弁別刺激となっている刺激もあることになる。

ここまで述べたように、確立操作は「特定の刺激」を好子や嫌子として作用させるが、特定の刺激というのは、静的で一定の刺激ではなく、動的な刺激変化として捉えたほうがわかりやすい。たとえば、友だちから水をもらう例なら水がない状態からコップ一杯の水がある状態への変化、棘の例なら棘が刺さっていない状態から刺さっている状態への変化、アラームの例ならアラームが鳴っている状態から鳴っていない状態への変化である。[6]

コップ半分の水を半分しかないと思うか半分もあると思うかであなたの幸福度がわかりますというレトリックを使って考えよう。コップ半分の水という刺激の静的な記述だけではそれが行動にどのように影響するのかはわからない。水が入っていないコップに水が注がれたのか、なみなみに入っていた水を半分こぼしてしまったのか、刺激を動的な変化として記述することでその作用が特定しやすくなる。

たとえば、真夏、帰宅して部屋の中がサウナのように暑くなってしまっていたと

[7] 行動の諸法則をすべて行動の水準で記述しようとすることも徹底的行動主義が徹底していることの一つである。

[8] Keller & Schoenfeld (1950)

[9] 応用行動分析学のバイブルとされている『ホワイトブック』(Cooper et al., 2007) の第一六章には Michael (2004) の確立操作に関する章が改訂されて掲載されている。

[10] 誤解されやすい点であるが、行動分析学は行動の諸法則の背景にある神経生理学的メカニズムを否定しているわけでも無視しているわけでもない。行動の諸法則がどのように働くかは神経生理学によって、なぜそのように働くようになったのかは進化生物学によっていずれ完全に明らかにされるとスキナーは予測していたし (Skinner, 1974)、実際、

き、エアコンのスイッチを入れる行動は室温が三二℃から二七℃に下がることで強化される。この場合、高温という嫌子が消失することによる強化なのか、低温という好子が出現することによる強化なのかを論理的に判断することは困難である。両者は一つの事象の裏表の関係にあり、同時には存在し得ないからである。

しかし、刺激を静的に記述すると生じることがあるこのような問題も、刺激を動的に記述することで回避できる。エアコンの例を続けよう。冷房が効いてきて室温が二五℃まで下がったところで、異臭に気づく。今朝、ゴミ出しを忘れ、キッチンに放置していた生ゴミが臭っているようだ。窓を開けて空気を入れ換えようとするが躊躇する。窓を開ければせっかく下がった室温がまた上がってしまう。室温が二五℃から二七℃に上がる刺激変化は行動を弱化するのである。この例からわかるように、室温二七℃という静的記述ではそれがどのような行動変容作用をもつか予測できない。後続刺激を動的刺激変化として記述することで問題が解決する例の一つである。

確立操作は、行動の「動機づけ」に関わる変数を「欲求」や「動因」のような生理的な状態や媒介変数としてではなく、行動に影響する再現可能な手続きとして記述するために整理されてきた概念である[7]。行動分析学について初めて書かれた教科書とされるフレッド・ケラーとウィリアム・ショーンフェルドによる *Principles of Psychology*[8] で提案された枠組みをジャック・マイケルが再整理し、精緻化し、拡張してきている[9]。

そのような解明が着実に進んでいる(Schaal, 2013)。重要なのは、そのような背景が解明されたとしても、そのことによって行動の諸法則が否定されるわけでも、重要性が低下するわけでもないということである。メカニズムを推定しているモデルや理論はメカニズムが判明すれば実体に置換されてしまう。行動の諸法則はすべて行動の水準で記述しているため、メカニズムに関する発見で補完されることはあっても、置換されることはないのである。

[11] 効果の対象である後続刺激の強化価と行動の自発頻度それぞれについて効果の方向ごとに、上向きの作用を「establishing」、下向きの作用を「abolishing」とした2×2の四パターンで整理している（表25－1）。

[12] 日本語の「確立」は英語のestablishほど作用の片方向性を暗示しないことも理由の一つである。

[13] Michael (2004)

生理的な状態によって行動を説明することを避けようとしている概念なので、たとえば食べ物や水分の遮断化によって「空腹」や「渇き」といった状態になったとしても、またそれが血糖値や体内水分量といった生理学的指標で測定できるとしても、水分や食べ物が好子の作用をもつ原因は、「空腹」や「渇き」ではなく、遮断化やその他の操作や手続きであると記述するのである。[10]

初めはEstablishing Operation（ＥＯ）と命名されていた確立操作だが、英語のestablishには後続事象の強化価を上げるという意味しかない。実際には強化価を下げる作用もあるために、今ではMotivating Operation（ＭＯ）に改名されている。[11]だが、「動機づけ」という言葉は心理学のみならず日常語としても使われることが多く、読み手によって様々な意味合いをもつ。また、一般的に「動機づけ」は行動を促進する手続きや要因を意味するが、行動を促進するのは確立操作だけではない。行動随伴性や強化スケジュール、価値変容の手続きや言語行動も関連する。複合的で網羅的な理解が必要である。現象と用語を一対一対応させるのが科学の基本であることからも、本書では「確立操作」という用語を引き続き用いることにした。[12]

マイケルの用語[13]と本書における用語を表25－1と25－2に対比させた。実は、マイケルによる確立操作の定義では好子と強化についてのみが言及されている。嫌子と弱化については痛刺激が確立操作として作用する例が示されているものの、統合された定義とはなっていない。本書では両方を併せて定義した。また、マイケルの定義では

[14] 嫌子消失による強化の随伴性。

[15] 嫌子出現による弱化の随伴性。

[16] マイケルは行動の将来の頻度を変える持続的な作用を「**repertoire-altering effect**」、刺激が提示されたり、操作が行われたときに生じる一時的な行動の自発確率の増加を「**evocative effect**」と呼んで区別していたが、前者については、Schlinger & Blakely (1987) で提案された「**function-altering effect**」という概念で置き換えるべきとした (Michael, 2004, p. 4)。しかし、本書ではこの区別は重要であると考え、表25－2の下段にあるように、用語を分けて整理した。

[17] 「喚起」には行動の生起率を上げる方向のニュアンスしかないため、この点が用語上の課題となる。現時点では、行動喚起作用には行動の生起率を上げることも下げることも含まれていると理解しておいていただきたい。

「痛み」が媒介変数のように扱われてしまっているが、本書の定義であればこの問題も回避できる。

棘の例なら、棘や棘による傷の大きさ、深さによって、刺さった棘の嫌子としての弱化価が変わると考える。大きく、深い傷になる棘なら、刺さったときにそれを抜こうとする行動がより強く喚起されるだろうし[14]、刺さったときに従事していた行動の将来の自発頻度はより低くなるだろう[15]。エアコンの例なら、外気温が高く、せっかく二五℃まで下がった室温が窓を開けることですぐに三〇℃にまで上がるようなら、夕方になって外気温が低くなってきたときに比べ、窓を開ける行動の自発確率は低くなるだろう。この場合、外気温と室温との気温差が、後続事象としての室温変化の弱化価を変え、この確立操作がもつ行動喚起作用の大きさに影響することになる。

確立操作には生得性のものと習得性のものがあり、習得性の確立操作にはいくつか類型が存在する。次項ではこれらについて解説しよう。

表25-1　確立操作と関連する用語の定義（Michael, 2007）

総称：Motivating Operation（MO）

	Value-altering effect	Behavior-altering effect
Establishing Operation（EO）	強化価を高める	行動の自発頻度を上げる
Abolishing Operation（AO）	強化価を低める	行動の自発頻度を下げる

作用：

Function-altering effect	行動の将来の頻度を変える作用[16]

表25-2　確立操作と関連する用語の定義（本書）

総称：確立操作

	価値変容作用	行動喚起作用[17]
確立操作	強化価を高める	行動の自発頻度を上げる
確立操作	強化価を低める	行動の自発頻度を下げる

作用：

行動変容作用	行動の将来の頻度を変える作用
機能変容作用	弁別刺激や確立操作、条件刺激などの作用をもたらす作用

生得性確立操作

――系統発生的な動機づけ要因

生得性確立操作には、前項で例示した遮断化と飽和化、温度変化、大きな音や強い光、痛刺激の提示などがある。生得性確立操作は、主に生得性好子や生得性嫌子の価値を一時的に変える作用と、過去にその生得性好子や生得性嫌子によって強化された行動を喚起し、弱化された行動を抑制する作用がある。[1]

主な生得性確立操作を表26－1にまとめた。

遮断化と**飽和化**の操作は、水分や食べ物以外の様々な好子・嫌子にも影響する。たとえば、どんなにカレーライスが好きな人でも毎日は食べ続けられないように、特定の味や食感、風味なども続けて食べれば飽和化し、しばらく食べなければ遮断化が効いてくる。嗜好性に関わる特定の好子が生得性か習得性かどうかを判断するのは難しいが[2]、遮断化・飽和化が確立操作として作用するようになるための手続きは必要なさそうであることから、本項ではこれも生得性確立操作に分類した[3]。

睡眠の遮断化は睡眠状態やその準備段階の、座ったり、横になったり、目をつむった状態を好子化する。逆に、動き回ったり、何か活動をすることは嫌子化される[4]。こ

[1] 本項目と次の項目はMichael (2004) を参考に執筆した。

[2] たとえば、糖分（甘み）はおそらく生得性好子であると考えられるが、溶けきったアイスクリームが好子にならないように、食行動を強化している好子は、味覚、食感、温(冷)感、見かけ（視覚刺激）などから構成される複合刺激であり、そのすべてが生得性好子であると言い切るのは難しそうである。

[3] つまり、本書では、生得性確立操作と習得性確立操作を、対象となる好子や嫌子の生得性／習得性ではなく、その手続きが確立操作として作用するために事前に何らかの手続きが必要かどうかで区別する。

[4] 不眠症の治療に重要なことの一つが夜寝るために朝起きて昼は寝ないことであるが、これは睡眠の遮断化を十分に行うためである。

[5] 授業中の逸脱行動を低めるために授業前に特定の玩具や遊具を使

うして、机にうつ伏せたり、ソファに横になったり、布団に入ったり、目を閉じる行動が喚起され、強化される。

活動の飽和化は同じ活動の好子としての価値を低め、さらなる活動を嫌子化する。どんなに手芸が好きな人でも、一日何時間も毎日手芸をしていれば、そのうち他のことがしたくなるだろう。そしてしばらく他のことをしていれば、また手芸がしたくなるだろう。[5] 一日の仕事を終えて、夕方に「疲れた、もう何もしたくない」というときは、活動が全般的に飽和化している状態であるといえる。ただし、食べ物における嗜好性と同様、活動も個別の活動もしくは活動に含まれる好子に対する確立操作が独立に作用することがある。仕事でひどく疲れていても、その後、恋人と映画や食事に行けたり、同好会の仲間とスポーツできたりするのがこの例である。

酸素の遮断化を日常的に経験する人は少ないが、プールや海で息ができなくなるぎりぎりまで素潜りして、できるだけ早く水面に戻ろうと必死に泳いだことがある人や、授業や会議に遅れそうになって猛ダッシュした後に大きく息を吸ったことがある人は、遮断化が酸素を好子化し、酸素を取り入れる行動を喚起することが実感できるだろう。

性的刺激にも遮断化・飽和化が作用する。最後に性交してからの時間経過に伴い、性的刺激やパートナーの強化価は高まり、性交が終了した直後に強化価は低くなる。[6]

動物のなかには**季節の変化**やそれに伴う**ホルモンの変化**も生得性確立操作となる種

表26-1　主な生得性確立操作と価値変容される好子・嫌子

操作	好子・嫌子
遮断化／飽和化	好子・嫌子：水分、食べ物、睡眠、活動、酸素、性的刺激、視覚的刺激など
極端に高いまたは低い温度への変化／平温への温度変化	好子：平温への変化 嫌子：さらに高いまたは低い温度への変化
強い刺激の提示／強い刺激の提示中止	好子：大きな音から小さな音への変化、強い光から弱い光への変化、刺激臭や腐敗臭の除去、極端に辛い刺激の除去など 嫌子：さらに強い刺激の提示
強い痛刺激の提示、強化率の大幅な低下	攻撃によって相手に生じる損傷やそれによって生じる刺激

が存在するという。このとき、メスにとってオスの個体および性的接触が好子化し、同時にメスが分泌するフェロモンが確立操作となって、オスにとってメスの個体および性的接触が好子化する。

性的刺激の遮断化・飽和化においても個別刺激の独立性が確認されている。たとえば、ラットのオスに同じメスを提示すると、数回交尾をした後に交尾を止めてしまうが、異なるメスを提示すると、さらに多くの回数、交尾するという。これは**クーリッジ効果**と呼ばれ、馴化の枠組みで説明されることが多いが[7]、性的な興奮という無条件反応ではなく、たとえば相手への接近などのオペラントを念頭におくと、生得性確立操作としても記述できる現象である。

マイケルは特定の確立操作がなくても作用する生得性好子が存在する可能性を指摘している。そのうちの一つが乳児で確認されている**視覚的刺激の変化**である。たとえば、ベビーベッドに寝ている赤ちゃんの足首とベッドの上にかざしたモビールをつなげ、赤ちゃんが脚を動かすとモビールも動くようにすると、赤ちゃんの脚の動きが増えることがわかっている[8]。モビールが動く様子が好子として、赤ちゃんが脚を動かす行動を強化するのである。

ただし、乳児に同じ視覚刺激を繰り返し提示すると注視時間が短くなる[9]。この現象は**馴化**として解釈されているが[10]、遮断化と飽和化が視覚的な刺激変化の確立操作として作用する例として記述することもできる。

った遊びを十分にさせて飽和化させておくといった、学校教育における研究や実践も行われている。(Rispoli et al., 2011)

[6] 気温や日照時間の変化など。

[7] 実森・中島 (2019)

[8] 幼児の「記憶」を測定する実験にも使われている手続きである (Rovee & Fagen, 1976など)。なお日本では、電動モーターで回る仕組みの商品が「ベッドメリー」、より軽い素材で作られていて風で揺れるようになっている商品が「モビール」の名前で販売されているようである。ネットの書き込みなどを読むと、「モビール」より「ベッドメリー」のほうが飽きやすいという評判のようである。もしかすると、単純な動きのほうがより飽和化しやすいせいかもしれない。

[9] Caron et al. (1971)

[10] 項目21「先行事象としての刺激作用」を参照。

前項で解説したように、確立操作による価値変容作用は、静的な刺激ではなく動的な刺激変化に及ぶと記述したほうがわかりやすい。**温度変化**はその一例である。極端に高い温度になると、それより平温に近い温度に変化することが強化価をもつ。同時に、それよりさらに高い温度に変化することは弱化価をもつようになる。温度を平温に近くなるように戻していくと、そこからさらに平温に近くなる変化の強化価は下がっていくが、極端な温度に戻る変化の弱化価は高まる。このように考えると、平温時は、平温にするという確立操作がすでに行われている状態であり、それゆえ、極端な高低温への変化がまるでいつでも嫌子の作用をもつように現れていると解釈できる。

刺激の強弱によって行動への作用が決まってくるその他の刺激の確立操作についても同じように定義できる。大きな音（騒音）、強い光（眩しさ）、ひどい悪臭や腐敗臭、極端に辛かったり、酸っぱかったりする食べ物など、刺激の強度を極端な水準で提示する手続きは、それを元に戻す方向の変化を好子化する。逆に、刺激の強度を平常な水準に提示する手続きは、極端な方向への変化を嫌子化する。

ところで、**強い痛刺激**の提示が攻撃行動を誘発することがある。たとえば、実験箱にラットを二匹入れて一方の尾に電撃を与えると、もう片方の個体に噛みつく行動が自発される。ヒトを含め、多様な種で確認されている現象であり、無条件反射の一つであるとみなされることが多いが、**スケジュール誘導性攻撃行動**の研究が進むにつれ、これも特殊な確立操作として解釈できる可能性が指摘されているようになった。[11]

[11] 痛刺激の提示だけではなく、他のオペラントの強化率の低下や消去が確立操作として作用し、攻撃によって対象に生じる損傷やそのときに生じる感覚（歯や指先への感覚）を好子化している可能性が示唆されるようになってきた。（Ulrich et al. 1965；望月 1994）

27 習得性確立操作

――個体発生的な動機づけ要因

前項では、事前に何かしらの手続きや経験がなくても作用する生得性確立操作について説明した。本項では、何らかの手続きや経験によって作用するようになる**習得性確立操作**について解説しよう。

マイケルは習得性確立操作として、転移性確立操作、予告性確立操作、道具性確立操作の三種類をあげている。

転移性確立操作は、他の確立操作と対提示されることで、その確立操作と同じ価値変容作用ならびに行動喚起作用を獲得した手続きである。日本人の多くにとって炊きたてのご飯は何物にも変えられない好子である。お碗に盛られたぴかぴかでつやつやの白米を見るだけで、生唾を飲み込む人もいるだろう。白米の見かけは口に入った白米と対提示されることで条件刺激として唾液分泌の誘引作用を獲得することになるが、白米を見るたびにご飯を食べることで、そのときご飯に対して効いている生得性確立操作と同様の作用が白米の見かけにも派生すると考える[1]。

そうなれば、白米が食べ物としてはすでに飽和化しているときでも、白米を見ただ

[1] レスポンデント条件づけの成立条件と同様、要となるのは片方の刺激が提示されていないときにはもう片方の刺激も提示されていない随伴関係であるとされる。

[2] 内装が特徴的な縞模様の実験

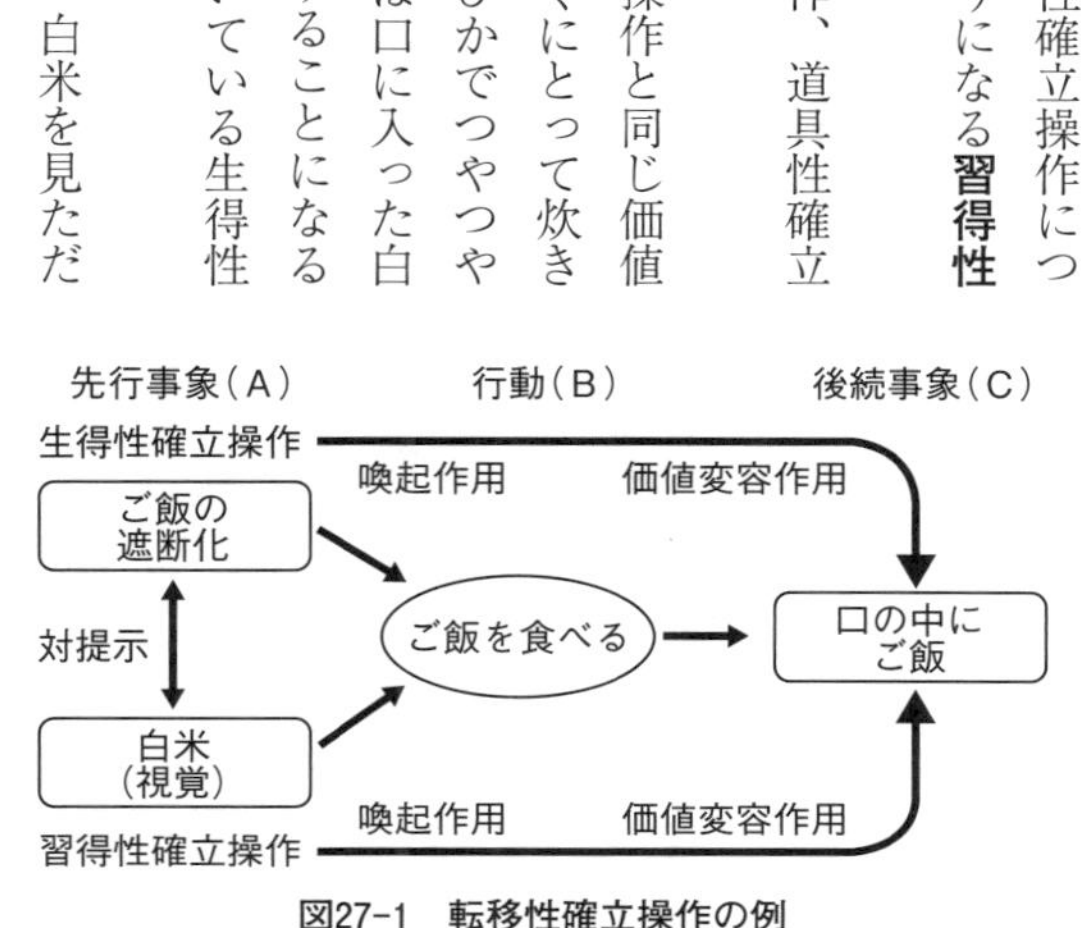

図27-1　転移性確立操作の例

けで白米の食行動に対する好子としての強化価が増加し、白米を入手することで強化されてきた行動が喚起される（図27－1）。テレビコマーシャルやスーパー店内の広告などに美味しそうなご飯の写真が使われるのは、消費者がそうした写真を見ることでお腹が空いていないときでもご飯が食べたくなり、お米を買ってしまうようになると信じられているからだろう。

ところが、転移性確立操作の成立を実験的に示した研究はほとんどない。マイケルは確立操作という概念が再整理される前に行われた実験を紹介しながらも[2]、実験手続きの不備あるいは効果の小ささによる検証の難しさを指摘している。[3]

予告性確立操作は、嫌子出現や好子消失もしくは好子出現や嫌子消失に先行して刺激を提示することで、その刺激が価値変容され、ならびに行動喚起作用を獲得する手続きである。回避条件づけの実験における警告刺激の作用が、予告性確立操作として再整理されたとみなすとわかりやすい。

典型的な回避条件づけの実験では、電撃などの嫌子が定期的にあるいは不定期に提示される。電撃が提示された後はレバー押しなどの反応により、電撃を中断することができ、レバー押しは嫌子消失により強化される。なお、この場合、電撃提示は生得性確立操作としての作用をもつ。

このとき、電撃に先行してブザー音を提示し、ブザーが鳴っているときにレバーを押せばブザー音が中断されて、次に提示されるはずだった電撃の提示が延期されるよ

箱とラットを用い、食餌を二二時間遮断した群と一時間しか遮断しない群の両群で、一日三〇分、二四日間この実験箱で食餌をさせた後に、両群とも遮断化を一一・五時間にして同じ縞模様の実験箱での食餌量を比較したところ、長時間の遮断化と縞模様の実験箱を対提示された群のラットのほうが食餌量が多くなったという Calvin et al.（1953）の実験。

[3] 後者の効果を明確に示した実験はまだ行われていない。

[4] **シドマン型回避スケジュール** では電撃が一定の時間間隔で提示される（Shock-Shock：S－S間隔）。また、反応によって次の電撃を延長できる時間も決めておく（Response-Shock：R－S間隔）。こうすると、ブザーのような刺激を用いなくても、最後の電撃からの経過時間が警告刺激として作用し、回避反応が喚起され、強化されるようになる。

[5] 極めて高い確率で電撃を回避できるようになった後、おそらくは電撃が提示されないがゆえに、警告

うに仕組む[4]。すると動物はブザー音が鳴っているときにレバーを押すようになり、電撃をほぼ回避するようになる[5]。

この種の手続きではブザー音を**警告刺激**と呼ぶ。警告刺激と弁別刺激がもつ作用は異なる点に注意すべきである。ブザー音の有無とブザー音が止められるかどうかは連動していないからである[6]。警告刺激が条件刺激としての作用をもつこともあるだろう。しかしそれは、電撃が無条件刺激として誘発する、跳び上がったり、緊張したり、心拍数が増加するなどの驚愕反応と類似した条件反応を誘発する作用であり、ブザー音を止める行動を強化する作用ではない。警告刺激つきの回避条件づけの手続きは、ブザー音の弱化価を高め、ブザー音を消失させる行動を喚起する予告性確立操作なのである（図27－2）。

実験は未だに行われていないが、好子出現に先行して刺激を提示し、その刺激消失と好子出現の延期を連動させれば、回避条件づけとは逆方向の予告性確立操作も成立しそうである。正月、お年玉をもらうまでは、子どもたちがお爺さんの笑顔を絶やさないように振る舞うというように。

道具性確立操作は、ある強化随伴性で強化手続きが完了するために必要なオペランダムや弁別刺激の欠如が、こうした刺激の強化価を高める作用を示す[7]。

オペランダムとはオペラントを自発するために必要な道具や装置のことである。ホームセンターで組み立て式の本棚を買ってきたが[8]、組み立てに必要な六角レンチがな

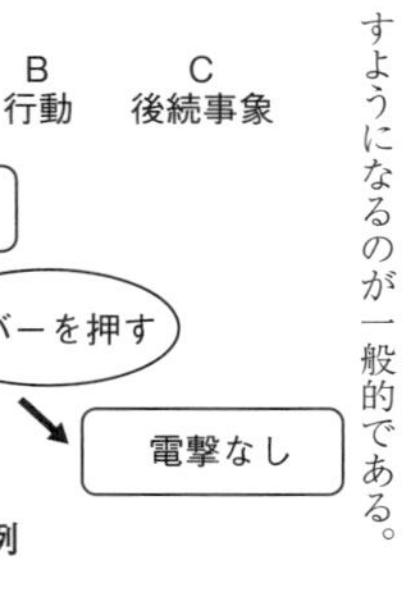

図27-2　予告性確立操作の例

刺激が予告性確立操作としての作用を失い、レバー押しが喚起されず、電撃を受け、それによってまたブザーがなっているときにレバーを押すようになるというサイクルを繰り返すようになるのが一般的である。

いことに家に着いてから気づいた。本棚を組み立てる行動は完成した本棚によって強化されるが、六角レンチなしではこの強化手続きは完了しない。このとき、六角レンチは好子化し、ホームセンターに戻って購入する行動が喚起される。本棚が完成すれば、本棚を組み立てる行動の強化随伴性はなくなり、六角レンチの強化価もほぼなくなる（図27－3）。

道具はモノとは限らない。しばらく交遊が途絶えていた友人に連絡する用事ができたが、連絡先がわからない。電話番号やメールアドレスがわかれば、連絡をとる行動が強化される。このとき、電話番号やメールアドレスが好子化し、手帳を読み返したり、メールの履歴を検索したり、同級生に尋ねたりする行動が喚起される。

この例からわかるように、刺激行動連鎖の中断や何かしらの問題解決場面は、往々にして道具性確立操作として作用し、解決策を好子化する。上司から他社の新製品について質問されたが即答できなければ、新製品に関する情報が好子化し、調査行動が喚起され、情報が見つかれば強化される。身体の具合が悪く、でも原因に心当たりがない場合、症状からネット検索する行動が喚起され、病気の情報が見つかることで検索行動が強化される、というように。

マイケルはこの種の確立操作を**条件性習得性好子**または**条件性習得性嫌子**を確立する手続きとして定義している。[9]「条件性」という表記は文脈による条件の違いを意味する。たとえば、ラットがレバーを押すとブザーが一〇秒間鳴り、鳴り終わると同時

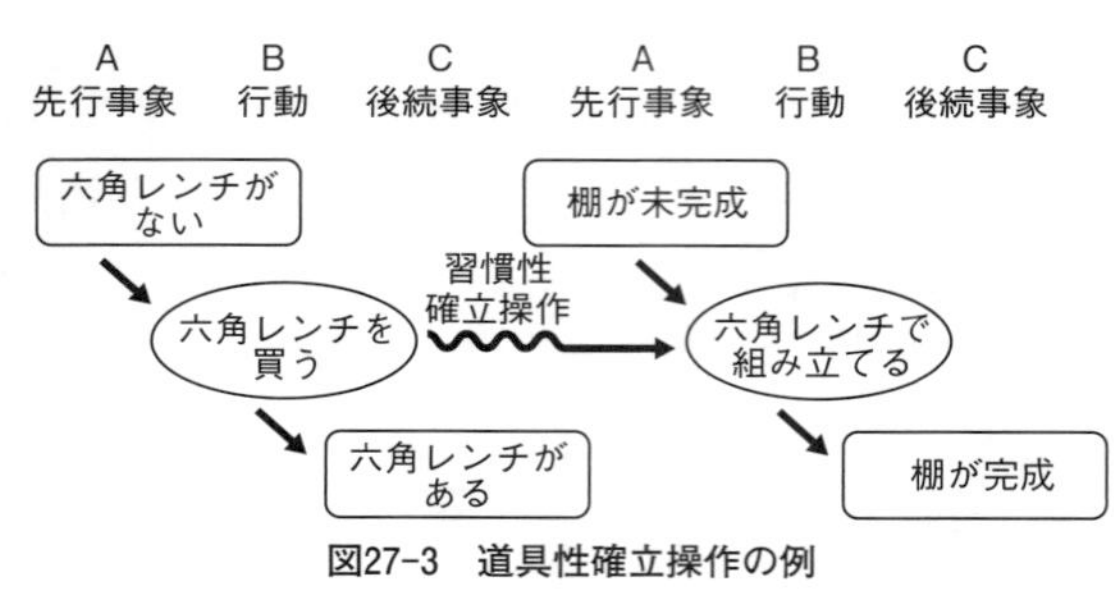

図27-3　道具性確立操作の例

［6］項目25「確立操作」を参照。

［7］マイケルの命名と定義（transitivitive CMO）は動物実験に馴染みがないと難解で誤解も生じやすいので、ここでは内容にそって命名し、わかりやすく説明してみた。

に餌が与えられるとする。されば餌という生得性好子に先行して提示されるブザー音は習得性好子となる。[10] ここでもう一つ刺激を追加する。実験箱の照明が点灯しているときはそのままだが、消灯しているときには、レバーを押せばブザーは鳴るが、ブザーが鳴り終わっても餌を提示しないようにするのである。その結果、ラットのレバー押し行動が照明が点灯しているときのみ維持されたとする。このとき、レバー押しを強化しているのはブザー音であると考えられるが[11]、ブザー音を好子化しているのは、照明であり、しかも照明はブザー音提示の有無と連動しているのではなく、ブザー音の価値と連動しているため、弁別刺激ではなく、確立操作であるとみなすのである。

習得性確立操作の形成過程については、回避と刺激行動連鎖の中断に関係する実験を除くと、それほど明らかになっているとはいえない。別項で解説するルール支配行動に関連した習得性確立操作[12]についても、実証的な研究はこれからである。

ここまで、三つの項目にわたって解説した確立操作の概念は、現状では理論的な枠組みとしての役割が大きいのだが、動機づけに関する制御変数を、神経生理学的なメカニズムや媒介変数に求めず、操作可能な手続きとして整理した意義が大きいといえるだろう。

[8] 既存の本棚から本があふれてしまっている状況が確立操作となり、新しい本棚が好子化しているとしよう。

[9] 本書では行動制御の源泉が系統発生的な場合に「生得性」、個体発生的な場合に「習得性」として区別し、行動制御が何らかの条件で限定されているときに「条件性」という表記を用いているが、レスポンデント条件づけに関する用語のように、前者の区別を「無条件性」と「条件性」としている例外もある。また、本書における「習得性」を「条件性」と表記している文献もある。

[10] 項目22「後続事象としての刺激作用」を参照

[11] 餌がレバー押し反応を直接に強化しないように、一定以上の遅延を挟んでいる。

[12] 項目34「ルール支配行動」を参照。

28

強化スケジュール

――温故知新。ゲームやウェブで大活躍

強化スケジュールはオペラント条件づけの手続きにおいて、後続事象を行動にどのように随伴させるか決める変数であり、行動の自発頻度や自発パターンに影響を及ぼす。

当時コロンビア大学にいたスキナーと共同で、一九五〇年から強化スケジュールに関する数多くの実験を集中的に行ったファースターは、その成果をスキナーと共に一冊の本にまとめた[1]。この本には、後に「スキナー箱」と呼ばれる実験箱や、強化スケジュールを実装する装置の設計図などが掲載されているが[2]、何といっても圧巻なのは七五〇頁以上ある本文のほぼすべてに掲載された**累積記録**である[3]。

累積記録器はスキナーが開発した反応記録装置で、記録用のロール紙を一定の速度で送り出しながらペンで線を描いていく（図28―1）。反応を検出するとペンが上方へ移動する。このため、反応が一定の頻度で自発されると記録紙には右斜めに傾いた直線が残る。反応が中断すると紙と水平方向の直線が記録されることになる。ペンは、餌を提示する装置を稼働させたときなど、強化のさいに一瞬だけ下方向に振れる

[1] Ferster & Skinner (1957). 現在はB. F. Skinner Foundation が電子版を公開している。[URL]

[2] まだコンピュータがない時代であり、実験のすべてを機械的に制御していた。

[3] 図の総数は九一九で、そのほとんどが累積記録である。

ようになっていて、記録紙には斜め下に短い線が記録される。ペンが最上段まで上がると、自動的に最下段へ戻り、記録を続ける。[4]

ファースターは装置を開発し、実験を行い、装置や手続きを改良し、また実験を続けるという過程を繰り返すうちに、自分たちの研究がそれまでの心理学の研究とは完全に異質なものであることが次第にわかってきたと回顧している。[5]

動物を被験体に使った学習に関するそれまでの実験では、迷路やシャトルボックスと呼ばれる実験箱を使うことがほとんどだった。実験では実験者がネズミを迷路の入口に置いたり、シャトルボックスの片方の部屋の床に電撃を流して、その後の被験体の反応を記録するというように、試行の開始と終了は実験者が決め、操作していた。[6]データは実験終了後に集計され、正反応率や選択率、平均反応数のような代表値を集計し、条件ごとに比較していた。

スキナーとファースターが築いた研究パラダイムは二つの点でこうした伝統的な実験と明確に異なっていた。

一つは**試行**という概念をなくしたことである。一度実験箱に入れられたら、ネズミやハトは何をいつしようと自由である。ハトならキーつつきのための円盤、ネズミならレバーなどのオペランダムが提示されるが、反応を強制する手続きはない。実験中ずっと毛づくろいをしていてもよいわけで、実際、条件や個体によってはそういうことになるときもある。

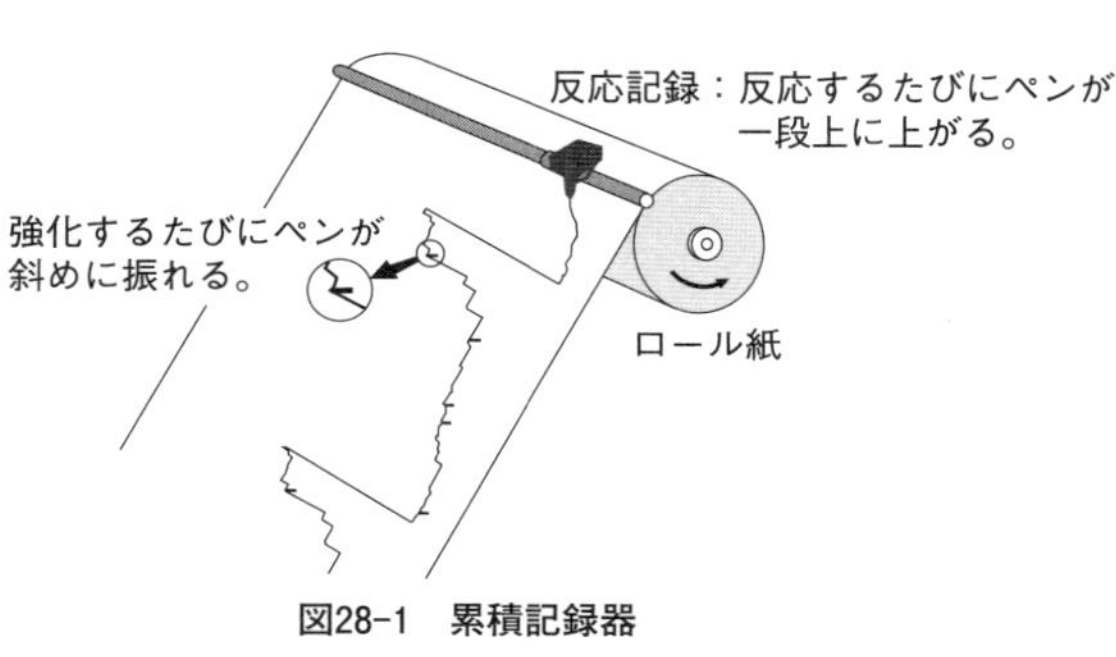

図28-1　累積記録器

[4]　累積記録器の開発については藤・吉岡（2013）や藤（2016）を参照されたい。

フリーオペラントという概念がここから生まれた。他にもいろいろな行動をする余地があり、何もしないで休んでいることもあり得る場面で、特定の行動を標的として測定し、それを制御する変数を実験的に見つけていくという新しい実験法が開発されたのである。そして、このフリーオペラント事態において標的行動の自発頻度に影響する独立変数として、強化スケジュールという発想が生まれた。

もう一つはデータを生のまま可視化して分析する手法の確立である。たとえば、一回の実験セッションが二〇分間で、このとき被験体が一〇〇〇回反応していたとする。自発頻度を一分間あたりの反応数として計算すれば五〇反応／分となるが、このようにデータを集約してしまうと重要な現象を見落とす危険がある。セッションの初期と終期では自発頻度が大きく異なるかもしれないし、後述するように、何回か連続してすばやく反応し、強化されるとしばらく無反応になるという反応パターンが生じているかもしれない。代表値[7]を求め、それにしか注意を払わなくなると、こうした興味深い現象が見落とされてしまう。

累積記録には何百、何千という反応がローデータとしてそのまま可視化される。しかも、実験セッションの進行と同時に出力され、計算や統計に時間をかけることなく目で視て迅速に分析し、次の実験条件を決めることができる。

ファースターとスキナーは様々な強化スケジュールを生みだした。まずは五つの代表的なスケジュールを紹介しよう。

[5] 新しい研究パラダイムの全体像が初めから見通されていたわけではなく、研究者の日々の行動がデータによって強化され、次第に変容されていったことがうかがえる (Ferster, 2002)。

[6] このような刺激の提示と反応の記録を繰り返す方法を現在では**離散試行法**と呼んでいる。

[7] 平均値や中央値、最頻値のように、いくつものローデータを一つにまとめた値。

●連続強化スケジュール（CRF）

反応するたびに毎回強化する手続き。[8] これに対し、毎回ではなく何回かに一回強化する手続きは総じて**部分強化スケジュール**[9]と呼ばれる。

●定比率強化スケジュール（FR）

一定の回数、反応するたびに強化する手続き。たとえば、FR10なら一〇回反応するたびに最後の反応が強化される。なお、FR1はCRFと同じことになる。

●変比率強化スケジュール（VR）

何回かに一回反応を強化するが、その回数が強化ごとに変わる手続き。たとえば、VR10なら二回で強化されるときもあれば一五回で強化されるときもあり、その平均が一〇回になる。

●定時隔強化スケジュール（FI）

最後の強化からある一定の時間経過後の最初の反応を強化する手続き。たとえば、FI一分なら、最後に強化されてから一分経過した後の反応が強化される。

●変時隔強化スケジュール（VI）

最後の強化からある一定の時間経過後の最初の反応を強化するが、その間隔が強化ごとに変わる手続き。たとえば、VI一分なら、最後に強化されてから三〇秒経過した後の反応が強化されることもあれば、九〇秒経過した後の反応が強化されることもあるが、その平均が一分になる。

[8] ここでの「強化する」とは、たとえば餌箱を三秒間提示するというように、好子を出現させる操作のことである。

[9] もしくは**間欠強化スケジュール**。

図28－2には、これらの強化スケジュールによって生じる典型的な反応パターンを累積記録として示した。左から、VR、FR、FI、VIの順である。

累積記録の横軸は時間の経過を示し、縦軸は累積反応数を示す。線の傾きが反応頻度を示す。右下の凡例のように、傾斜線で自発頻度を例示することが多い。上述したように、右下向きの短い線は強化手続きを行った時点を示す。

VRは一定の高い反応率を生じさせる。累積記録にはこれが傾きの急な右上がりの直線として残る。FRでは**強化後反応休止**（PRP）と呼ばれる、強化後しばらく無反応の時間帯の後に次の強化まで一定の高い反応率で反応する**ブレーク・アンド・ラン**と呼ばれる反応パターンが生じることがある。累積記録にはこれが水平線と傾斜線が交互に現れるジグザグ状の模様として残る。VRとFRの累積記録を見比べるとわかるように、一反応あたりに得られる強化の量は平均すれば同じでも、反応頻度、反応パターンともに異なってくることがわかる。

FIは強化後に反応率が低下し、次の強化まで徐々に反応率が上昇する反応パターンを生みだす。累積記録が貝殻のような形になるため、この反応パターンは**スキャロップ**と呼ばれる。これに対しVIでは一定の低反応率が安定して維持される。累積記録には傾きの緩やかな右上がりの直線が残る。

各強化スケジュールが生みだす特徴的な反応パターンは様々な動物種で広く再現さ

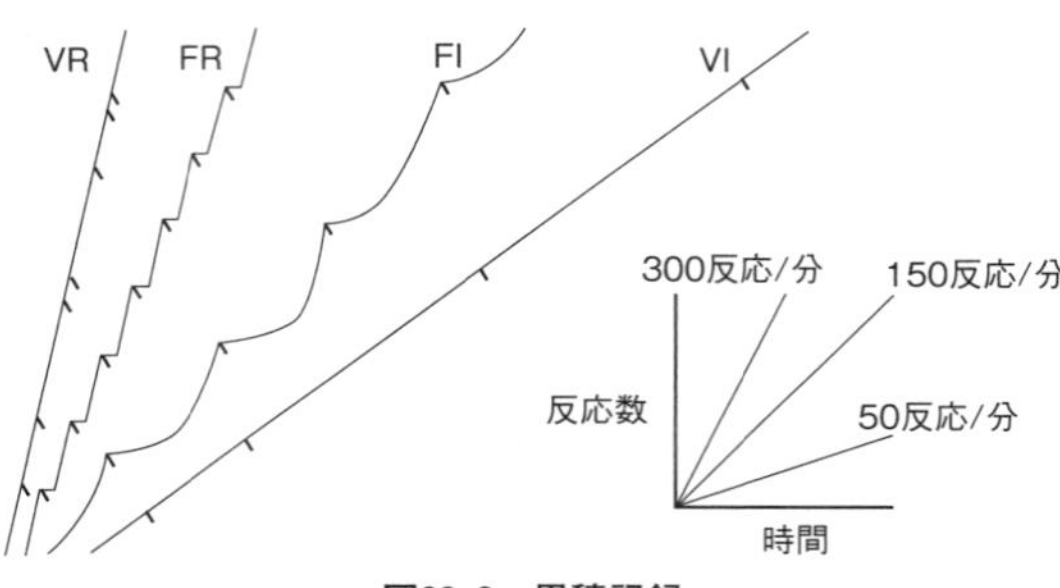

図28-2　累積記録

れている。[10] 唯一の例外がヒトであり、たとえばＦＩでは参加者によって一定の高反応率もしくは低反応率になりやすく、スキャロップはめったに生じない。それでも、信号検出課題[11]を用いて、強化スケジュールの言語化が生じにくくしたり、言語レパートリーを獲得していない幼児を対象にするとスキャロップが生じることから、**言語行動**が強化スケジュールの効果に影響すると考えられている。[12]

強化スケジュールを独立変数として定義することで、行動の頻度と自発パターンを制御する変数の質的な分析が発展した。[13] さらに、強化スケジュールのパラメーターを定量化し、操作することで、独立変数に量的な水準を設定した実験も可能となった。[14] そして選択場面における選択率を予測する**対応法則**[15]の研究も展開していった。

ファースターやスキナーが開発し、実験に使っていた機械式の累積記録器は今ではほとんど使われていない。[16] それでも、できるだけすべての反応をそのまま目で視て分析するという方針は、基礎研究だけではなく、応用行動分析学の研究や実践に引き継がれている。[17]

強化の手続きを強化スケジュールとして記述することも応用行動分析学に継承されている。たとえば、子どもの課題従事をトークンで強化、維持しようとするときに、最初は学習プリントの問題一問ごとにシールをあげ、できるようになったら二問に一枚、それもできたら五問に一枚というように、標的行動が維持されていることを確認しながら一反応あたりの好子の量を減らしていく**リダクション**という手続きを用いる

[10] 中島（2011）

[11] たとえば、駅のホームやバス停で電車やバスを待っている人の、時計を見たり、電車やバスがやってくる方向を見たりする行動に、スキャロップが生じることがある（望月ら 1982）。

[12] 福井（2003）、松本・大河内（2003）

[13] たとえば、ＦＩとＶＩ、ＦＲとＶＲの比較など。

[14] たとえば、ＶＩ10秒、ＶＩ20秒、ＶＩ30秒で自発頻度を比較するなど。

[15] 項目29「選択行動と対応法則」を参照。

[16] 累積記録を描くとしても、今では実験制御用コンピュータに保存されたデータをソフトウエアでディスプレイへ表示したり、プリンターに印刷することになる。

ことがある。このような手続きは、「CRFからFR2、FR5への移行」と記述することができる。手続きを客観的に記述できれば、複数の指導者が関わっている場合にも同じ方法で指導を進めることができるし、指導の効果を他の事例と比較検討することも容易になる。[18]

主に動物実験において確認されてきた様々な強化スケジュールの効果が、我々人間の日常生活においてどの程度作用しているのかについては慎重な考察が必要である。たとえば、ギャンブルにのめりこむ人を例に、スロットマシンにコインを入れ、レバーを引いたりボタンを押す行動は、時々当たりが出るVRスケジュールのために高い反応率で維持されていると解釈するのは単純すぎる。実際には、あと一つ絵柄が揃えば当たりだったという「ニアミス」があったり[19]、賭け金や倍率を選ぶ機会があったり、確率は低いとはいえ「ジャックポット」という大当たりが存在したりする。随伴性はハトやネズミを対象とした単純なVRスケジュールよりもはるかに複雑で、かつ、そうした随伴性を言語化しながらプレイするという点では**ルール支配行動**[20]でもあるからだ。

その一方、強化スケジュールは、日常生活における人間の行動を予測し、制御するために、今後も活用する余地が大きな概念でもある。図28－3には私が担当している大学のある授業における受講生の学習行動を、一日あたりのウェブ教材へのアクセス総数として示した。この授業では、毎週、予習課題を課し、授業開始時にそれに関す

[17] 項目11「目視分析」を参照。

[18] 同様の手続きは**比率累進スケジュール**という名称で、好子の価値を測定する方法として、行動薬理学や行動分析学だけではなく、行動経済学の研究でも活用されている（澤 2010）。

[19] 大森ら（2017）

[20] 項目34「ルール支配行動」を参照。

る問題をクイズで回答させ、成績に反映させている。そして、クイズと同様の問題を事前に学べるようにウェブ教材を提供している。

図からわかるように、毎週、クイズの直前にウェブ教材へのアクセス数が急増している。図28−4には一三週ぶんのデータをクイズまでの日数ごとに合計し、横軸に揃えて示した。ここから、受講生の予習行動がまるでＦＩスケジュールにおけるスキャロップのような反応パターンを示してることがわかる。

経営学や行動経済学では、たとえばポイントカードへの得点付加の方法やインセンティブの提示の仕方が、来店行動や購買行動にどのように影響するか検討されている。消費者行動の詳細で大規模なデータをＰＯＳレジとネットワークの活用によって瞬時に収集できる現在では、強化スケジュールという概念を援用することで、販売予測や在庫管理などに役立てることができるだろう。

特定あるいは不特定多数のヒトや動物の行動に強化スケジュールを適用した場合、その集団の行動がどのように分配され、分布するのかを検討した研究はまだ少ないが[21]、今後の展開が期待できる分野である。

本項の最後にいくつかの代表的な強化スケジュールと関連する用語を解説しよう[22]。

●定時スケジュール（ＦＴ）

反応とは無関係に一定の時間間隔で好子を提示する。特定の反応を強化するスケジ

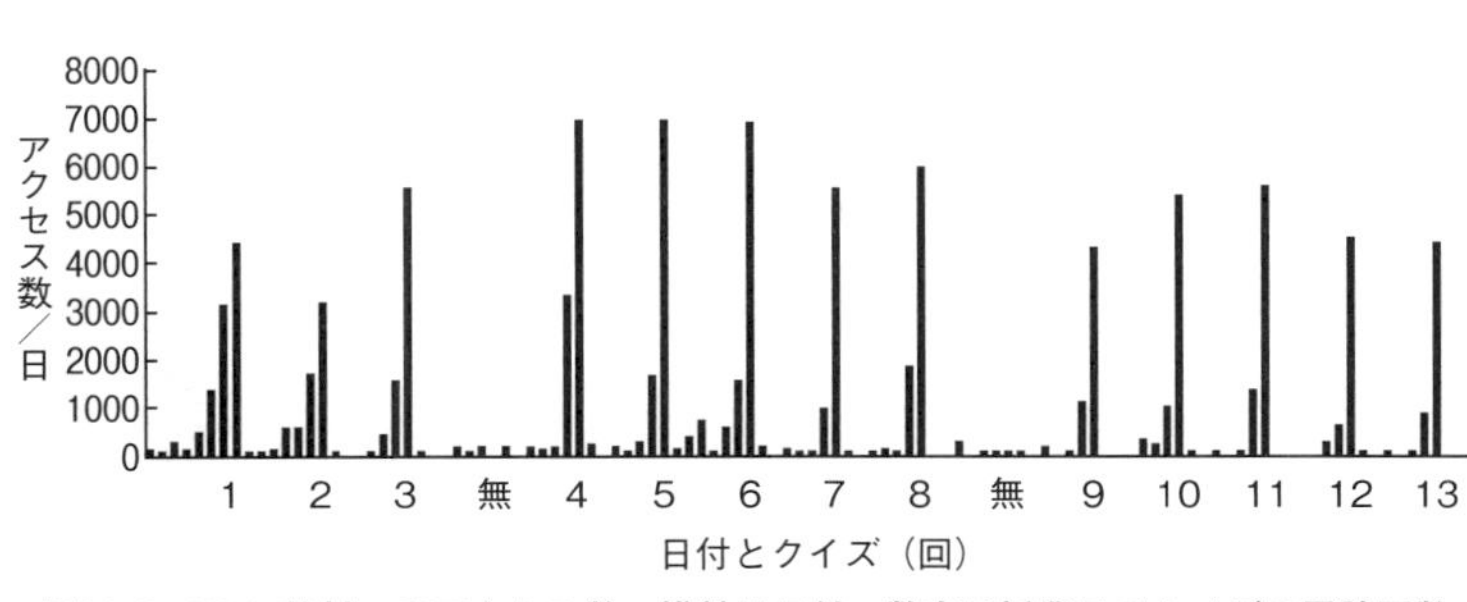

図28-3　Web 教材へのアクセス数。横軸は日付、数字は授業日でクイズの累積回数

ュールではないが、偶発的に好子が随伴することでその反応が増えることがあり、これは**迷信行動**[23]と呼ばれている。

●変時スケジュール（VT）

反応とは無関係にある時間間隔で好子を提示するが、その時間間隔を変動させる。

●低反応率分化強化スケジュール（DRL）

最後の反応から一定時間経過後の反応を強化する。たとえばDRL10秒なら、一〇秒以上間隔をおいた反応が強化され、それ未満の反応は時間経過の開始時間をリセットする。

●高反応率分化強化スケジュール（DRH）

最後の反応から一定時間経過するまでに自発された反応を強化する。たとえばDRH10秒なら、最後の反応から一〇秒以内に自発された反応が強化され、それ以上の反応は時間経過の開始時間をリセットする。DRLやDRHは特定の**反応間間隔**（IRT）を分化強化する手続きとして記述することもできる。

●他行動分化強化スケジュール（DRO）

特定の行動が特定の時間間隔で自発されなかったとき、その時間間隔の経過後に好子を出現させる。FTを稼働させながら、特定の行動が自発されたら時間経過の開始時間をリセットすることになる。**分化強化**という名称がつけられてはいるが、随伴性としては好子出現の阻止による弱化の手続きである。[24]

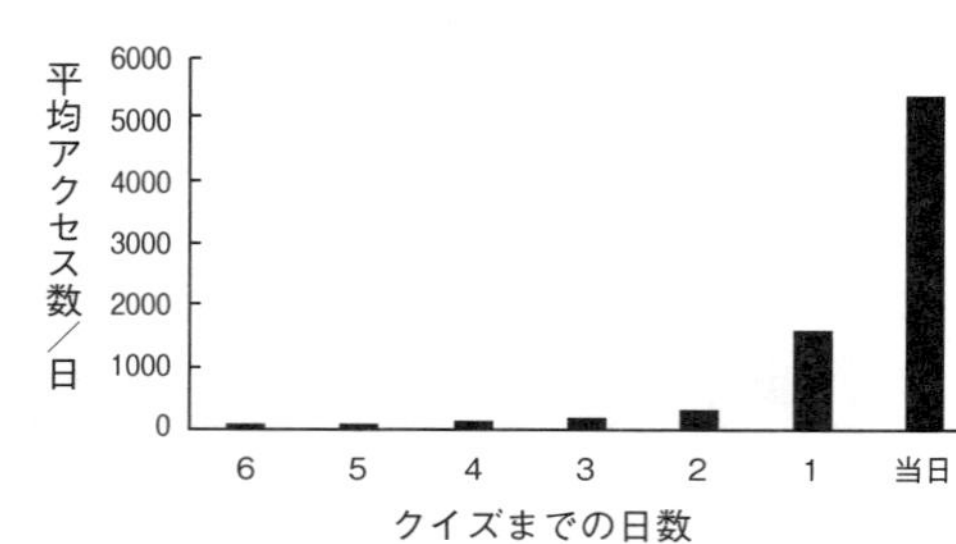

図28-4　クイズまでの日数とWeb教材へのアクセス数

[21]　ネズミを対象としたGraft et al.（1977）やヒトを対象としたMadden et al.（2002）の実験など。

[22]　さらに多種多様な強化スケジュールについては、小野（2016）を参照されたい。

[23]　小野（1990）

●並立スケジュール

複数の反応を対象にそれぞれ独立した強化スケジュールで強化する。たとえば、レバーを二つ用意し、左のレバー押しにはVR10、右のレバー押しにはFR10を同時に適用する。[25] このように複数のオペランダムや標的行動を設定した場合、一つの反応の後に別の反応を自発し、その直後に好子が出現することで偶発的に行動連鎖を形成してしまうことがある。これを防ぐためには、このような反応の連続が生じたときに、最後の反応に随伴するはずだった好子の提示を一定時間遅延させる手続きが採られる。これを**反応切換後強化遅延**という。[26]

●多元スケジュール

複数の強化スケジュールを継時的に適用する。オペランダムや反応はそれぞれ別に用意することもあれば同じこともある。たとえば、レバーを二つ用意し、左のレバー押しをVR10で二分間、右のレバー押しをFR10で二分間強化し、順序は無作為化し、繰り返す。そして、左右のレバーの上部にそれぞれライトを取りつけ、強化スケジュールが有効化されているときにそのレバーの上部のライトを点灯させるなどして、強化スケジュールごとに弁別刺激を提示する。[27]

●混合スケジュール[28]

多元スケジュールとほぼ同じだが、強化スケジュールごとに弁別刺激を提示しない。強化スケジュールだけで反応が分化するかどうか検討するときなどに用いられる。

[24] 杉山ら（1998）

[25]「Conc. VR10 FR10」と表記する。

[26]「COD3秒」のように表記する。

[27]「Mult. VR10 FR10」と表記する。

[28] たとえば、「Mixed VR10 FR10」と表記する。

29 選択行動と対応法則

——ノーベル賞で出ています

二〇一七年、シカゴ大学のリチャード・セイラー（Richard, H. Thaler）がノーベル経済学賞を受賞した。行動経済学の専門家としては二〇〇二年のダニエル・カーネマン、二〇一三年のロバート・シラーに次ぐ、三人目の受賞者である。

行動経済学は、古典的な経済学が基盤としていた、人の経済活動は合理的な意思決定によるという前提に異を唱え、購買や労働などの経済活動を行動とみなし、それに影響を及ぼす変数を実験や調査から実証することで発展した学問である。社会心理学的な研究も行われ、認知心理学的な解釈をすることも多いが、一方で、**実験的行動分析学**が主にハトやネズミなどの動物を使って明らかにしてきた行動の諸法則も取り入れている。

ミクロ経済学の基本概念である「需要」は、財（商品など）と価格との関数関係を示す需要曲線として記述される。実験的行動分析学は、財を餌などの好子、価格を強化あたりの反応数として定義することで、両者の関係を実験によって実証する。[1] 定比率強化スケジュール[2]を使い、一回の強化に必要な反応数を変えて、条件ごとに強化量

[1] 行動経済学と行動分析学の関連については、坂上（1997, 2009）を参照。

[2] 項目28「強化スケジュール」を参照。

[3] たとえば食塩やトイレットペーパーのような生活必需品は非弾力的需要であり、映画館のチケットや高級菓子のような嗜好品や贅沢品は弾力的需要であろうと論理的には予測できる。それを実験で実証し、かつ、価格の変化に対する購買行動の変化量を数量的に「弾力性」として定義し、測定できることが実験的行動分析の利点である。

[4] 上述の弾力的需要が観察されたとき。

[5] 恒松（2009）

を測定すればよい。この方法なら、様々な好子（餌の種類、水、室温変化、脳内刺激など）に対する、様々な反応形態（キーつつき、レバー押しなど）による需要曲線を得ることができる。人だけでなく様々な種で比較することも可能になる。

こうした実験から、「非弾力的需要」や「弾力的需要」といった、やはりミクロ経済学の基本的な概念も、論理的考察だけではなく、行動の実データで分析できるようになる。たとえば、定比率強化スケジュールの値を大きくしていっても（価格を上げても）反応数が変わらない（消費量が変わらない）ならそれが「非弾力的需要」であり、反応数が減っていくなら「弾力的需要」であるというように[3]。

複数の異なる好子を同時に使えば、それらの消費行動の相互作用も実験によって検証可能となる。たとえば、他の好子に対する定比率強化スケジュールの値は一定のまま、ある好子に対する値のみを上げてみる。その結果、その好子の消費量が減ったときに[4]、他の好子に対する反応が増えたら、両者の関係は**代替**であるとされる。逆に反応が減ったら**補完**、変わらなければ**独立**であるとされる[5][6]。

行動経済学の発展に貢献することになった実験的行動分析学の研究は、主に**対応法則**に関する数多の実験として、一九六〇年代から盛んに行われるようになった。契機となったのはハーンシュタインが行った実験である[7]。二つの反応キーを取りつけたスキナー箱で、それぞれのキーに対する反応に別々の強化スケジュールを同時に適用する並立スケジュールの実験はすでに開始されていた[8]。ハーンシュタインはこれを**選択**

[6] たとえばコンビニで昼食を買う行動を考えよう。米の価格高騰によって、おにぎりの価格が上がり、購買数が下がったとき、価格が変わらなかったパンの購買数が増えれば、両者の関係は代替的であるといえる。野菜の価格が高騰し、サラダの価格が上がり、購買数が下がったときにサラダドレッシングの購買数も下がったなら、両者の関係は補完的であるといえる。おにぎりやサラダの購買数に関わらず、乾電池の購買数は変わらないなら両者の関係は独立であるといえる。こうした関係性をデータに基づいて判断でき、関係性に影響する変数も探索できることが実験的行動分析の利点である。

[7] Herrnstein（1958）

[8] 前項で紹介したFerster & Skinner（1957）の最終章が並立強化スケジュールを用いて行われた諸実験の報告にあてられている。

[9] Herrnstein（1961）

行動を研究する枠組みとして提案したのである。

ハーンシュタインの研究は続き、一九六一年に発表された論文で後に対応法則と呼ばれることになる数式（式29－1(1)）の原型が示される。[9] 式29－1(1)のR^1はキー1への反応数、R^2はキー2への反応数、r^1はキー1への反応で得られた単位時間あたりの強化数、r^2はキー2への反応で得られた単位時間あたりの強化数である。式29－1(1)は数学的に等価な式29－1(2)に変形可能である。この場合、式の左辺はキー1への相対的な反応比率、式の右辺はキー1で得られた相対的な強化比率となる。すなわち、対応法則とは、ある反応の相対的な自発頻度がその反応によって得られる強化の相対的な割合によって決まることを示す法則である。

図29－1にはハーンシュタインの実験結果を示した。ハーンシュタインは相対的な強化比率を操作するため、並立スケジュールをいくつか設定し、[10] 三羽のハト（P1、P2、P3）にそれぞれ順次、導入した。図からわかるように、実験の結果、ハトの選択行動の実測値は対応法則で予測される関係にほぼ一致した。

その後、対応法則に関する研究が盛んに行われるようになり、データが蓄積され、実験手続きも進化し、理論も洗練されていく。

一つは**一般対応法則**への拡張である。図29－1では、式29－1(2)による予測と実測値がほぼ一致していた。これを**完全マッチング**という。ところが、実際にはデータが完全マッチングから逸脱することがある。

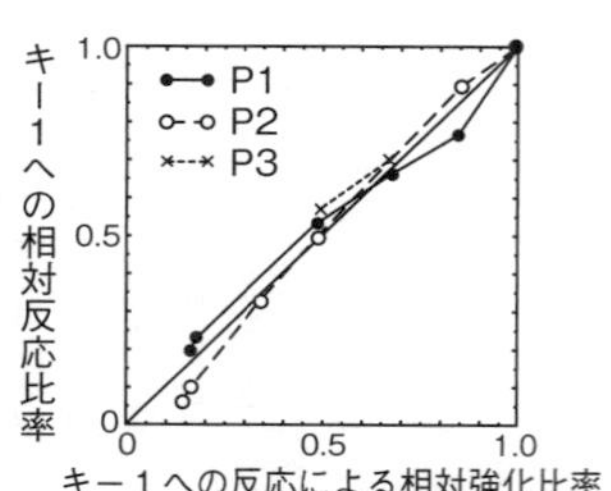

図29-1　Herrnstein（1961）の Fig. 1を一部改変

式）　29-1

(1) $$\frac{R^1}{R^1+R^2}=\frac{r^1}{r^1+r^2}$$

(2) $$\frac{R^1}{R^2}=\frac{r^1}{r^2}$$

式）　29-2

(1) $$\frac{R^1}{R^2}=b\left(\frac{r^1}{r^2}\right)a$$

(2) $$\log\left(\frac{R^1}{R^2}\right)=a\log\left(\frac{r^1}{r^2}\right)+\log b$$

図29－2の左側二つ（(1)と(2)）は、片方のキーへの**バイアス**（偏向）を示す。たとえば、(1)ではキー1への相対強化比率が0・5のときに、予想される相対反応比率である0・5よりも高い反応率でキー1に反応している。(2)はその逆の傾向を示している。バイアスはキーの位置や色といった属性によってたまたま生じることもあれば、実験に用いた好子の選好が反映されることもある。

図29－2の右側二つは、(3)が**過小マッチング**、(4)が**過大マッチング**を示している。過小マッチングとは、相対強化比率が低いときに相対反応率はそれほど低くならず、相対強化比率が高いときに相対反応比率がそれほど高くならない現象である。つまり、選択反応が強化比率から受ける影響が小さくなっていることを意味する。過大マッチングはこの反対で、相対強化比率が低いときに相対反応比率は予測よりも低く、相対強化比率が高いときには相対反応比率が予測より高くなる現象である。つまり、選択反応が強化比率から受ける影響が大きくなっていることを意味する。[11]

一般対応法則（式29－2(1)）はバイアスや過小・過大マッチングといった現象も数量的に記述できるように、そして図29－2のような曲線ではなく、線形関数として表現できるように改良されたものである。bがバイアス、aが過小・過大マッチングを示す。式29－2の(1)を(2)に変形することで、横軸と縦軸の双方を対数にとれば、切片が$\log b$ 傾きが$\log a$ の一次関数として表現できる。

図29－3(1)には、切片が0のとき（$b=1, \log b=0$）、切片が0より大きいとき（b

[10] 並立（VI3分、VI3分）、並立（VI2・25分、VI4・5分）、並立（VI1・8分、VI9分）、並立（VI1・5分、消去）の四条件を、一部繰り返して導入している。VI（変時隔）強化スケジュールを用いているのは単位時間あたりの強化数を統制できるからであり、四条件の組み合わせは二つのキーから得られる強化の合計が条件間でほぼ同じになるように設定されている。

[11] 過小・過大マッチングが生じる要因についての考察はメイザー（Mazur, 2006）に詳しい。

[12] 北野ら（2013）

[13] 中島（2013）

[14] Falligant et al.（2016）を参照。

[15] 項目28「強化スケジュール」を参照。

[16] 項目28「強化スケジュール」を参照。

＝10, log b＝1）のとき、切片が0より小さいとき（b＝0.1, log b＝−1）の仮想データをそれぞれ示した。いずれも直線の傾きは1で、過小・過大マッチングは生じていないと仮定している。

図29−3(2)には、いずれも切片が0で、過小・過大マッチングも生じていないとき（a＝1）、過小マッチングがみられたとき（a＝0.5）、過大マッチングがみられたとき（a＝2.0）をそれぞれ例示した。

選択行動が一般対応法則の式で予測されるように自発されるかどうかは実証的な問いになる。ハーンシュタインの先駆的な研究以来、数多くの研究によって、実験室における動物の選択行動へのあてはまりはとても良いことが示されてきた。さらに、野生動物の集団における選択行動や、[12] 大学生の小集団討論における注意配分、生徒の問題行動と教員がそれに注意を向ける行動との関係、[13] アメリカンフットボールの試合における監督の戦術選択など、[14] 自然場面、日常場面での、人を含めた多様な種による選択行動をうまく記述できることが示されている。

選択行動の研究の発展にとって重要となった手続き上の工夫を三つあげておこう。

一つめは上述のハーンシュタインの実験にも取り入れられていた**反応切換後強化遅延（COD）**である。[15] ハトの実験であれば、たとえばキー1を二回つづいてからキー2をつつくなどの特異的な反応パターンが偶発的に強化され、迷信行動として形成されてしまうと、結果として選択肢を切り替える反応数が増え、選択を示す指標として

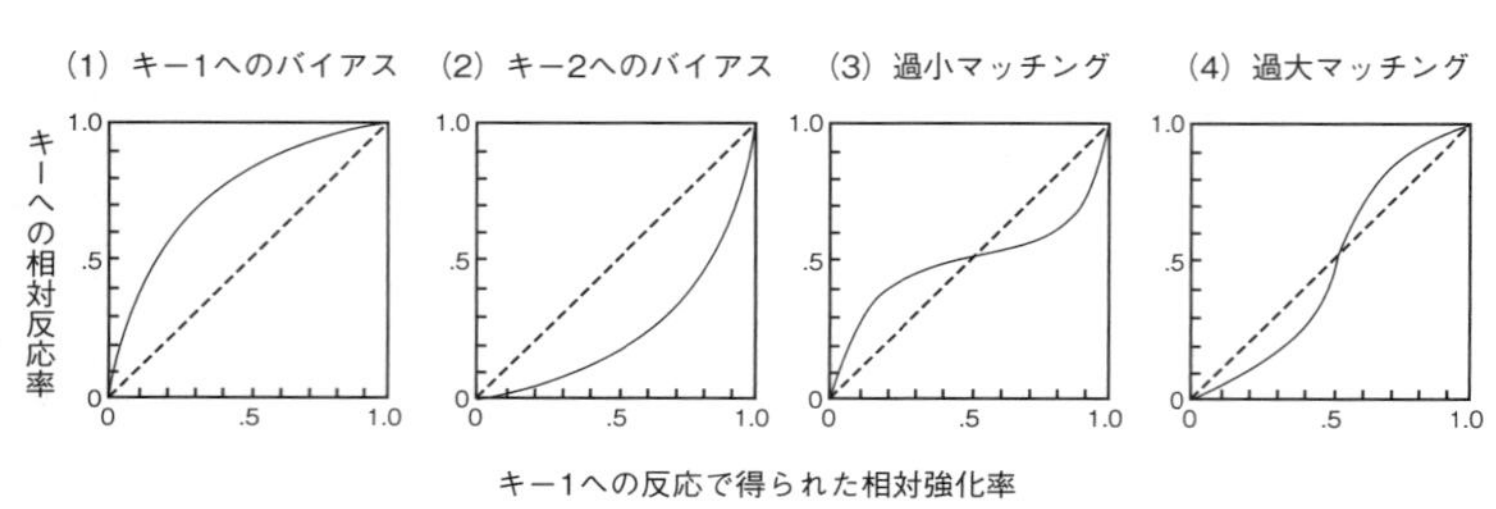

図29-2　完全マッチングからの逸脱

妥当性を欠くことになる。CODはこれを防ぐ手続きである。

二つめは**強制試行の設定**である。実験開始時に、あるいは実験の途中でも時々、選択肢のいずれかしか提示しない試行を組み入れる手続きである。こうすれば、たまたま特定の選択肢を選ぶ行動だけが強化され、増えてしまい、そのために他の選択肢を選び、強化される機会がなくなったり、減ったりすることで、強制試行の設定対象とした選択肢への反応が減ってしまうことを防げるようになる。

三つめは**並立連鎖スケジュール**の手続きが開発されたことである。単純な並立スケジュールで、定比率強化スケジュール（FR）[16]の異なる値を設定し、選択行動を調べたいとする。たとえば、左のボタンを五回押せばコインが一つもらえ、右のボタンを一〇回押せばコインが一つもらえるような条件である[17]。このような条件で右のボタンを押す人はほとんどいない。反応は左のボタンだけに偏ることになる。しかしこれでは二つの選択肢の「価値」が正当に評価された行動指標とはいえない。

そこで並立連鎖スケジュールでは、選択行動を測定する第一段階と、第一段階における選択によって分岐する第二段階に分離した手続きを用いる[18]（図29－4）。第一段階ではすべての選択肢に同じ強化スケジュールを適用する（たとえば、並立ＶＩ10秒、ＶＩ10秒）。第一段階で強化可能になった選択肢

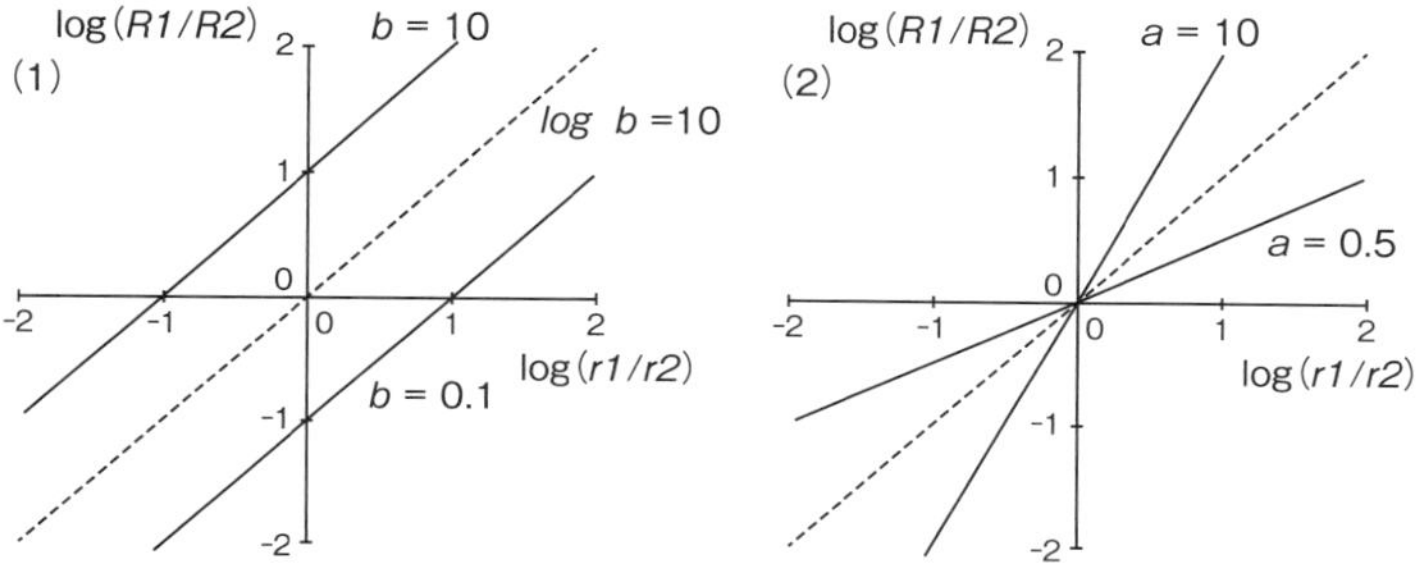

図29-3　一般対応法則の仮想データ。縦軸、横軸とも対数をとっている。原点（0）は二つのキーでの相対強化比率（横軸）、二つのキーへの相対反応比率（縦軸）がそれぞれ同率である点を示す。軸上の値が１は比が10倍、２は100倍、－１は1/10、－２は1/100を示す。範囲の広いデータを収めることができることも対数表示の利点である。

は第二段階へ進み、それ以外の選択肢の強化スケジュールは一時的に中断される。第二段階へ進むとその選択肢に割り当てられた強化スケジュールが単一で作動し（たとえば、FR5もしくはFR10）、強化されるまで続く。強化されると、一定の試行間間隔の後、第一段階が再開される。[19] 並立連鎖スケジュールを用いると、第一段階における反応比率が第二段階における強化比率を正当に反映するようになる。並立FR5、FR10の場合でも、第一段階における反応はどちらか一方の選択肢のみに偏ることがなく、反応比率を連続量として測定できるようになるのである。[20]

選択行動の研究対象は並立連鎖スケジュールの導入によって大きく広がった。行動経済学の発展に貢献することになる**遅延割引**の研究も、第一段階と第二段階の間に時間差を設けることで可能になり、**セルフコントロール**（自己制御）に関する研究も盛んになった。[21]

対応法則を用いた選択行動の研究は、少なくとも初期には、その多くが記述的な研究であった。図29-1のような結果は、独立変数である強化比率を操作し、従属変数である選択反応比率を測定して初めて得られるものであり、あらかじめ予見できることではない。実験で得られたデータをうまく記述できる法則を見つけたら、次は、得られた法則性からまだ測定していない行動を予測することが求められる。こうした研

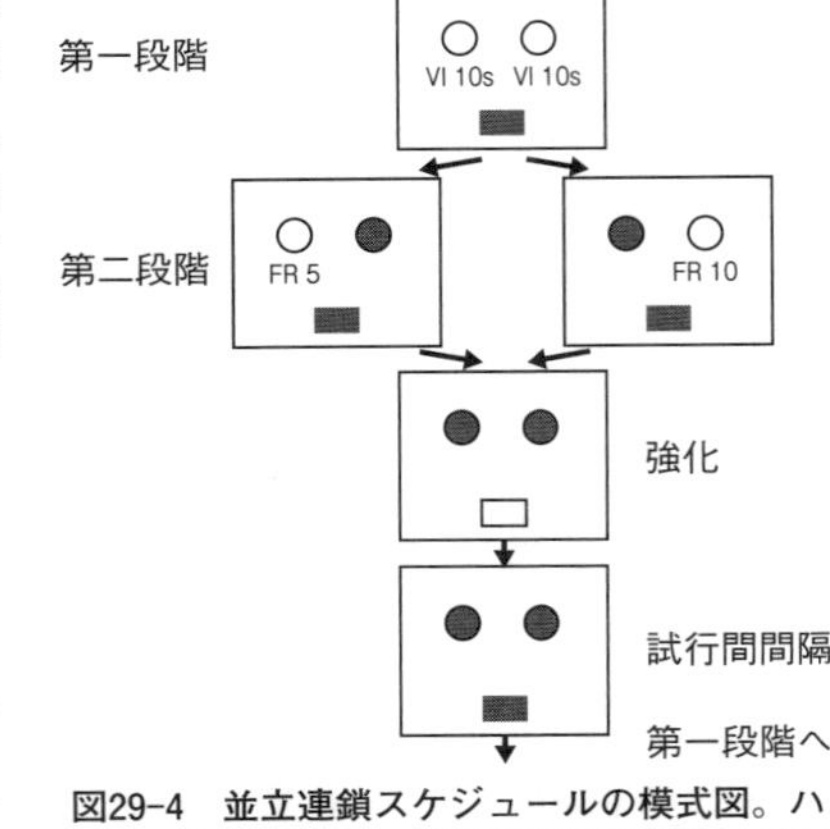

図29-4　並立連鎖スケジュールの模式図。ハト用スキナー箱の正面に反応キーが左右に二つ、その下に餌を提示するフィーダーが一つ設置されている。白は点灯、黒は消灯を示す。

[17]　FR5、10。ただし、左右のボタンを同時には押せないという制限つき。

[18]　慣習的に、第一段階は「first link」、第二段階は「second link」もしくは「terminal link」と呼ばれる。

[19]　前試行で中断していた選択肢の強化スケジュールは再開され、前試行で選択され強化された選択肢の

究もすでに始まっているが[22]、行動経済学への展開と共に、今後のさらなる発展が期待される。

ところで対応法則は、選択行動が安定したときのデータを記述していることに留意すべきである。たとえば、図29−4の手続きを用いた仮想実験で、第二段階をFR5とFR10から、FR5とFR20に変えたとしよう。こうした条件変更が初めてなら、動物なら間違いなく、人でも教示がなされなければ、第一段階での相対反応比率が条件変更後すぐに相対強化比率に対応するように変わるわけではない。

行動は環境によって変わるが、新しい環境で行動が安定するまでには時間[23]がかかる。この期間を**移行期**とするなら、対応法則はその後の**安定期**のデータを記述した法則なのである。そしてこのことは、対応法則そのものは選択行動が対応法則にあてはまるように収束することを説明するものではないことも意味する。対応法則によって選択行動を記述し、予測することは可能であるが、説明することはできない。

選択行動が、なぜ、どのように、対応法則にあてはまるように移行し、安定するのかについては、いくつかの仮説が提案され、実験的な検討も行われているが、未だ結論は出ていない[24]。行動の原因を考えるアプローチには大きく分けて二つあり、この違いが選択行動の理論が一つに定まらない理由にもなっている。**巨視的アプローチ**を採る研究者は、対応法則の研究にあるように、安定期にある行動の平均的な水準を、ある期間における平均的な強化率との相関的な関係で説明しようとする。一方、**微視的**

強化スケジュールは最初からやり直しとなる。

[20] シングルケースデザイン法を用いた行動分析学の研究の多くは、独立変数である環境操作が従属変数である行動を変えたかどうか判断できるように計画される。応用行動分析学の研究では特にこの傾向が顕著であり、独立変数の尺度水準が名義尺度であることが多い。この意味で多くは「質的」な研究である。一方で、対応法則に関する研究のように、独立変数も従属変数も比尺度を用いた「量的」な研究もあり、こうした研究を集めた学会や研究会も開催されている。

▼The Society for the Quantitative Analyses of Behavior（SQAB）［URL］

▼行動数理研究会［URL］

[21] 項目30「遅延割引とセルフコントロール」を参照。

[22] たとえば伊田（1997）は三種類のテレビコマーシャル動画（a、

アプローチを採る研究者は、行動と環境の因果関係を説明するのに相関的な関係だけでは不十分であると考え、一つひとつの反応と後続事象の関係を重視する。

巨視的な説明と微視的な説明を実証的に比較検討する実験も行われており、全体的には微視的な説明のほうが実際の行動をうまく説明できるようであるが[25]、どちらかに定まるということにはなりそうにない。この二つのアプローチの違いは、それぞれを採用する研究者の科学哲学や置かれた立場[26]によって生まれるものではないだろうか。行動経済学の専門家は学問の性質として巨視的なアプローチを採る。このため、学際としてその接点となる行動分析学における巨視的なアプローチを採る研究も、微視的なアプローチと共に、今後も継続されていくことだろう。

b、c）を好子として用い、そのうち二つの視聴チャンネルを切り替える反応と、動画を観続けるための反応を測定する、**フィンドレイ型**の並立強化スケジュール（Findley, 1958）を用い、aとb、aとcの選択反応のデータからaとcの選択反応を予測できることを示している。

[23] 単なる時間経過ではなく、正確には、行動が自発され、後続事象によって強化されたり、弱化されたり、消去されたりする機会の数。

[24] **最適化理論**、**逐次改良理論**、**瞬時最適化理論**など。詳しくはMazur（2006）を参照されたい。

[25] 丹野・坂上（2011）

[26] 研究や実践の目的が対象となる個々の行動の制御なのか、集団の行動なのか、各個人の行動変容が期待されているのか、集団の中のできるだけ多くの人の行動変容が期待されているのかといった随伴性の違いとして。

30

遅延割引とセルフコントロール

――「自制心」か、我慢する技能か

銀行が抽選で口座を選び、あなたが当選しました。すぐに手続きすれば一五ドルもらえます。ただ、この賞金、しばらくの間銀行に預けておいていただくと増額されます。保管期間は、三カ月、一年、三年です。賞金がどのくらい増額されるなら、あなたはこれだけの期間、待とうと思いますか?

ノーベル経済学賞を受賞したリチャード・セイラー[1]が一九八一年に発表した研究は、それまで経済学では逸話的に考察されていた時間経過による価値の変容を実証するものだった。[2]

セイラーが予測した通り、参加者が期待した増額は、三カ月後には三〇ドルと倍になったのにも関わらず、一年後は六〇ドル、三年後は百ドルと、経過する時間に比べるとはるかに少なかった。

セイラーら行動経済学者たちはその後もこうした実験や調査を重ね、時間を横軸に、価値を縦軸にとり、**遅延による価値割引**がどのように生じるのか、その関数を明

[1] 項目29「選択行動と対応法則」を参照。

[2] セイラー(Thaler, 1981)の実験では元金の金額と保管期間の長さを変えている。さらに、交通違反の罰金を今払うか、一定期間後に増額して払うとしたらいくらまで支払うかという設定を使って損失回避についてもデータを収集している。ここではその一部分を紹介した。

らかにする研究を続けた[3]。

彼らの研究は実験や調査だけに留まらなかった。目先の価値をより重視するという人の特性を様々な社会的課題の解決に役立てようとしたのだ。たとえば確定拠出年金[4]の加入者を増やす取り組みである。本人や企業にとってのみならず、国民の老後の暮らしを安定させる国策としても重要だが、加入者数は伸び悩んでいた。退職後の生活を考えれば価値ある選択になるはずだが、同時に、加入すれば毎月の給料から積み立てぶんが天引きされ、手取りが減ってしまうからだ。

そこでセイラーは積立金を毎月の給料からではなく、将来の昇給ぶんから拠出する仕組みを考案した。同じ額面でも、直近の給料から差し引かれるより将来の給料から差し引かれるほうが価値が小さい。双曲割引の応用である。この新しい制度の利用者はまたたく間に増加したという[5]。

子どもにとって目の前の誘惑に打ち克つのは大人以上に難しい。

心理学者のミシェル・ウォルター（M. Walter）は、今では**マシュマロ・テスト**として知られている実験手続きを使い、子どもの我慢する力について、セイラーの研究から遡ること十年以上前、一九六〇年代から研究を始めていた[6]。

実験は次のように進む。まず子どもを一人ずつ実験室に招き入れる。実験室には椅子と机があり、机の上にはお皿とベルが置いてある。お皿の上には片側にお菓子が一つ、反対側にお菓子が二つ置いてある[7]。実験者は子どもに「用事があるから、少しこ

[3] この関数は**指数割引**と呼ばれ、基本的には次の式で表される。
$V = Ae^{-kD}$
Vは遅延報酬の価値、Aは報酬の量、eは自然対数の底、kは割引率、Dは遅延時間を示す（佐伯・高橋 2009）。

[4] 従業員が加入すれば企業も応分の積み立てをする個人年金制度。

[5] Ayres（2010）

[6] ミシェルと共同研究者たちの研究の数々についてはMischel（2014）を参照されたい。

[7] マシュマロ・テストの名前はここに由来しているが、実際にはマシュマロ以外の菓子のほうが多く使われている。

こで待っていてね」と言い、部屋を出て子どもを一人にさせ、その様子を子どもにはわからないように観察する。退室するときにはこう告げる。

「ベルをならせば戻ってくるね。お菓子を食べたかったらベルをならして呼んでね。その場合、お菓子は一つしか食べられないけど。私が帰ってくるまで待てればお菓子は二つ食べていいよ」と。すぐにベルをならして目の前のお菓子を一つ食べるか、実験者が戻ってくるのを待ってお菓子を二つ食べるかの二択が与えられたことになる。

子どもたちはどのくらい待てただろうか。

三歳から五歳の子どもに対して行われた初期の実験[8]では、お菓子を見せずに部屋に残された子どもたちが待てた時間の平均が一一分と少しだったのに対し、両方のお菓子を目の前にした子どもたちが待てた時間の平均はわずか一分だった。

ミシェルらはさらに実験を重ね、我慢できる子どもたちが、待っている間に何をしているのか、どうすれば我慢できるのかを調べていった。たとえば、お菓子が目の前にあるより、お菓子の写真が目の前にあるほうが待てるようだった。待っている間に玩具で遊ぶなど何か他のことをやったり、他のことを考えたりしている子どもは待てるようだったし、逆に、お菓子のことを考えさせると待てなくなるようだった。また、初めに少しだけ待つことで好きなお菓子がたくさん食べられることを経験した子どもはそういう経験がなかった子どもに比べて長く待てるようだった。

[8] Mischel et al. (1972)。この実験で使われたお菓子はプレッツェルとクッキーで、選択肢は小さなプレッツェルと、大きなプレッツェルもしくはクッキーのどちらか子どもが好きなほうだった。

こうした研究は「自制心」といわれる力の発達を理解したり、**セルフコントロール**の指導法を開発するのに役に立てられるようになった。しかし、世間を驚かせたのは、ミシェルらが彼らの実験に参加した子どもたちのその後を追跡調査して発見した事実だった。子どもの頃に彼らの実験に参加し、長く待てた子どもは待てなかった子どもに比べ、学齢期はテストの成績が良く、結果として高学歴をおさめ、危険な薬物に近づかず、対人関係も良好で、肥満指数さえ低かったのだ。[9]

さて、ここでようやく行動分析学の出番である。セルフコントロールに関する実験的行動分析学の最初の研究[10]が発表されたのは一九七二年、セイラーの研究より少し前、ミシェルらの研究より少し後のことである。そして、そこから始まる数々の研究[11]と同様、実験はハトを対象に行われた。ラックリンとグリーンによる並立連鎖スケジュール[12]の手続きを図30－1に示す。

第一段階は並立FR25、FR25で、左右どちらのキーも白色に点灯している。右キーに二五回反応すると、キーも実験箱の照明も暗転する。これがT秒間続き、その

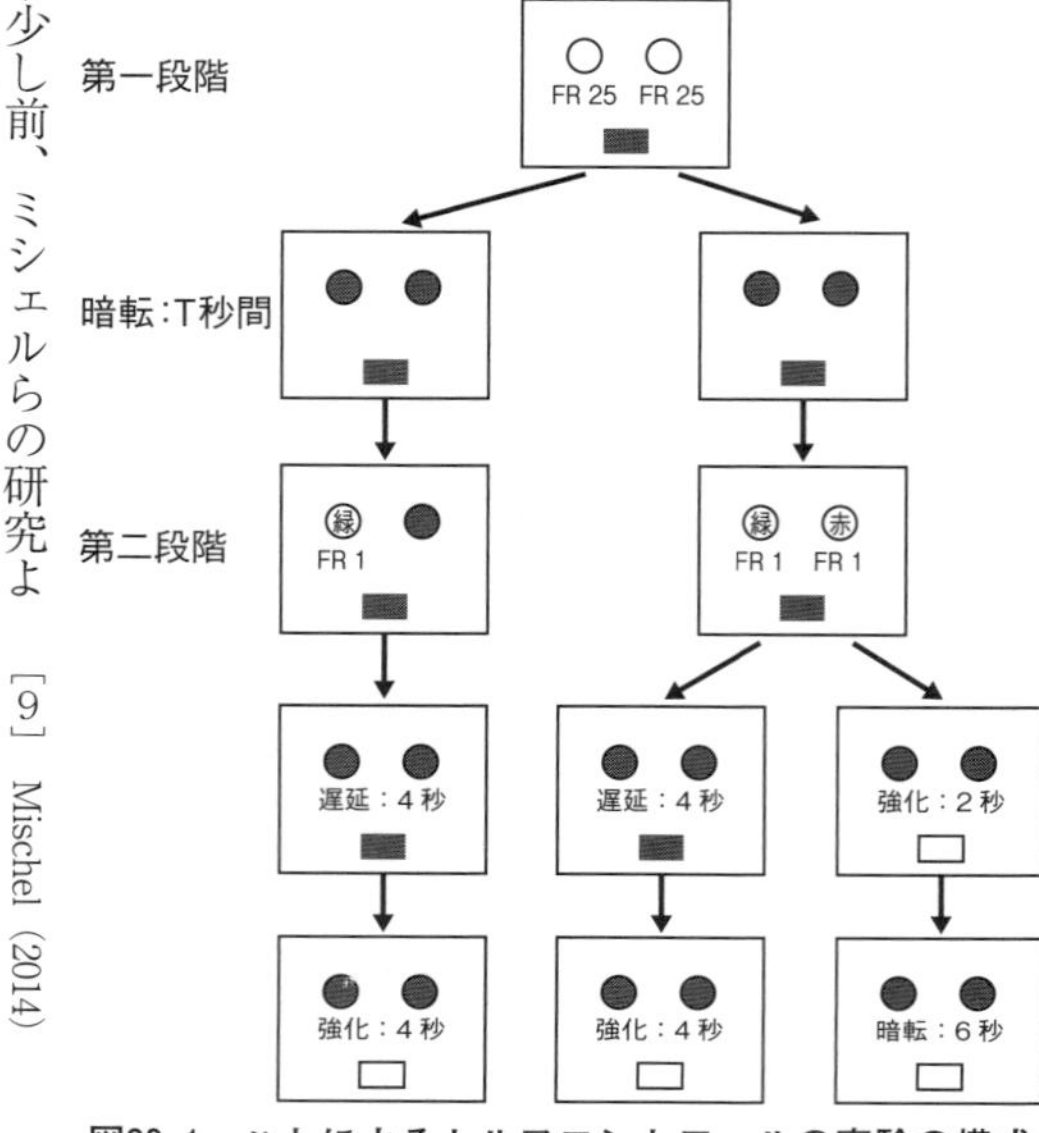

図30-1　ハトによるセルフコントロールの実験の模式図。白は点灯、黒は消灯、赤、緑はそれぞれその色でキーが点灯することを示す。

［9］ Mischel（2014）

［10］ Rachlin & Green（1972）

［11］ 行動分析学の教科書ではラックリンとグリーンによる実験（1972）の問題点を改善したAinslie（1974）やGreen et al.（1981）が紹介されることが多いが、研究史上の

後、左右のキーのどちらか一方が赤、もう一方が緑に点灯する。[13] 赤のキーを一回つつくとすぐに餌が二秒間提示され（即時・小量の強化）、その後、六秒間の暗転となる。緑色のキーを一回つつくとすぐに四秒間暗転し、その後餌が四秒間提示される（遅延後・大量の強化）。一方、第一段階で左のキーに二五回反応すると、T秒間の暗転の後、左右のキーのどちらか一方が緑に点灯する。赤の点灯はせず、緑色のキーを一回つつくと四秒間の暗転の後に餌が四秒間提示される（遅延後・大量の強化）。

この実験の要点はハトに選択の機会を二回提示しているところにある。第一段階で右キーを選ぶと第二段階では即時・小量の餌を選ぶ選択肢である赤色のキーが提示されてしまう。ハトも人同様、目の前の誘惑に弱く、赤色のキーをつついてしまう可能性が高い。[14] しかし、第一段階で左キーを選べば、第二段階では遅延後・大量の餌を選ぶ選択肢である緑色のキーしか提示されない。

給料日に普通口座から定期預金口座へ毎月自分で貯金するのは難しくても、あらかじめ自動で振替して積み立てされるように手続きすることならできる人は多い。ダイエットをしているときにお菓子が自宅にたくさん買い置きしてあったら夜中にそれを食べないようにするのは難しくても、昼間に買い物に行ったときにお菓子を買わないで帰ったり、あるいは買い置きしてあるお菓子を友だちにあげてしまうことならできるかもしれない。

このように、誘惑に負けないように誘惑のもとを事前になくしてしまう方略を**自己**

価値と、この論文が私が学部生時代に初めて読んだ英語論文のうちの一つであるという追懐の情から、ここではこの研究を紹介する。

[12] 項目29「選択行動と対応法則」を参照。

[13] 位置と色の組み合わせは試行ごとに無作為化される。

[14] こうした即時・小量の強化に制御される行動は**衝動的な**(impulsive)**反応**と記述される。

式）30-1

$$\frac{R^1}{R^2}=\left(\frac{A^1}{A^2}\right)\left(\frac{\frac{1}{D^1}}{\frac{1}{D^2}}\right)=\left(\frac{A^1}{A^2}\right)\left(\frac{D^1}{D^2}\right)$$

拘束という。時に大人でさえ実行困難なこの方略を、はたしてハトがとれるものだろうか。ラックリンとグリーンには勝算があった。

鍵は第一段階と第二段階の間の暗転時間にある。遅延によって好子の価値が割り引かれることは、一九六〇年代にすでに行われていた、やはりハトやネズミを対象にした実験から明らかにされていた。暗転時間が短ければ第一段階では第二段階で得られる即時・小量の餌の価値は高く、したがって第一段階の選択行動はこの選択肢が残るように強化されるだろう。しかし、暗転時間が長くなれば、第二段階での即時・小量の餌の価値は低くなり、したがって第一段階の選択行動はこの選択肢が残らないように強化されるに違いない。

ラックリンとグリーンはそれまでの研究から得られていた対応法則に遅延時間を組み込んだ式（式30－1）から、この選好の逆転が生じるであろう暗転時間を推計し、それをはさみこむようにTの値を設定した。[15] 実験結果はおおむね彼らの予想どおりだった。個体差は大きかったものの、六羽中四羽で、暗転時間を長くすると第一段階での相対反応比率が変化した。選好の逆転が生じたのだ。図30－2はその一例である。

もう一つ、興味深い研究を紹介しよう。グロッシュとニューリンジャーは上述したミシェルらの実験手続きを行動分析学の研究として追試した。ただし、子どもではなくハトに適用したのだ。[16] もちろんハトはマシュマロを食べない。だからハトが好む餌

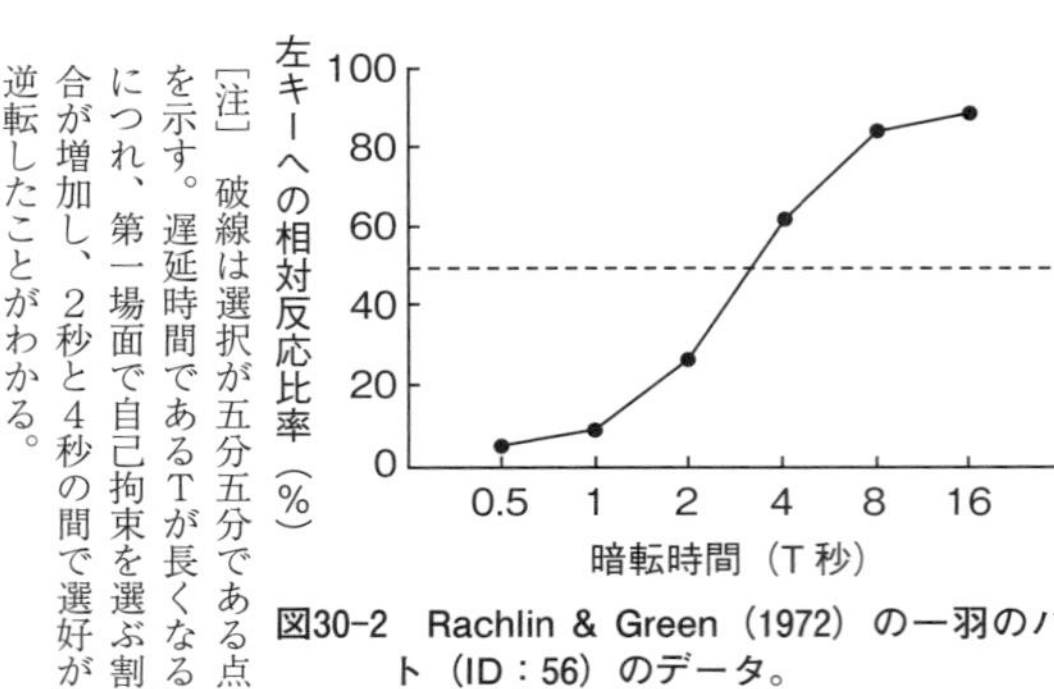

図30-2　Rachlin & Green（1972）の一羽のハト（ID：56）のデータ。

［注］　破線は選択が五分五分である点を示す。遅延時間であるTが長くなるにつれ、第一場面で自己拘束を選ぶ割合が増加し、2秒と4秒の間で選好が逆転したことがわかる。

［15］　T＝0.5, 1, 2, 4, 8, 16秒の六条件。

として通常の混合飼料、好んでは食べない餌としてラット用の飼料などを混ぜた自作飼料を用意した。この実験では反応キーは一つだけ用いられ、試行が始まると赤色に点灯した。ハトがこのキーをすぐにつつくと、自作飼料が一・五秒間提示された。ハトが一定時間キーをつつかないでいたら、混合飼料が三秒間提示された。[17] 並立連鎖スケジュールのように左右やキーの色で選択させるのではなく、つつくかつつかないかの単純な選択をさせたとみなす。[18]

実験1ではハトに餌を見せる条件と見せない条件を比較したところ、餌を見せられるとほとんど待てないハトが、餌が見えないようにすると八割近く待てるようになることがわかった。

実験2ではスキナー箱の背面にもう一つ別の反応キーを取りつけ、その背面キーへの反応を別の好子で強化した後で背面キーへ反応できる条件とできない条件を比較し[19]たところ、背面キーへ反応できれば七割近く、場合によってはほぼ必ず、待てるようになった。

実験3では遅延時間中に餌を提示するフィーダーを点灯させる条件を組み込んだ。餌を提示するときにはフィーダーは必ず点灯させる。だから、フィーダーが点灯するとハトはそちらを見て、餌をついばもうと首を突っ込もうとする。ところがこの実験では、装置を改良し、首を突っ込むとフィーダーも含めすべてが暗転し、試行が最初からやり直しとなる。グロッシュとニューリンジャーはこの条件によって、ハトが遅

[16] Grosch & Neuringer (1981) は七つの実験を行っている。ここではそのうちいくつかを紹介した。

[17] 待ち時間は予備訓練で二秒から開始し、徐々に伸ばしていった。実験では条件によって一五秒、あるいは二〇秒が適用された。スキナー箱には複数のフィーダーが取りつけられた。異なる餌を提示するため、スキナー箱には複数のフィーダーが取りつけられた。

[18] 死んだハトはキーをつつかない。死人テストを適用すれば「つつかない」や「待つ」は行動ではない。「つつく」や「お菓子に手をだす」行動を抑制する制御変数をそれぞれ探索すべきなのだが、ここではわかりやすさを優先し、あたかも「待つ」が行動であるかのように解説した。

[19] 背面の反応キーを黒いガムテープで覆って反応できなくした。

延時間中に「餌のことを考える」ようになるのではないかと考えたのである。結果は予想どおりで、フィーダー点灯条件でハトは待てなくなってしまった。

実験6では強化の履歴効果が検討された。三秒待てば混合飼料が得られる強化条件件、いつまで待っても混合飼料が得られない消去条件、両者を半々経験する混成条件を行った後で、実験1と同様の条件に移行し、どのくらい待てるかがテストされた。すると、強化条件では一五秒近く待てたのにも関わらず、消去条件では五秒ほどしか待てず、混成条件はその中間だった。待つことが強化されればハトも待てるようになることがわかったのだ。

グロッシュとニューリンジャーの実験は、ミシェルらがマシュマロ・テストを使って見いだした子どものセルフコントロールに関する知見が、ハトにも共通することを示した。他の数多くの研究成果も併せ、このことは遅延割引やセルフコントロールに関係する制御変数が種を超えて頑健に成立することを示している[20]。

さらに、こうした研究から、行動分析学に基づいて実践や臨床の仕事をすることで有利になる点も示唆される。

目の前の誘惑を我慢できなかったり、今すべきことをいつも先送りしてしまったりする人は「自制心」がないと言われるかもしれない。しかし、「自制心」のような心的概念を行動の説明に使ってしまっては循環論に陥るだけではなく、どうすれば我慢できるか、どうすれば仕事にとりかかれるかはわからない。

[20] 詳しくはセルフコントロールに関する行動分析学からの研究をまとめた高橋ら（2017）を参照。

行動分析学の長所の一つは、行動の説明に心的概念を用いず、制御変数を見つけることに徹底することで、行動を変える手続きや条件を見いだしていく姿勢にある。人の複雑にみえる認知的な活動を、人以外の動物の一見より単純にみえる行動から解釈しようとする試みは、現在でも**橋渡し研究**[21]として行われている。残念ながら、我が国の大学や研究機関からは動物の行動実験ができる研究室が減りつつあるが、こうした研究の重要性はもっと評価されるべきだろう。

[21] 基礎研究の成果を実践や応用につなげる橋渡し研究は医学や生物学では一般的であり、重要視されている。米国心理学会が刊行したハンドブックに大きく取り上げられているように、このことは行動分析学でも同じである（Madden, 2012）。

31 言語行動論

——ことばも行動

応用行動分析学の基礎となる実験的行動分析学では、主に人以外の動物を用いた実験から行動の諸法則を見いだしてきた。そしてその諸法則は、人を含めた数多くの種においておおよそ同じように成立することが示されてきた[1]。

人の行動がハトやネズミの行動と同じように制御され得るという考え方は、世間一般には受け入れることが難しいかもしれない。

しかし、種の連続性を認識することには大きな価値がある。生物学は様々な種に共通するメカニズムを明らかにすることで「生物」を深く理解する。そして、そうして得られた知見を用いることで、医学や薬学は動物を使った実験から人の病気を治す薬や治療法を開発できるようになった。同じように、行動分析学は様々な種に共通する行動の諸法則を見つけることで「行動」を深く理解する。そしてそれを人に関する問題解決に役立つ方法を探すことに役立ててきたのである。

種の連続性をまずは前提とし、異なる種間の行動を比較できる共通の枠組みを用意すれば、その枠組みを使って種間の差異を見いだすことも可能となる。実際、**本能的**

[1] たとえば強化の原理は、プラナリア、アメフラシ、マダコ、カブトガニ、ミツバチ、コモリザメ、キンギョ、ヘビ、イグアナ、キュウカンチョウ、イヌ、ネコ、ウサギ、アシカ、イルカなどの種で確認されている（中島 2011）。

逸脱や**味覚嫌悪学習**などの研究からは行動の諸法則に影響する**生物学的制約**が明らかにされてきたし、[2] 比較行動学や比較認知科学といった学際分野では、行動や学習様式の違いから進化の仕組みの解明さえ行われている。

人と人以外の動物との間にある最も大きな行動上の違いは何だろう？

スキナーは一九五七年に刊行された著書 *Verbal Behavior* で、言語行動を**話し手の行動**と**聞き手の行動**に分け、話し手の行動には特別な検討が必要であると主張した。

話し手に「東京タワーとスカイツリーではどちらが背が高いですか？」ときかれ、「スカイツリー」と答える聞き手の行動について考えよう。これは比較的単純な**弁別オペラント**として記述できる。

弁別オペラントは言葉をもたない動物にも教えることができる。たとえば、赤いライトが点いているときには右のボタンを押したら強化し、青いライトが点いているときには左のボタンを押したら強化することで、動物は赤いライトが点いているときには右のボタン、青いライトが点いているときには左のボタンを押すようになる。[3]

このような手続きによって弁別オペラントが形成できることは、数多くの種で確認できている。種の連続性が高いということであり、スキナーが聞き手の言語行動は基本的な行動の諸法則だけで説明可能であるとした理由になっている。

一方、「東京タワーとスカイツリーではどちらが背が高いですか？」と質問する話し手の行動については、何がその制御変数になっているか検討する余地がある。進化

［2］実森・中島（2019）

［3］反対に、赤いライトが点いているときに左のボタンを押したら消去し、青いライトが点いているときには右のボタンを押したら消去する。

論上、人に近いチンパンジーやゴリラなどの類人猿でも、自然に生活している限り、このような話し手の行動は観察されない。人とのコミュニケーションとして人工的に教えることは可能だが[4]、それが類人猿同士のやりとりにまで発展したという報告はない。話し手による自発的な言語行動は人に特有な行動の一つのようである。

スキナーによる言語行動の基本的な定義は「他者によって強化されている行動」である。この定義によれば、喉が渇いたときに自分で水道の水を汲んで飲む行動は言語行動ではないが、誰かに「水をください」と頼む行動はそれが水をもらうことで強化されているのであれば言語行動ということになる。

コップ一杯の水は、「喉が渇きました」と言っても、「水」と言っても、あるいは喉を指差しても、聞き手が応じれば入手できる。スキナーの定義によれば、これらはすべて同じ機能をもつ言語行動である。行動の形態による定義ではないから、他にも、筆談や手話、点字やメールのやりとりであっても同じ機能をもつ言語行動ということになる。

行動分析学における言語行動論は、その**制御変数**の分析が中心となる。スキナーは話し手の言語行動を機能によって分類した[5]。たとえば、**マンド**は要求の機能、**タクト**は叙述の機能をもった言語行動である。行動の形態としては同じ「水」と言う発話であっても、喉が渇いているときに「水」と言って聞き手から水をもらうことで強化されているのであればマンド、天井から水が滴り落ちているときに「水」と言って聞き

[4] ゴリラの「ココ」に手話を教えたパターソン（Patterson & Linden, 1981）や、チンパンジーの「サラ」にプラスチック板を使ったコミュニケーションを教えたプレマック夫妻（Premack & Premack, 2003）の研究がよく知られている。

[5] 項目32「言語行動の機能的分類と多重制御」を参照。

手の「あ、ほんとだ」といった反応によって強化されているのであればタクトである。水の「意味」や「理解」といった媒介変数は用いず、あくまで行動を制御している**随伴性**を同定することになる。

行動の機能が異なるということは、すなわち行動の制御変数が異なるということである。つまり、マンドとしての「水」とタクトとしての「水」は、行動の形態は同じでも、独立した別々の行動となる。水を要求するのに「水」と言えるようになった幼児が、水を見て「水」と言えるようになるとは限らないということになる。

Verbal Behavior を執筆した時点で、スキナーによる言語行動の解釈は、主に動物実験によって得られていた行動の諸法則を敷衍する理論的な試みであり、論拠となるデータはほぼ皆無の状態だった。その後も長い間、実証的な研究はほとんど行われなかったが、自閉症など、発達障害がある子どもたちに言葉を教える指導プログラムが開発されるようになると、マンドとタクトの独立性を示唆する実証的な研究が報告されるなど[6]、スキナーの理論的な分析を裏づける研究が始まり、蓄積されてきている[7]。

スキナーは「言語」（Language）と「言語行動」（Verbal Behavior）を区別していた。自らの分析は言語学で扱われるような言語体系の構造的な分析ではなく、個々の話し手の行動の機能的な分析であることを明言し、言語行動をオペラント行動として定義しながらも、自らの分析は言語習得の理論ではないことも明記していた。

Verbal Behavior は一部の心理学者や言語学者には高く評価された。人に特有で、

[6] たとえば、左記の文献を参照。
Lamarre & Holland（1985）
Twyman（1996）

[7] たとえば、左記の文献を参照。
DeSouza et al.（2017）
Greer & Ross（2004）
Johnson et al.（2017）

意識や思考といった、第三者に見えない現象の説明に、「理解」や「表象」といった認知的な媒介変数は用いず、人以外の動物にも共通する行動の諸法則だけを用いて取り組んだことに対する評価であった。

ところが、言語学者ノーム・チョムスキーによる書評が *Language* 誌に掲載されると[8]、当時、行動主義に不満を募らせていた研究者たちにこの批判的な論文が広く受け入れられた。後に、チョムスキーによる批判はほとんどが的外れであったことを指摘する声もあがるのだが、時すでに遅し。そもそもチョムスキーの批判論文に賛同した人の多くはスキナーの原著を読んでいないか、読んでも理解することが難しかったかもしれない。*Verbal Behavior* は行動分析学の本であるが、たとえば強化や消去など、行動の諸法則について初学者向けの解説があるわけではない。また、作家志望だったスキナーらしく、文学作品からの引用なども多く、読解は難解である。

前述したように、数十年後、自閉症に関する研究が進み、自閉症児の指導に行動分析学をもとに開発したプログラムの有効性が示されるまで、スキナーの言語行動論は日の目をみることなく潜伏することになる。

現在では、スキナーの言語行動論を用いたアセスメントや訓練プログラムが数多く開発され、活用されている[9]。こうした研究成果に基づいた指導を行う学校も存在し、発達障害をもった子どもに対する指導としては、標準的な考え方や方法論になりつつある。さらに、スキナーが意図的に軽視した聞き手の行動についても、**関係フレーム**

[8] Chomsky (1959)

[9] たとえば、左記の文献を参照。
Partington & Sundberg (1998)
Barbera & Rasmussen (2007)

理論[10]の登場により、実験的、臨床的な研究が発展してきている。
言語行動レパートリーの豊富な大人に対する介入プログラムでは、教示や解説など、何かしらの言語行動が常に介在する。文章理解や論理的思考などは言語行動そのものである。今後は、応用行動分析学における言語行動理論の役割がさらに増していくものと思われる。

[10] 項目33「刺激等価性と関係フレーム理論」を参照

32

言語行動の機能的分類と多重制御

――ことばはみかけによらず

前項で解説したように、行動分析学では言語行動の機能に着目する。機能とは行動制御の関数関係であり、行動随伴性として記述する。言語行動の機能を明らかにすることは、その言語行動の自発頻度を変えるための手続きを同定することとほぼ同義である[1]。

本項ではスキナーによる**機能的分類**を紹介する。ただし、後述するように、日常的な言語行動のほとんどは複数の変数によって制御されている。単一の機能をもつ言語行動のほうがむしろ稀である。以下の分類は、各々の機能のみをもつ行動が存在することを示しているわけではない。むしろ、行動を制御している複数の変数それぞれの記述に用いる名称であるとみなしていただきたい。

●マンド[2]

特定の**確立操作**が話し手の行動形態を制御している機能である。日常語で表現するなら、要求や依頼、命令などにあてはまる。確立操作によって物や出来事や情報、他

[1] 現実的には操作が困難だったり、倫理的に認められないために実証が困難な場合もある。

[2] 他のいくつかの名称と同様、スキナーによる造語である。

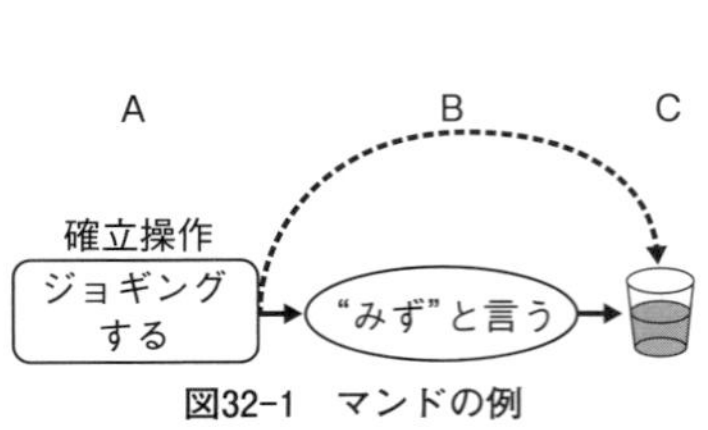

図32-1　マンドの例

者の行為などが一時的に好子もしくは嫌子となり、その出現や消失、出現阻止や消失阻止によって強化されている。

たとえば、ジョギングすることで水分が好子となり、家に帰ってすぐに「水」と叫び、家族がコップに水を汲んで持ってきてくれることで強化される場合、「水」と叫ぶ行動にはマンドの機能があるといえる（図32－1）。遠足を明日にひかえた前夜、テレビで天気予報を観ていた家族に、「明日、晴れそう?」と質問するのも、明日の天気予報という好子で強化されるマンドである。「予報だと、快晴だよ」と教えてくれた相手に「ありがとう」と言うのも、次も同じように答えてもらえることで強化されているとみなせば、マンドの機能をもっていると考えられる。[3]

●タクト

特定の非言語刺激が**弁別刺激**となり、話し手の行動形態を制御している機能である。日常語で表現するなら、叙述や報告などにあてはまる。

言語刺激とは自らのあるいは他者の言語行動から生じる刺激を指す。先の例では、「明日、晴れそう?」が聞き手にとっての言語刺激になる。[4] **非言語刺激**はそれ以外の刺激すべてで、物や人、出来事や特性、刺激間の関係なども含まれる。[5]

たとえば、コップに注がれた水を見て「水」と言い、「そうだね」とうなずかれたことで強化されたら、この行動はタクトの機能をもっていることになる（図32－2）。ハイキングをしているときにシカを見て、「あ、シカだ!」と一緒に歩いている友だ

[3] ただし、遅延があるのでそのような行動随伴性が直接行動を強化するとは考えにくい。「ありがとう」の形成には養育者などによる教示（「ありがとう」と言うのよ）やモデリング、それに従った子どもの模倣を褒めて強化するなどの教育的随伴性が欠かせない。

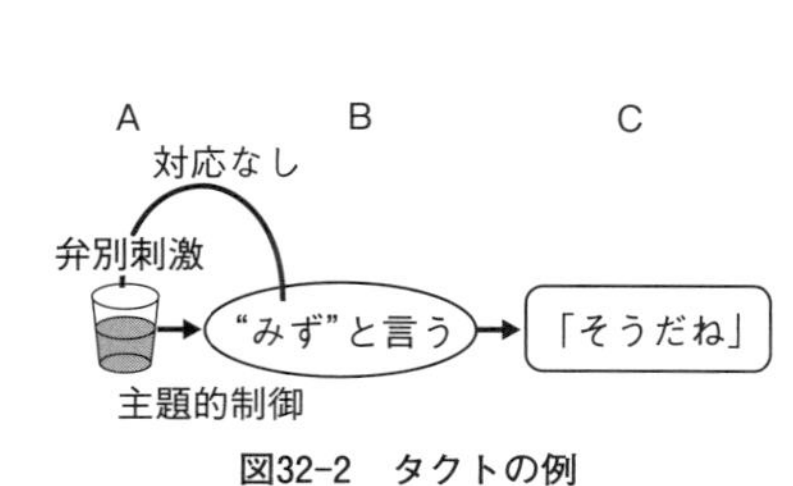

図32-2　タクトの例

ちに言うことが「ほんとうだ!!」という友だちの反応によって強化されているのなら、これはシカの姿を弁別刺激としたタクトの機能をもっている言語行動である。なお、タクトが正確かどうかは機能的分類には影響しない。シカを見て「ヤギ！」と言ったとしても、弁別刺激と反応の関係からこれはタクトの制御関係であると分類される。正確さとは強化率の問題であって、機能の違いではないからである。このことはタクト以外の機能的分類にもあてはまる。

●イントラバーバル

特定の言語刺激が弁別刺激となり話し手の行動形態を制御しているが、弁別刺激と行動の成分間に対応がない場合の機能を指す。日常語で表現するなら、連想や翻訳、定義などがあてはまる。たとえば、「山」と聞いて「川」と言ったり、「water」を見て「水」と言ったり、「円周率を小数点二桁まで回答せよ」という問題に「3・14」と答える行動がイントラバーバルの機能をもっている（図32－3）。

弁別刺激と行動の成分間の対応とは、それぞれを分割したときに、位置や順序が同じ成分同士が各々対応しているかどうかを意味する。たとえば、ひらがなで書かれた「やま」を《やま》と音読する場合、文字の「や」と音声の《や》、文字の「ま」と音声の《ま》は対応している。「やま」というひとまとまりの図形が《やま》というひとまとまりの反応を制御していなくても、「や」が《や》、「ま」が《ま》を制御していれば自発できることになる。こうした制御を**形式的制御**と呼び、対応がない制御を

［4］話し言葉で会話をしているのであれば音声刺激、メールや筆談、手話をしているのであれば視覚刺激（文字刺激や手の動作の軌跡）など。

［5］たとえば、飲むべき薬を今朝飲んだかどうか（出来事）、その薬はどのような味がしたか（特性）、昨日飲んだ薬と同じだったかどうか（関係）など。

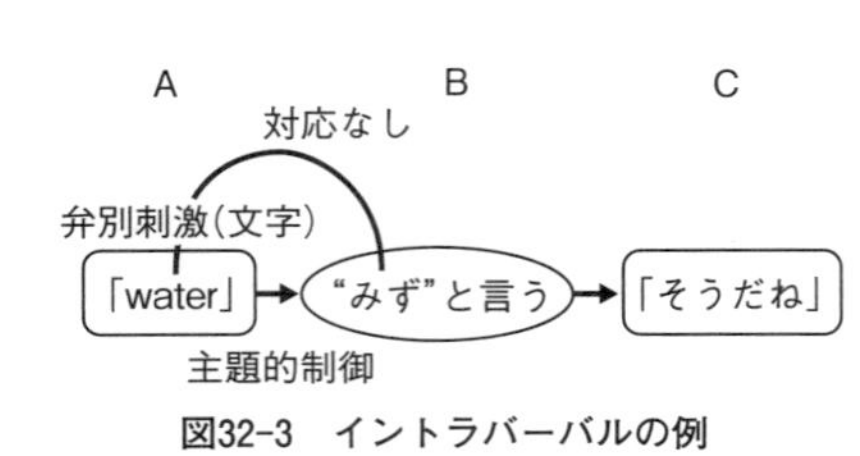

図32-3　イントラバーバルの例

主題的制御と呼んで区別する。[6]

「山」と聞いて「川」と言うイントラバーバルや、山を見て「山」と言うタクトにおいては、主題的制御が成立していることになる。一般の心理学や言語学では、言葉や物の「意味」や「表象」という仮説的構成体を使って説明しようとする現象を、そのような実体のない概念は用いず行動随伴性として記述していることになる。

●テクスチャル

特定の文字刺激が弁別刺激となり話し手の読み行動を形式的に制御している機能である。たとえば、「みず」とひらがなで書かれた文字を見て「みず」と言う行動にはテクスチャルの機能がある（図32－4）。

●エコーイック

特定の音声刺激が弁別刺激となり話し手の発話行動を形式的に制御している機能である。音声模倣と捉えるとわかりやすいだろう。たとえば、誰かが「みず」と言ったのを聞いて「みず」と言う行動にはエコーイックの機能がある（図32－5）。

●書き写し

特定の文字刺激が弁別刺激となり話し手の書き行動を形式的に制御している機能である。たとえば、「みず」とひらがなで書かれた文字を見て「みず」と書く行動には書き写しの機能がある（図32－6）。

[6] 杉山ら（1998）

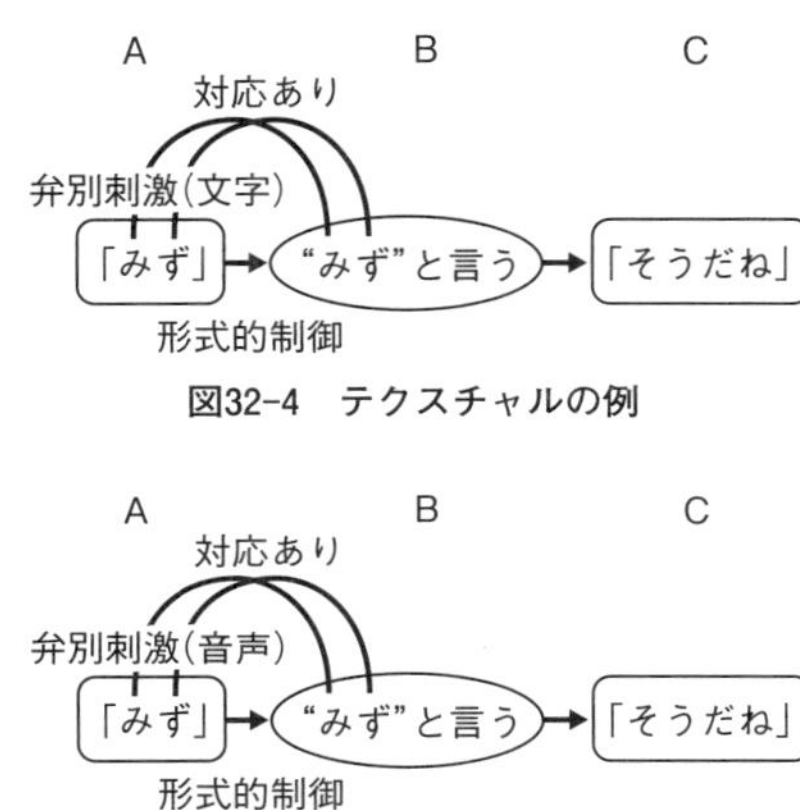

図32-4　テクスチャルの例

図32-5　エコーイックの例

●**書き取り**

特定の音声刺激が弁別刺激となり話し手の書き行動を形式的に制御している機能である[7]。たとえば、誰かが「みず」と言ったのを聞いて「みず」と書く行動には書き取りの機能がある（図32－7）。

●**教育的強化**

上述の分類のうちマンドを除くと、行動形態を制御する特定の確立操作があるわけではなく、聞き手による同意や承認などの般性習得性好子が言語行動を強化する。

言語行動のレパートリーが習得される段階を思い浮かべてみよう。養育者や教師は、模倣のためにモデリングしたり、言語行動の自発を頻繁に褒めたりする。たとえば、犬を見て「ほら、わんわんだよ」と子どもに話しかけ、子どもが「わんわん」と言ったら「そうだね、わんわんだねぇ」と褒めるように[8]。

このように、言語行動のレパートリーを習得させるために用いられる強化を**教育的強化**と呼ぶ[9]。習得が進むにつれ、特定の刺激が特定の行動を引き出すようになり、獲得期ほど密度の高い強化は必要なくなる。話し手の指示や助言に従って行動できるようになると、それによって欲しいものが手に入ったり、災難を避けることができるようになる。文字が読めるようになれば、本に書いてあることがわかったり、道案内を見て行きたいところへ行けるようになる。このような日常生活の随伴性により、言語

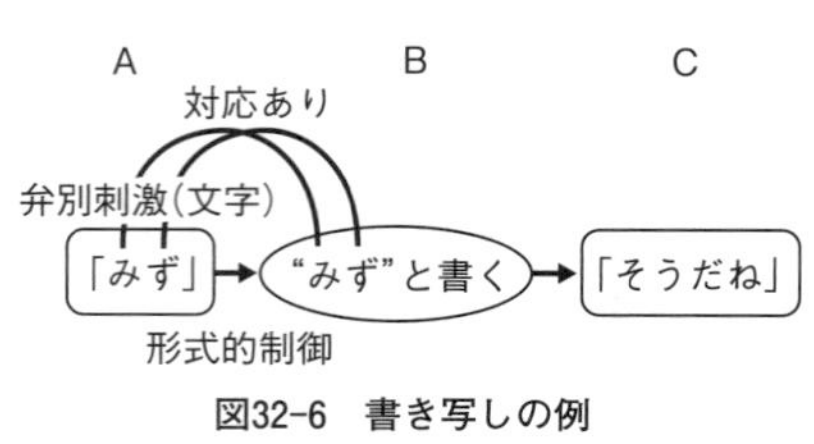

図32-6　書き写しの例

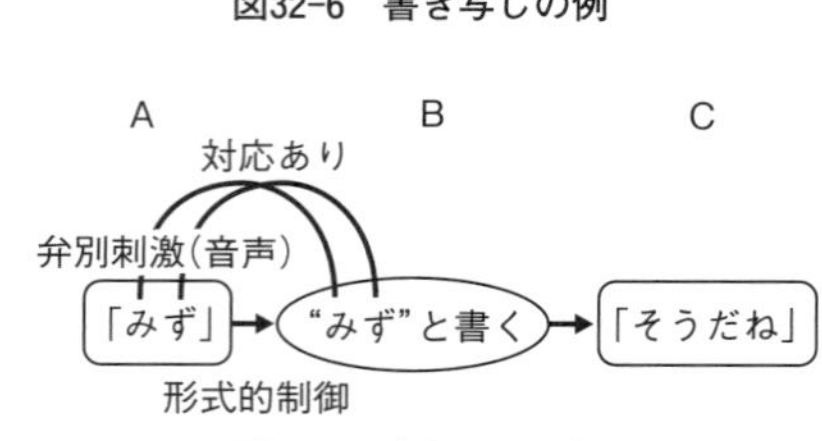

図32-7　書き取りの例

［7］ テクスチャルと書き取りは、弁別刺激と行動の成分間に対応があって刺激の様相（視覚、聴覚、触覚など）が異なる制御の一例と捉えることもできる。マイケル（Michael, 1982）はこれを**コーディック**と命名している。他にも、点字（触覚）を触って読む（音声）といった制御がコーディックという上位分類に含まれることになる。

同様に、マイケル（Michael, 1982）は、エコーイックと書き写しを、弁

行動は自動的に強化されるようになり、他者からの般性強化で強化されなくても維持されるようになる。言語行動は自発にかかる労力などの行動コストが小さく、道具などのオペランダムも不要で、思考のように内潜化すれば弱化されることもないため、いったん行動レパートリーとして習得されれば付加的な強化がなくなっても維持されると考えられている。

●オートクリティック

他の言語行動に付随して自発され、他の言語行動が聞き手の行動に及ぼす効果に影響を及ぼすことで強化される機能である。たとえば、上司に「嫁　娘　プレゼントもらった」と言われても何を言ってよいか返答に困るが、「嫁と娘からプレゼントをもらった」と言われれば「そうですか。良かったですね」と返事ができるだろう。助詞や語順といった、いわゆる「文法」とされる言語行動の側面には、自らの言語行動に対して、聞き手からより適切な反応を引き出す機能があるといえる。

●マンド・コンプライアンス

聞き手の言語行動のなかにも特別に検討すべき機能がある。それは「水ください」と言われてコップに入った水を手渡すような、話し手のマンドを強化する機能である。

「水ください」と言われたときに、お湯ではなく水を持って行く行動を、単純な弁別オペラントと捉えるなら、前項で解説したように特別な検討は必要ない。

別刺激と行動の成分間に対応があって様相が同じ制御の一例とし、これを**デュプリック**と命名している。たとえば、「海がしょっぱい」と手話するのを見て（手のひらを上にして波を作りながら、小指で口の端に触れる）、同じ手振りをする行動もデュプリックに含まれることになる。

[8]　言語訓練の初期段階で音声模倣を重視するのは、エコーイックが獲得されれば、それを他の言語行動の指導に用いることができるからである。

[9]　教え手の褒め行動を強化しているのは子どもの反応（「わんわん」と繰り返すなど）である。

しかし、マンドをかなえる行動を強化しているのが、話し手による「ありがとう」というお礼であったり、「これで一つ貸しを作った」といった**返報性**[10]にあるなら、いずれの場合も、「他者によって強化されている行動」という言語行動の定義があてはまることになる。つまり、聞き手の行動とはいえ、制御変数を精査すれば話し手の行動として分析できる可能性があるわけである。

●多重制御

日常で自発されている言語行動のほとんどは複数の変数の制御下にある。ある行動が複数の刺激性制御を受けていることを多重制御と呼ぶ。

たとえば、ジョギングした後に「喉がからからだよ」と言ったとする。字面どおりであれば、喉がひりひりする感覚を弁別刺激としたタクトだが、聞き手から「そうだね。ひりひりするだろうね」と言われたら話し手も耳を疑うことだろう。機能としては、何か飲み物をもらうことで強化されてきたマンドだからだ。

同様に、上司の自宅に招かれ、ずいぶんと寒く感じたときに「今日は冷えますね」と言うのは、表面上はタクトでも、実のところは暖房を入れてほしいというマンドの機能をもっていよう。このようなタクトはタクトのふりをしたマンドという意味で**偽装マンド**と呼ばれる（図32－8）。

偽装マンドは多重制御の一例である。いきなり「暖房入れてください」とマンドすると「ずうずうしい奴だな」と言われてしまうかもしれない。「今日は冷えますね」

[10] マンド・コンプライアンスが「ありがとう」の好子で強化されるマンドであったり、「次は頼むよ」といったマンドの機能も合わせ持つという可能性。

[11] 真意を隠す「意図」や「謙遜」な態度が話し手にあるというように、仮説的構成体を用いた解釈はせず、あくまで行動随伴性として記述することに徹底する。

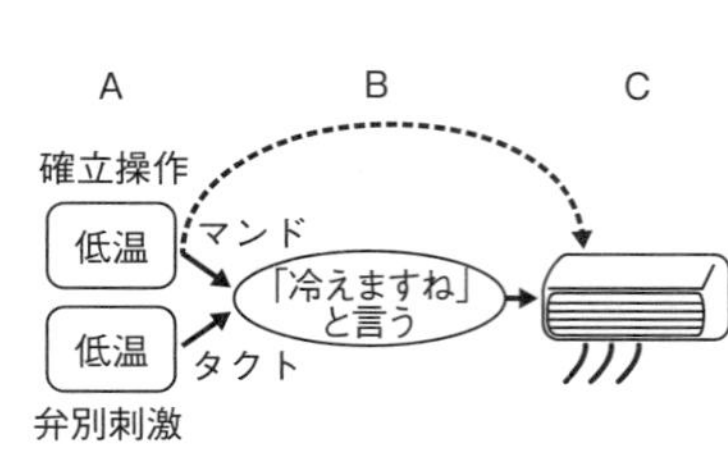

図32-8　多重制御（偽装マンド）の例

と言うことでそのような弱化を回避し、暖房を入れてもらうことで強化されると考えられる。[11]

言語行動を他者から強化されるオペラントとして定義し、話し手の行動を制御する機能を分類するアプローチの利点は、未習得のレパートリーを指導する方法が開発しやすいことである。これを最大限に活かすことができたのが、知的障害や自閉症などの発達障害がある子どもたちへの言葉の指導であった。[12] 今後、同じような展開が期待できるのが、第二外国語の指導や母国語における作文や論理的思考の訓練である。

[12] 項目31「言語行動論」の脚注6を参照。

33

刺激等価性と関係フレーム理論

——関係に制御される行動

日本食がブームである。農林水産省の調査によると、海外にある日本食レストランの数は一一・八万件。二〇〇六年から二〇一七年にかけておよそ五倍に増えている[1]。日本食はこれまた増加している訪日旅行者のお目当てでもあり、なかでも寿司は満足度が高い飲食の一つであるそうだ[2]。海外の日本食レストランには質の点で問題がある店もあり、日本食ブランドの価値を守り、高めていくための施策が必要であるともいわれている[3]。

寿司は好物だが、海外からの客人を接待するたびに、自分の無知が恥ずかしくなる。「ビンチョウとマグロはどう違うのですか?」と尋ねられても答えられないし、ブリとハマチの違いも未だに説明できない。

本項では、寿司を例(ネタ)に、ここまで紹介してきた行動制御の関数よりも複雑な行動の制御について解説しよう。

[1] 農林水産省(2017)[URL]

[2] 観光庁(2017)[URL]

[3] かつて農林水産省が海外日本食レストラン認証制度を導入しようとして頓挫した経緯がある。

●直観的制御と多例訓練

市場でヒラメとカレイを見比べるとする。さばかれる前、まだ魚の形をしているときにである。あなたは一目で区別できるだろうか。

どちらも両目の位置が片側に寄った魚だが、一般的には、目を上に向けて横に置いたとき頭が左に向くのがヒラメ、右に向くのがカレイといわれている。

ところがカレイの目の位置は生息地域によって違い、例外種もある。生息環境や主食とする餌に差があって、このため口や歯の大きさや形が異なるそうだ。客観的な基準はないそうで、素人に見分けられないのも仕方ないように思われる。

一方、素人にもイヌとネコを見分けることはできる。それも瞬時に、ほぼ間違わずにである。ヒラメとカレイほど外見が似通っていないとはいえ、イヌであればチワワからシベリアンハスキーまで多様性はむしろ大きい。

我々がイヌとネコを見分けるときには、「左ヒラメに右カレイ」のように判断基準を言語化しているわけではないし、言語化しようとしてもできない。このように、刺激そのものが行動を制御していることを**直観的制御**という。

直観的制御は多例を使った刺激弁別訓練で形成できる[4]。

ヒラメとカレイの写真を一枚ずつ用意し、無作為な順序で提示し、回答を求める。正解を褒めて強化すれば、数試行のうちに二枚の写真を見分けられるようになるだろう。これが単純な刺激弁別である。

[4] **多例訓練**という。項目35「行動変容の諸技法」を参照。

[5] 明るさを統一して共通化するか、どちらにも同じように異なる明るさの写真が含まれるようにして、明るさを手がかりにした反応を消去する。

[6] たとえばハトにピカソとモネの絵画を弁別させた実験（Watanabe et al., 1995）はイグノーベル賞を受賞したことでよく知られるようになった。

その後テストとして、訓練に使わなかった写真を一枚ずつ提示して同じように回答を求める。刺激般化は生じるだろうが、なにしろ両者の見かけはとても類似している。訓練に使ったヒラメの写真がたまたまカレイの写真より暗めで、テストに使ったカレイの写真がヒラメの写真よりも暗めであれば、これが手がかりとなって般化が生じてしまい、誤反応となるかもしれない。

そこでカレイとヒラメの写真を多数用意する。写真の明るさのように正しい弁別の手がかりにはならないような要因は統制する。[5] 多例を使った弁別訓練が直観的制御を生みだすことは、人だけではなく動物を対象とした実験でも明らかになっている。[6] 最近では人工知能を訓練するのにも類似した手続きが使われている。[7]

多例を使った弁別訓練によって、カレイの写真を多数含む刺激クラスとヒラメの写真を多数含む刺激クラスが形成され、両者間の弁別が成立する。

●見本合わせ訓練と刺激等価性

シドマンは見本合わせ訓練によって形成した刺激クラス間の等価関係が他の刺激クラス間にも派生することを示し、これを**刺激等価性**と呼んだ。[8] 刺激等価性は、直接強化されていない行動の制御を生みだす生成的効果として注目され、以後、基礎研究および応用研究が数多く行われるようになった。

図33－1に刺激等価性の概念図を示す。ここではヒラメとカレイの写真、「ヒラメ」、「カレイ」と書いた単語カード、ヒラメとカレイの握りという三種類の刺激を想

[7] ディープラーニングでは例と例外を数多く使った弁別訓練をＡＩを対象に行う。ルールを言語化することなく弁別が可能になるという点も人や動物の直観的制御と類似している。なお、ＡＩでは大量の例を与えるだけで、弁別訓練なしでも新しい例に反応できるようになることが示されている（Le, 2013）。

[8] Sidman & Tailby (1982)

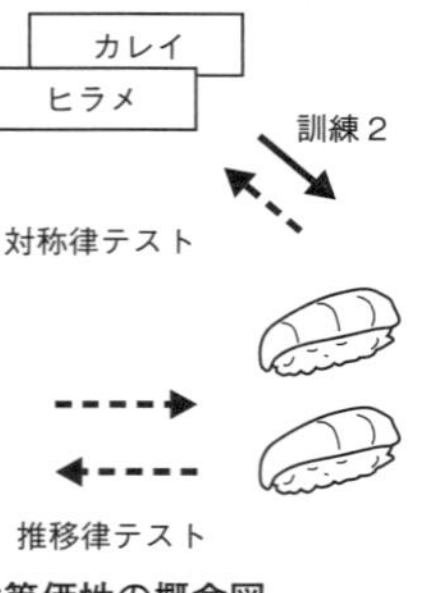

図33-1　刺激等価性の概念図

定した。[9]

次に図33－2に見本合わせ訓練の模式図を示す。見本合わせ訓練では最初に**見本刺激**、次に**比較刺激**を提示し、比較刺激から一つを選んで反応させ、正反応を強化する。見本刺激と比較刺激に同じ刺激を用いる訓練を**同一見本合わせ**（左）、見本刺激と比較刺激の対応が恣意的で必然性がない訓練を**象徴的見本合わせ**（右）という。[10]

同一見本合わせは「同じ」を選ぶ訓練であり、これを用いれば「ヒラメ」や「カレイ」といった名称を教えなくても、二つの刺激クラスを形成できる。図33－1ではこれが**反射律**の関係にあたる。

象徴的見本合わせも「同じ」を選ぶ訓練であるが、刺激は同じものではない。[11] わかりやすいように日本語をカタカナ表記しているが、「광어」と「가자미」、あるいは「△」と「◇」としても同じである。図形として弁別できれば、読めなくても見本合わせ訓練は成立する。

対称律とは、一方向を訓練し、弁別が成立することで、逆方向は訓練をしなくても、自動的に弁別できるようになることを示す。つまり、カレイの写真から「カレイ」のカードを選べるようになったら（実線）、「カレイ」のカードを見ればカレイの写真を選べるようになるということである（点線）。できて当たり前のように思われるかもしれないが、ヒトに最も近く、課題によってはヒトを凌駕するチンパンジーでさえ、対称律が成立しないことが報告されている。[12]

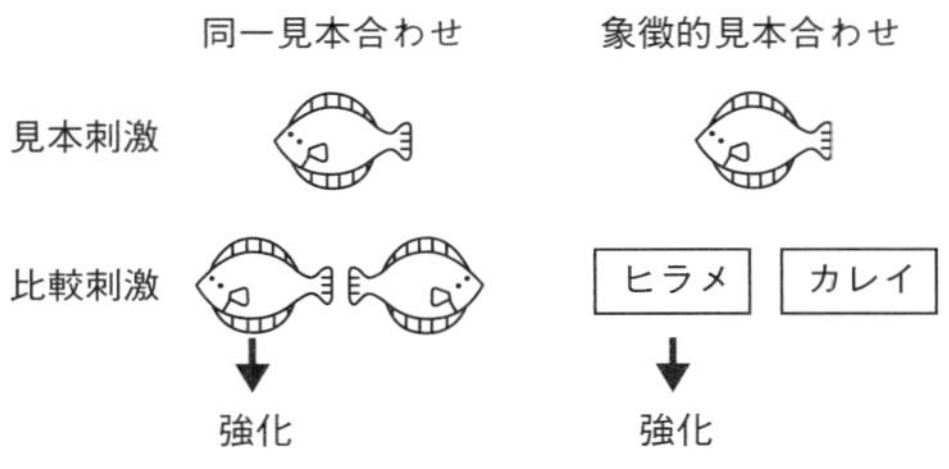

図33-2　見本合わせ訓練の模式図

［9］単語カードの代わりに音声刺激（「ヒラメ」と「カレイ」）としてもよいのだが、見本合わせ手続きを説明するのに都合が良いのでこうした。

［10］比較刺激を提示するときに見本刺激を残しておく方法を**同時見本合わせ**〉、比較刺激を提示すると同

さらに困難なのが**推移律**である。カレイの写真から「カレイ」のカードを選ぶ訓練をし（図33－1の訓練1）、次にカレイの握りを食べて「カレイ」のカードを選ぶ訓練をして（訓練2）、それぞれ弁別が形成されたら、カレイの握りを食べてカレイの写真を選ぶことが、訓練なしにできるようになれば推移律が成立したといえる。これもできて当たり前のように思われるかもしれないが、ヒト以外の種で推移律を示した実験は限られている。[13]

シドマンは対称律と推移律を**等価性**の成立要件とした。ただ、等価性は記述概念であって、対称律や推移律といった生成効果が生じる理由を説明するものではない。[14] ヒトという種に独特なのか、ヒトがもつ言語行動という特殊な行動レパートリーによるものなのか、いくつかの理論が提案されてはいるが決着はついていない。

一方で刺激等価性の概念を用いた応用研究や実践は大きな成果をあげている。ここでは最も単純な三つの刺激種からなる等価性を例にあげたが、刺激クラスを増やしていくこともできる。たとえば図33－1に、日本語での音声（"hirame"と"karei"）、ハングル文字（「광어」と「가자미」）、主な餌（イワシやアジなど他の魚とゴカイやイソメなど多毛類）、食感の表記（しっかりとふっくら）を追加するとする。全部で七つの刺激種になり、この場合、直接訓練が必要な最小の組み合わせが六つに対し、それ以外の、訓練なしに派生することが期待できる組み合わせは二五となる。刺激種の数が増えるほど、生成される制御関係が指数的に増えることになる。[15]

時に見本刺激を隠す方法を**継時見本合わせ**、見本刺激を隠して一定時間後に比較刺激を提示する方法を**遅延見本合わせ**といい、記憶の実験などにも用いられる（中島 1995）。

[11] 「同一」ではなく「等価」と記述される所以である。

[12] マスコミでも度々取り上げられ、世界的にも有名な京都大学霊長類研究所の天才チンパンジー、アイでさえ個別に訓練しなければできなかったという（友永 2008）。

[13] アシカを対象とした実験など（Kastak & Schusterman, 2002）。見本合わせを使うことで、人以外の様々な種でも同じ手続きで実験をして、結果を比較できるようになる。こうした研究は比較心理学の領域で盛んに行われている。

[14] シドマン（Sidman, 2000）は強化によって強化随伴性の要素（先行事象・行動・後続事象）が同じクラスに属するようになるという解釈

すでに等価なクラスが形成されている場合、新しい刺激をその要素の一つと等価であることを教えれば、理論的にはそのクラスに含まれる他のすべての刺激との等価性が自動的に成立することになる。[16]

直接の強化がなくても学習が爆発的に進むように見えるヒトの言語発達を説明する理論として、また、言葉の発達が遅れた知的障害児や発達障害児を支援する方法論としても、[17]刺激等価性の概念は大きな貢献をしたとみなされている。

なお、刺激等価性は刺激の対提示や後続事象の共通化など、見本合わせ以外の手続きでも生じ得ることがわかっている。次に解説する**関係フレーム理論**が登場してからは、その下位概念として位置づけられるようになってきてはいるが、「等価」とそれ以外の関係（「大小」や「左右」など）による行動制御の獲得過程が同じとは限らない。日常生活における自然な場面で、あるいは教育的な場面で、どのような随伴性によって刺激等価性が生じるのか、今後も研究が続いていくと思われる。

●刺激間の関係による制御

刺激の大小関係はどのように教えられるだろうか。図33-3には相対的な大きさの判断を教える**単純弁別訓練**の模式図を示した。大きさだけが異なる魚のイラストを複数用意して刺激に使うことにする。大小二尾を組み合わせて提示し、大きいほうを選んだら強化する。同じ刺激の選択が正答になる場合と誤答になる場合を設定しておく。弁別できるようになったら、訓練では使わなかった刺激や刺激の組み合わせを使

[15] 山本（1994）を提案しているが、十分に検証されてはいない。

[16] カレイの握りを食べて「ふっくらしているよね」というタクトが強化されれば、「カレイ」と聞いても、カレイの写真を見ても「ふっくらしているよね」と自動的に言えるようになるということ。

[17] 山本（2009）

[18] 他にも様々な関係を教えることができる。たとえば久保（2014）はハトを対象に点（ドット）の多少弁別訓練を行い、これが新奇の図形に移調することを確認している。

って、相対的な大きさの弁別が獲得されているかどうかをテストする。これは**移調**と呼ばれ、ヒト以外の動物でも確認されている生成的効果の一つである。

同一見本合わせの手続きで「同じものを選ぶ」という行動を教えられるように、相対的弁別訓練を用いれば「大きいほうを選ぶ」という行動を教えることもできるわけである[18]。

もう少し複雑な課題を考えよう。図33－4には見本合わせ訓練の手続きを用いた相対的弁別訓練の手続きを示した。同じ比較刺激の組み合わせでも見本刺激によって正解となる比較刺激が異なることになる。他の刺激によって弁別刺激となる刺激が変わるこのような訓練は**条件性弁別訓練**と呼ばれる。わかりやすいように、ここでも見本刺激を「大きいのは？」と「小さいのは？」にしているが、図33－1と同様、これらを「△」と「◇」にしても同じである。文字が読めなくてもかまわない。

図33－3と図33－4を見比べると、単純弁別訓練で行動を制御しているのは刺激間の関係のみでこれは物理的な特性であるが、条件性弁別訓練ではこれに加えて見本刺激と比較刺激の関係も手がかりになり、この関係は恣意的であることがわかる[19]。

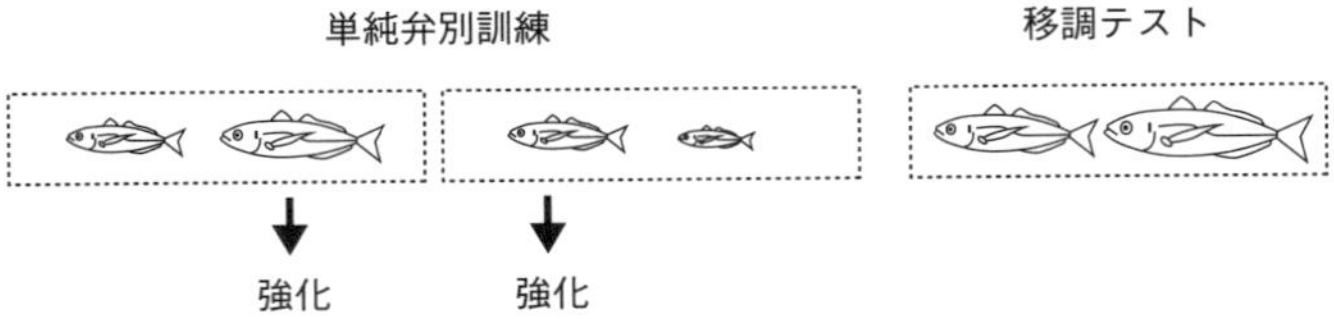

図33-3　相対的大きさの単純弁別訓練と移調テスト

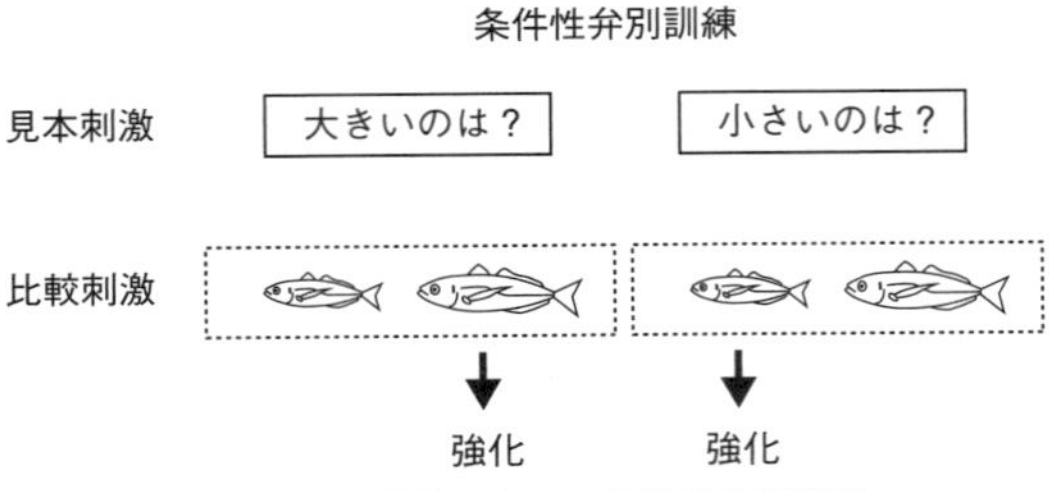

図33-4　相対的大きさの条件性弁別訓練

[19]　このような訓練手続きを人以外の動物に適用し、移調が生じることを示した研究はまだ少ないようだ(久保 2015, 2017)。見本刺激を大きな丸と小さな丸にすれば恣意性を減ずることができるが、そのような条件で行われた実験は見当たらない。

物理的に大きいものを「大」、小さいものを「小」とするのが恣意的であるように、言語行動には恣意性が高いという特徴がある。ヘイズらが次世代の言語行動論として提唱した関係フレーム理論[20]においては、この恣意性が重要視されている[21]。

●関係フレーム理論

出世魚を例にとり、図33－5に関係フレーム理論の概念図を示した。小さいほうから「イナダ」、「ワラサ」、「ブリ」としたが、それぞれ実物との対応は恣意的であることに注目していただきたい[22]。文字あるいは音声刺激としての「イナダ」、「ワラサ」、「ブリ」に大きさの大小関係は存在しないが、「ワラサ」は「イナダ」より大きく、「ブリ」は「ワラサ」よりも大きいという関係を弁別訓練で教えることはできる（図33－5の実線部分）。そしてこの弁別訓練によってそれぞれその反対方向の関係（「イナダ」は「ワラサ」はより小さく、「ワラサ」は「ブリ」は小さい）が訓練なしに成立するなら、それを**相互内包**と呼び、さらに、訓練では比較さえしていない「イナダ」と「ブリ」の関係も成立したら、これを**複合内包**と呼ぶ（図33－5の点線部分）。

図33－5の全体を囲んでいる四角（二重線）は、この四角の中の関係反応が「大きいのは？」（もしくは「小さいのは？」）という条件刺激によって制御されていることを示す。関係フレーム理論ではこうした条件刺激を**文脈刺激**と呼ぶ[23]。「価格が高いのは？」や「夏に旨いのは？」、「スーパーでよく見かけるのは？」のように文脈刺激が変われば、強化される関係反応も変わる。そして、文脈刺激と刺激間順序との関係も

[20] ヘイズらの主張は本の題目が挑戦的だったこともあり（Hayes et al., 2001）、当初は感情的とも思われる論争を巻き起こした。

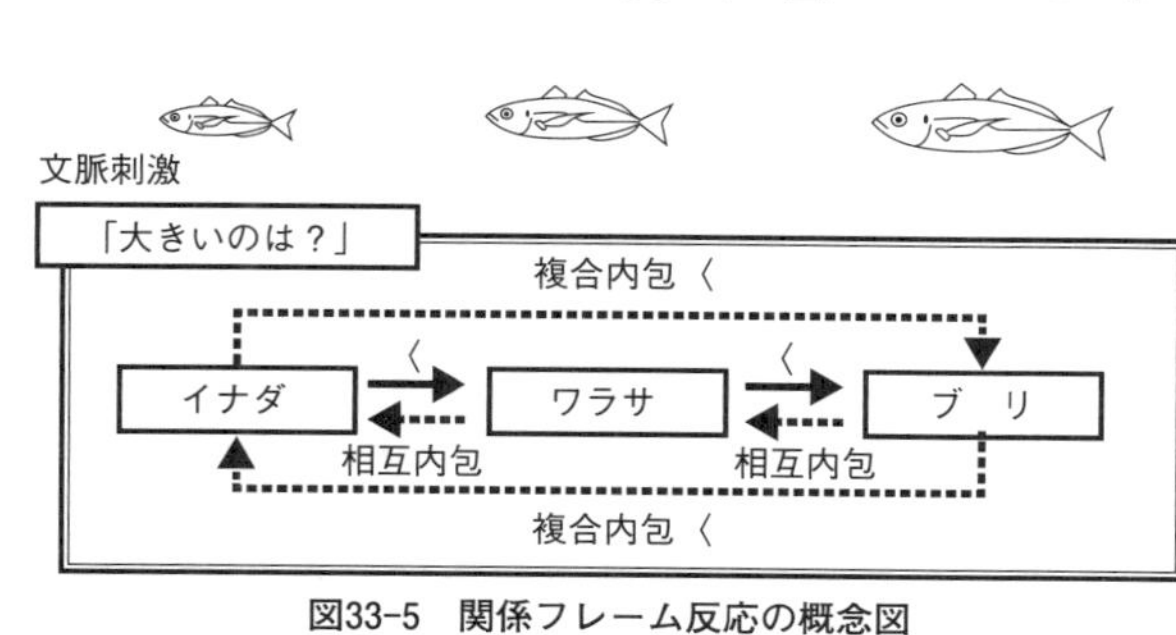

図33-5 関係フレーム反応の概念図

やはり恣意的である。

関係フレーム理論は刺激等価性の枠組みを包含する。つまり、刺激等価性は文脈刺激が「同じ」であるときの**関係フレーム反応**と捉えられる（図33−6）。ヘイズらによれば、「フレーム」は刺激間の関係性を意味する。そして、恣意的であること、相互内包・複合内包のように生成的効果が確認できること、文脈刺激の制御化にあること、オペラントまたはレスポンデントの手続きで学習された行動であることという四つの条件を満たす行動を関係フレーム反応と呼んでいる[24]。これまでに意味的な反対や位置的上下、左右、時間的前後などの様々な関係において、こうした条件を満たす関係フレーム反応が確認されている。

●刺激作用の転換

ヘイズらは、ある刺激がもつ作用が、同じ刺激クラスや関係フレーム反応が確立された他の刺激クラスに含まれる刺激の作用に派生したり、影響したりする現象を**刺激作用の転換**と呼んでいる。

初めてヒラメの握り寿司を食べた人が、後から、あれは「ヒラメ」という魚だと教えられたとする。それまで寿司屋で撮影した写真を見ては唾を飲み込んでいたこの人は、今度は「ヒラメ」と聞いただけで涎をたらしてしまうかもしれない。この場合、ヒラメの握りを写した写真がもっていた唾液分泌を誘発する条件刺激の作用が、写真との等価反応が形成された「ヒラメ」という音声刺激に派生したと解釈できる[25]。

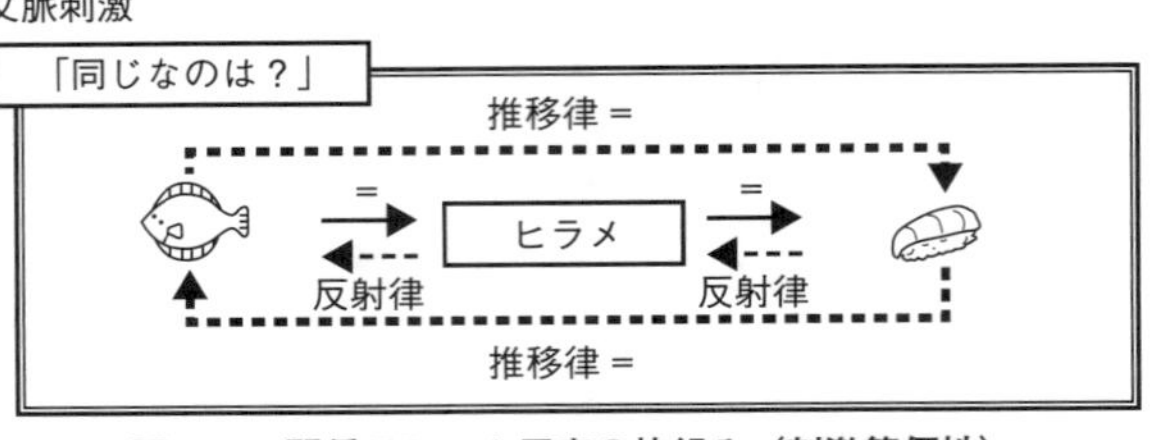

図33−6　関係フレーム反応の枠組み（刺激等価性）

[21]　すべての言語行動が恣意的であるというわけではない。漢字は象形文字の性質を残している。たとえば樹の写真と「木」の見本合わせ訓練をするなら形態的類似性が手がか

刺激等価性が成立した後の刺激作用の派生については以前からも確認されていたことであるが、ヘイズらの理論はこれを他の関係にも拡張するものである。「夏のブリは冬に比べて味が落ちる」という関係フレーム反応を獲得すると、冬にスーパーのチラシでブリを見るとそれが確立操作として作用し、ブリの購買行動を喚起していたのが、夏になるとその効果が弱まるという解釈が可能になるわけである。

現在、関係フレーム理論はACTという新しい心理臨床技法とともに広く知られるようになってきている。[26]うつや不安症などに苦しむ人たちの行動を理解する基盤として用いられている。強化されていない思い込みや経験したことがないような情動が生起し、しつこく続く仕組みと、こうした仕組みが自動的で本人の思い通りにはならないことを受容させる臨床的な技法が開発され、有用性が確認されている。

「理論」と命名されているように、関係フレーム理論は関係反応の成立や刺激作用の転換を行動の諸原理を使って説明する仮説である。「大きいほうを選ぶ」や「対義語を考える」のような、文脈刺激が制御する関係を手がかりにした行動を**般性オペラント**[27]の一種と捉える考え方である。

実証が難しい理論でもある。発達の過程ですでに数多くの関係フレーム反応を獲得してしまっている人を対象にしても新しく形成できる関係フレーム反応を見つけなければならない。知的障害や発達障害があって、未習得な関係フレーム反応がある人、あるいは人以外の動物を対象に訓練する研究も可能であるが、この場合はそこで得ら

りとなり得る。メールやスマホでやりとりする絵文字も同様である。

[22] 実際、地域によって呼び名が異なり、関西では幼い順に「ハマチ」「メジロ」「ブリ」と呼ばれるらしい。つまり、これらのタクトが地域や聴衆による文脈刺激の制御を受けている可能性もある。

[23] 文脈刺激には刺激間の関係のうちどの関係が弁別刺激になるかを規定する作用と、後述する刺激作用の転換の対象を規定する作用があり、それぞれCrel、Cfuncと略記される。

[24] ヘイズらはあくまで比喩的な表現であるとしているが、「フレーム」という命名にはあたかも対応する実体や仮説的構成体を想定しているかのようなニュアンスがあり、そのような誤解が広まるのではないかと個人的には危惧している。

[25] 「ヒラメ」という音声刺激とヒラメの握りの写真、あるいは味覚刺激は対提示されていないのでレス

れた知見が通常の発達で人が獲得する行動と同じなのかといった議論の余地が残る。[28]

おそらく今後は、理論を直接検証していくというより、理論を作業仮説として掲げたまま、各種訓練手続きとそれがもたらす派生的反応形成や刺激作用の転換などの生成効果を検討していく研究を積み重ねていくことになるだろう。

特に刺激作用の転換に関する実証的な研究はまだ少なく、基礎・応用研究ともに今後の発展が期待される。商品のブランド価値を高める方法や風評被害を減ずる方法など、言語行動を介した価値変容作用の仕組みを明らかにし、それを活用するような展開も考えられよう。

ポンデント条件づけによる作用ではない。

[26] 項目36「『不安だから行動しない』から『不安でも行動する』へ」を参照。

[27] 項目34「ルール支配行動」を参照。

[28] 行動分析学ではこうした研究が多いので、このような批判をされがちであるが、同じ批判は他の実験心理学にもあてはまるものであって、行動分析学だけが抱える課題ではない。

34

ルール支配行動

――人を人たらしめている行動

前項から引き続き、寿司を例に解説しよう。

懐を心配せずに旨い握り(ネタ)をお腹いっぱい食べられる寿司屋を、あなたはどうやって見つけるだろう。街を歩き回って目星をつけ、飛び込むだろうか。グルメな友人から教えてもらうだろうか。ネットの口コミサイトで検索するだろうか。

職場の先輩である山本さんから「駅前の栄寿司がお薦めだよ」と教わり、行ってみたとしよう。このように、教示や指示などに従って自発される行動を**ルール支配行動**と呼ぶ。

ルールとは行動随伴性を記述した**言語行動**[1]を指す。ルールの最も単純な形式はオペラントなら「〜したら(行動)、〜になる(後続事象)」である。寿司を初めて食べる海外からの客人がわさびを山盛りにしようとしているときに「わさびをつけすぎたら、辛くて涙がでるよ」と声をかけ、それでわさびをつけすぎる行動が減ったら、これはルール支配行動といえる。

誰にも教えられず、わさび山盛りの握りを頬張り、鼻にツーンときて目を真っ赤に

[1] **タクト**(項目31「言語行動論」を参照)、またはタクトによって生みだされた**言語刺激**を指す。日常的に使う法則性とか約束事という意味ではないことに要注意。

した人が、次からわさびをつけなかったり、つける量を加減したとしよう。この場合にはわさびの辛さがわさびをつける行動を弱化したことになる。このように随伴性が直接制御している行動を**随伴性形成行動**と呼ぶ。

スキナーは他の動物にはみられないヒトに独特な行動制御として、ルール支配行動をあげ、随伴性形成行動と対比して論じた。[2] ルール支配行動によってヒトは辛い体験をしなくてもわさびの辛さを回避できるようになったのである。栄寿司に辿り着くまでの時間や労力も短縮できる。自らの経験をタクトすることで、他の人に伝えることもできる。[3]

ルール支配行動に関する基礎研究は一八七〇年代から八〇年代にかけて盛んに行われた。[4] こうした研究で確認されていることをまとめると次のようになる。

●**行動変容の即時性**

随伴性形成に比べ、ルールは行動をより早く変容させることができる。

●**感受性の低下**

ルールの制御下にある行動は随伴性の変化に対して鈍感になる。たとえば、栄寿司に通うようになったとして、その向かいに新しくできた松寿司のほうが安くて旨くても栄寿司に通い続けがちになる。[5]

[2] Skinner (1974)

[3] 言語行動をもたない他の種では個や世代が学んだことを他の個体や次の世代に引き継ぐことが困難である。言語行動とルール支配行動という行動制御によって、人類には「知識」や「文化」の継承が可能となったのである。

[4] 詳しくは大河内 (2017) を参照。

[5] 基礎研究では、もちろん寿司屋通いを標的行動にするわけではなく、実験室でボタン押しなどの行動を対象とし、強化スケジュールを操作する。

●ルール支配行動の随伴性制御

ルールに従う行動も、強化されなくなったり、弱化されるようになれば変容する。たとえば、栄寿司の大将が代替わりし、残念ながら味が落ちてしまったら、栄寿司には行かなくなるかもしれない。[6]

●ルール支配行動の条件性制御

ルールに従ったときの強化率が先行事象ごとに異なれば、ルールに従うか否かがそれらの先行事象によって制御されるようになる。たとえば、山本さんのお薦めはいつも大当たりで、もう一人の先輩である田中さんのお薦めはハズレが多いようなら、山本さんのお薦めには従うが、田中さんのお薦めには従わないようになる。

●タクトとしてのルールの随伴性形成

随伴性のタクトとしてのルールは、そのルールに従う行動の強化とは独立に、強化し、随伴性制御することができる。たとえば、「栄寿司、よかったです」と報告することが「そうだよね」や「私も行ってみます」など、聞き手からの承認で強化されれば、そのように報告したり、助言するようになる。

●自己ルールと外部ルール

口コミサイトなどに書き込まれた「新鮮」や「リーズナブル」という言語刺激や寿司の写真、星の数などから「栄寿司はよさそうだ」と自分で随伴性をタクトすることもあるだろう。こうしたルールは**自己ルール**と呼ばれる。[7] 対照的に、教示や助言な

[6] ルール支配行動もオペラントであり、行動の諸原理を拡張せずに記述、解釈できるということ。

[7] 自己ルールや自己ルールに従う行動も随伴性制御される（木本・島宗・実森 1989）。

ど、他者から提示されるルールは**外部ルール**と呼ばれる。

ルールが行動を制御する仕組みは一様ではない。いくつかの理論が提唱されている。以下、考えられる作用と理論を紹介しよう。

●弁別刺激としての作用

制御対象となる行動が自発される場面で提示され、弁別刺激として行動を喚起、あるいは抑制する場合。寿司屋のお品書きに「ひらめ」とあれば、ヒラメを注文して食べることができる。[8]「ひらめ　一五〇〇円也」とあれば、ヒラメを食べる強化の他にその額の好子がお代として消失する弱化の随伴性も示されていることになる。[9]「お煙草はお控えください」と壁に掲示してあれば、それを無視して火をつければ大将に怒鳴られて、つまみ出されるかもしれない。

●プロンプトとしての作用

制御対象となる行動が自発されるその場で提示され、プロンプトとして行動を喚起する場合。寿司屋の壁に「お静かに」と貼ってあったとしよう。「騒ぐと他のお客様のご迷惑になります」ということであれば、この随伴性は掲示の有無とは関係がない。掲示がなくても騒げば迷惑だからである。この場合、このルールには弁別刺激ではなくプロンプトとしての作用があることになる。

上述の「わさびをつけすぎたら、辛くて涙がでるよ」も、このルールの提示とは関

[8]　その日の仕入状況に即してお品書きを書き替えていて、「ひらめ」と書かれていない日は注文しても食べられない店の場合。

[9]　額が大きければ、あるいは「時価」とあれば注文行動が抑制されるかもしれない（私の場合はそうである）。

[10]　ヘイズは、ルール支配行動を社会的随伴性によって制御されている**プライアンス**、自然な随伴性によって制御されている**トラッキング**、関係フレーム反応によって制御効果をもつ**オーギュメンティング**に分類している（Hayes et al. 1989）。わさびの例はトラッキング、大将に怒られる例はプライアンス、「お客様のご迷惑」の掲示に、他の客に迷惑をかけない大人の振る舞いの価値を高める効果があるならオーギュメンティングの例となり、作用としては後述する確立操作や機能変容と関連する。

係なくわさびのつけ過ぎは辛いので、プロンプトとしての効果をもつ。[10]

●確立操作としての作用

制御対象となる行動が自発されるその場で提示され、確立操作として行動を喚起する場合。本日のお薦めが書かれた黒板に「シマアジ産地直送」や「朝獲れスズキ」と書いてあったとしよう。「今日注文しないと明日は注文できない」と強化期間を限定するルールは確立操作として好子の価値を高める作用をもつ。[11]

「産地直送」や「朝獲れ」に、「新鮮」や「身が引き締まった」、「さっぱりとした」といった言語刺激との等価関係が形成されていて、こうした刺激クラスが味覚に関する好子として機能していれば、確立操作としてシマアジやスズキの価値を高める作用をもつ。

●機能変容作用

ルールに記述された刺激の機能がルールによって変容する作用。上述の確立操作としての作用とも重複するが、ここでは制御対象となる行動が自発される以前に提示されるルールの機能に注目する。たとえば、栄寿司を薦めてくれた山本さんがこう言ったとする。「大将は気難しくてちょっと怖いけどね」、「この間、騒いでいた客を怒鳴ってたよ」と。このルールによって、大将の存在が店で騒ぐ行動が弱化される随伴性の弁別刺激となれば、ルールに機能変容作用があったといえる。[12]

[11] **強化可能期間の限定**は、ヒト以外の動物を対象にした実験でも反応率を上げることがわかっている。なお、このお品書きは同時に弁別刺激としての作用ももつことになる（売り切れてお品書きから消されていたら注文しても食べられないから）。

[12] ルールを**随伴性特定刺激**と呼び、随伴性特定刺激には機能変容作用があるとしたSchlinger & Blakely（1987）の例がよりわかりやすいので紹介しておこう。椅子に座っている子どもに「席を立って」と指示するだけなら単純な弁別刺激と相違ない。しかし「一時のチャイムがなったら席を立って」という指示になると、そう言われたときの行動を制御しているわけではなく、一時のチャイムが席を立つ行動の弁別刺激になるように機能変容していて、ここにルールの特殊性があると考えるのである。

随伴性形成とは違い、ルール制御は後続事象の遅延による影響を受けない。栄寿司が人気店で一週間前には電話しないと予約がとれないとしよう。山本さんからそのように教えられれば、あなたは十日前でも電話をかけることができるだろう。[13]ただし、遅延の影響を受けないのは、この例のように行動（電話をかける）と後続事象（寿司を食べることができる）の関係が確実で、一回の反応で十分な好子を得られる場合である。

遅延していて、かつ、確率が低かったり（例：「酔って帰途についても途中で事故に遭うことはまずない」）、反応と後続事象の関係が累積的なときには（例：「魚を毎日食べ続けると健康でいられる」）、たとえその随伴性を記述したルールを自発しても、ルール制御は弱くなる。[14]

このような場合には、遅延しても行動を制御し得る随伴性とルールを追加することで、行動変容を狙うことになる（例：「一日三食のうちどこか一食で魚を三日食べ続ければ次の日の夕食には肉を食べることができる」など）。

このようなルールは、ルールに従っていないときに不安な状態を作り出すことで、不安を減ずる強化随伴性を設定する確立操作となっていると考えられている[15]（例：「二日続けて魚を食べたが、このまま今日魚を食べないと明日ステーキが食べられない」と考えると不安になり、魚を食べると不安が解消され、強化される）。図34－1にこの理論の行動随伴性を示す。

[13]　この場合、予約の成立が習得性好子となると考えれば、遅延は生じていないことになる。ルール支配行動が強化遅延を克服できる理由がこのような中継的な後続事象で解釈できることもある。

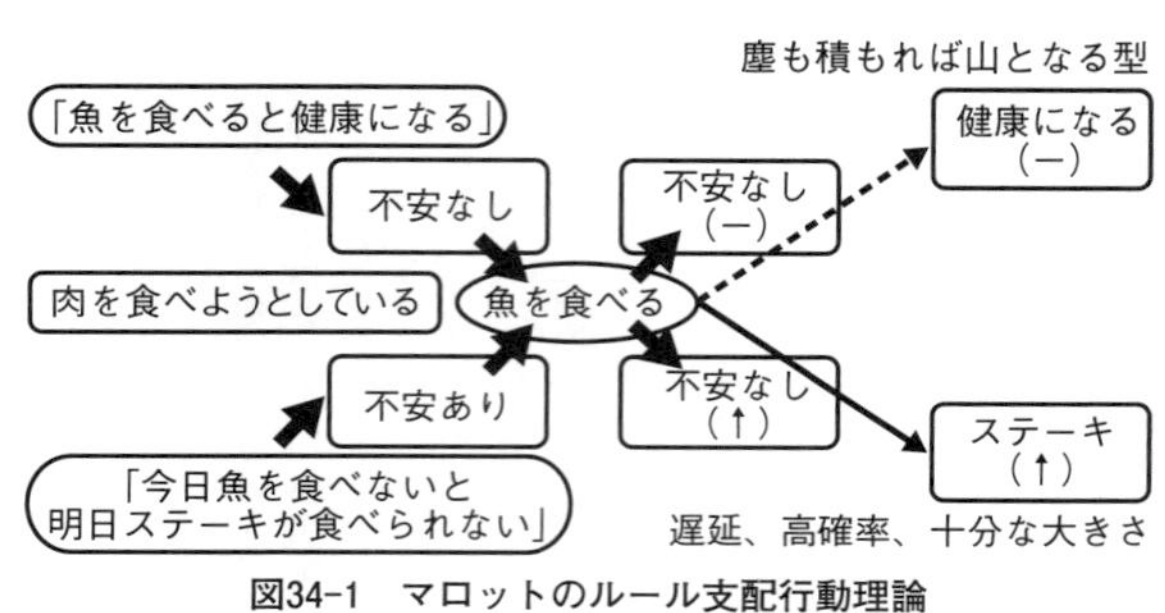

図34-1　マロットのルール支配行動理論

こうした理論を直接検証する実験は行われていないが、行動経済学の研究からは、随伴性の記述の仕方がその後の判断に影響されることが示されている。

たとえば「このままでは患者六〇〇人が死ぬと予想されている病気を治癒しようとして、政府が二種類の薬（AとB）を開発した。あなたならどちらの薬を選ぶか？」という問題に、

A：二〇〇人助かる
B：三分の一の確率で六〇〇人が助かり、三分の二の確率で誰も助からない

という二択と、

A：四〇〇人死ぬ
B：三分の一の確率で誰も死なず、三分の二の確率で六〇〇人死ぬ

という二択を、それぞれ別の実験参加者へ提示する。すると、最初の選択肢を提示された参加者のうち七二パーセントがAを選んだのに対し、二つめの選択肢を提示された参加者では二二パーセントしかAを選ばなかったという[16]。どちらの選択肢でもAとBの薬効は同じで、表現（タクトの形態）が違うだけなのにである。

行動がルールに制御されているときには、随伴性をどのようにタクトするかによって、ルール支配の強さが変わってくる可能性があるといえるだろう[17]。

［注］　この図に示した塵も積もれば山となる型や天災は忘れた頃にやってくる型を記述したルールはルールに従っていないときに十分な不安を生まないので（魚は今日食べようが、明日食べようが変わらない）、行動の先延ばしを生じさせる。一方、遅延していても高確率で十分な大きさをもった後続事象を記述したルールはルールに従っていないときに不安を生みだし、これが確立操作として作用することでルールに従う行動を喚起させ、嫌子消失によって強化する。

[14]　低確率が原因でルール制御が失敗する随伴性を**天災は忘れた頃にやってくる型**、累積的な関係が原因でルール制御が失敗する随伴性を**塵も積もれば山となる型**と呼んでいる（島宗 2000）。

[15]　マロットはルールのもつこの作用を活用することがセルフマネジメント成功の鍵であるとしている（杉山ら 1998）。

ルール支配行動そのものはどのように習得されるのだろうか。

山本先輩に「駅前の栄寿司がお薦めだよ」と言われて栄寿司に行くのと、「大将は気難しいよ」と言われて店内での会話は控えめにするのとでは、ルールの内容も、制御される行動も異なっている。それだけではない。「取引先の安田さんは釣りが趣味だよ」と言われれば、次に安田さんと打ち合わせするときに釣りの話題を振ってみるだろうし、「三階の複写機のほうが高速だよ」と言われれば、急ぎで大量コピーをしなければならないときには階段を駆け上がるだろう。つまり、ルール制御というのは特定の言語刺激に対する特定の行動の制御ではなく、随伴性の記述という刺激クラスが、それに従うという行動クラスを制御する機能のクラスということになる。このような行動は、様々な場面で強化される汎用性から、**般性オペラント**と呼ばれる。[18]

モノマネや「創造的」行動も般性オペラントである。たとえば模倣が未習得の子どもを対象に、手をあげたり、手を結んだり、頭に手を乗せたり、耳を指でつまんだりといった動作模倣を、一つひとつたくさん教えていく。すると、そのうちに新しい動作の見本と同じ動作をする行動が最初から自発されるようになる。[19]

「創造的」行動を、これまでやったことがない新しいパターンの行動と定義し、分化強化すると、これも行動クラスとして増やすことができる。[20] 同様の手続きで約束を守ることを教えることもできる。[21]

前項で解説した**関係フレーム反応**も般性オペラントであると考えられている。般性

[16] Tversky & Kahneman (1981)

[17] 認知行動療法はタクトを変容させることで、タクトに制御されている行動を変容させようとする技法であると捉えられる。

[18] 「般化オペラント」や「高次オペラント」と記述されることもある。

[19] Baer & Sherman (1964)

[20] 子どもを対象にブロックの組み合わせで検証した Goetz & Baer (1973) や、イルカを対象に新しい芸のパターンで検証した Pryor et al. (1969) など。基礎研究では行動の変動性を従属変数とした研究が行われている。『行動分析学研究』第22巻に特集が組まれているので参照されたい（山岸 2008）。

[21] 約束を守るという般性オペラントの形成は**言行一致訓練**として行われている（たとえば、Deacon et al., 1987）。

オペラントは日常生活で自然に出くわす**多例訓練**によって獲得されると考えているが、健常に発達した子どもや成人においてはすでに形成されている行動クラスであるため、実験的に理論検証を行うことが困難であるという点はルール支配行動についても同じである。

35

行動変容の諸技法

――職人的な技を誰にでもできる技術へ

応用行動分析学の七大原則の一つ[1]「技術的であること」は、行動を変えるための様々な手続きを、職人芸のような技ではなく、訓練すれば誰でも実施できる技術として開発することを求めている。応用行動分析学で研究の再現性が特に重視されているのはこのためでもある。限られた人にしか実施できなかったり、成果をあげることができない手続きであれば、それは技術とはいえない。第三者が再現できるように手続きを詳細に文章化し、対象となる行動や状況、人や場面を変えても同様の効果が得られるかどうかを確かめられるようにして、実際にそのような**系統的再現**が繰り返されてきた手続きが、科学的根拠のある行動変容の諸技法として蓄積されてきている。

再現性の高い技法を開発できる背景には、「分析的であること」や「系統的であること」など、他の原則も寄与している。剰余変数を排除し、内的妥当性を確保した実験で、手続きの効果を確認し、なぜ効果があるのかを行動の諸法則を用いて説明できるように記述しているからである。

他にも、個々の実験や実践で、従属変数の測定に関する信頼性だけではなく、行動

[1] 項目5「応用行動分析学の七大原則」を参照。

変容手続きが独立変数として計画どおりに実施されたかどうかを確認することの重要性が認識されていることも、再現性を高めることに貢献していると考えられる[2]。

本項の後半ではそのような研究の蓄積があり、効果が確認されている諸技法を簡単に紹介する。すべての技法を網羅しているわけではないし、対象となる行動や状況によって実践上の注意点が異なることには留意されたい。

第Ⅳ部では、このような技法を組み合わせた介入プログラムや、介入プログラムの運用まで含めて開発された介入パッケージの実例を紹介する。企業や団体、学校や施設などの組織でエビデンスに基づいたヒューマンサービスを提供しようとするときには、対象となるクライアントだけではなく、サービスを提供するスタッフの行動をマネジメントすることも求められる。このため、行動変容の諸技法をスタッフが習得し、確実に継続して実施するためのアセスメントや各種ツール、マニュアルや研修、パフォーマンスマネジメントなどの仕組みを合わせて開発していくことになる。

ここでも応用行動分析学の特徴が長所として活きてくる。行動の諸法則や行動変容の諸技法は、対象がクライアントであれスタッフであれ、はたまた組織の経営者であれ、同じように適用可能である。それぞれの望ましい行動を標的行動として定義し、測定すれば、介入パッケージ全体の開発や改善を、応用行動分析学の研究法を用いて、ＰＤＣＡサイクルを回しながら進めていくことができる。

本書では紙面が限られていることもあり、紹介できる事例の数が少なくなってしま

[2] **介入整合性**と呼ばれ、測定・評価することが望ましいとされている。

[3] たとえば、非行少年の更生システムとして開発された**アチーブメントプレイス**（島宗 1996）や、就労支援の仕組みとして開発された**ジョブクラブ**（Azrin & Azrin, 1980）は一時期全米に広がるほど普及した。後者についてはマニュアルが邦訳されているが、残念なことに日本での実践は行われていないようである。このような例は他にもある。応用行動分析学を用いた高齢者介護に関する本も邦訳されていたのだが（Pinkston & Linsk, 1984）、これも実践されることはなかったようである。介護の領域では認知症患者の問題行動を理解するのに機能的アセスメントを使うようになってきているようであり（James, 2011）、今後、これが日本でも広まる可能性がある（野口 2017）。

ったが、発達臨床や教育、企業における行動マネジメントの領域では数多くの介入パッケージが開発され、成功を収めている。他にも、医療や看護、介護や福祉などの領域でも開発が進められていて、今後の発展が期待されている。[3]

介入計画の立案に用いる情報として、図35－1にＡＢＣ分析の概念図を、また、標的行動を増やしたい場合と減らしたい場合の原因と解決策との対応関係を、それぞれ表35－1と表35－2に示した。[4]

以下、表内の用語を簡単に解説する。

●好子のアセスメント

ある後続事象が好子として行動を強化する行動変容作用の強さは、特定の行動の直後にその後続事象を出現させ、それによってその行動の自発頻度がどの程度増加するかをもって測定すべきであるが、確立操作や強化スケジュールとの交互作用もあるために現実的には難しく、実践ではより簡易的なアセスメントで代替し、推定する。

たとえば子どもを対象にする場合には、候補となる複数の事象（玩具やお菓子、音楽や動画、遊びなど）を見せて注視時間を測定したり、そのうち一つを選択させたりする。自由に接することができる場面を用意して各々に従事する時間配分を測定することもある。成人が対象であれば、欲しい物や条件などを複数提案させ、それに順序をつけてもらうことも可能になる。

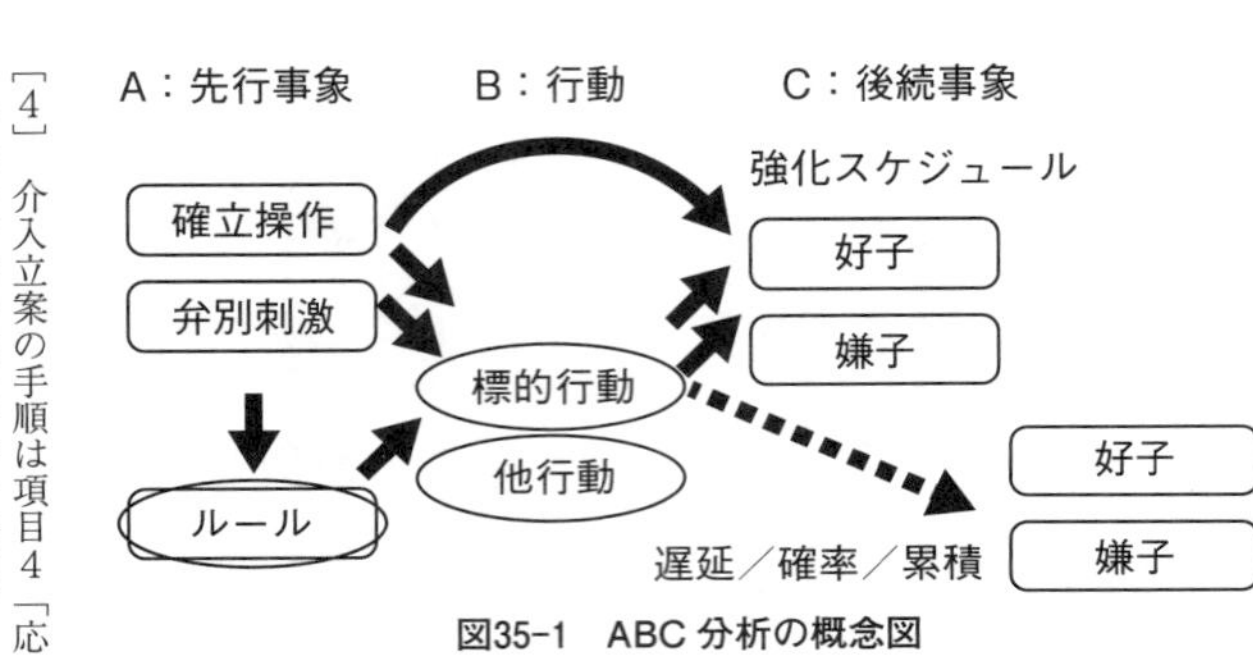

図35-1　ABC 分析の概念図

[4]　介入立案の手順は項目４「応用行動分析学の進め方」を参照。

表35-1　標的行動を増やしたい場合

推定原因	例	解決策	技法や手続きなど
(1) 標的行動を強化する随伴性がなく、たとえ標的行動が自発されても消去されている。 好子と想定している後続事象が好子として作用しておらず、消去されている。	店員が顧客に笑顔で挨拶するように指導する研修を行っているが、しばらくすると無表情に戻ってしまう。	標的行動を強化する随伴性を追加する。 好子に行動変容作用があるかどうかを再確認し、好子として作用する後続事象を用いる。	褒める、感謝する、承認する、報酬やボーナスを支払うなど、好子出現による強化の手続き。 パフォーマンスフィードバック、トークンエコノミー、インセンティブなど好子のアセスメント。
(2) 標的行動を強化する随伴性はあるが、確立操作が行われていないか、不十分である。	レストランで新しい食感のデザートを商品化し、メニューに載せたが、注文してもらえない。	好子の行動変容作用をもたらす確立操作を導入するか、確立操作が作用している好子を用いる。	未体験の好子なら一度体験させる（試食）。飽きてしまった好子ならしばらく使わない（期間限定）。 遮断化、機会利用型指導法、目標設定など。
(3) 標的行動を強化する随伴性はあるが、強化スケジュールが不適切もしくは不十分である。	新入社員に企画書の書き方を教える指導を任されたが、なかなか提出してこない。	強化スケジュールを変更し、強化率を上げる。	新しい行動を形成するときには毎回強化し、その後、行動が自発されていることを確認しながら、次第に強化率を下げるか好子の量を減らしていく。 スモールステップ、PR強化スケジュール、リダクションなど。
(4) 標的行動を強化する随伴性はあるが、好子出現までに遅延があり、好子出現の確率が低い、もしくは標的行動と好子の関係が累積的で、この随伴性のルール支配が不十分である。	健康のためにジョギングを始めたが、続かない。	遅延をなくすか、遅延があっても高確率かつ行動と好子の関係が一対一で十分な大きさの好子を用いた随伴性を導入して、そのルールを明示する。	標的行動を記録し、視覚化して示す。 セルフモニタリング、セルフマネジメント、行動契約など。その他、上記(1)と同様。
(5) 標的行動を強化する随伴性があり、好子出現の確率は高く、標的行動と好子の関係も対応しているが、遅延があり、この随伴性のルールが明示されていない。	期限までに書類を提出すると公共料金が割引になる制度があるが、周知が徹底されておらず、利用者が少ない。	標的行動と好子出現との関係をルールとして明示する。	「～したら～になる」や「～しないと～を失う」のようなリスク回避型ルールを教示として利用者の目に確実にふれるように提示する。 ルール支配行動。
(6) 標的行動や標的行動を自発するための準備行動を弱化する随伴性がある。	塗装現場の安全管理のために大型換気扇を搬入し、稼働させる必要があるが、手間と労力がかかり、作業開始が遅れるせいで疎かになりがち。	標的行動の直後に出現する嫌子あるいは消失する好子を可能な限り低減させる。	標的行動およびその準備などにかかる手間や時間、労力や対価などを減らす。 反応コストやタイムアウトからの復帰など。
(7) 標的行動と両立しない他の行動が強化されている。	仕事や友人関係、自分の将来について、ネガティブなことばかり考えてしまい、やりたいことがあっても最初の一歩が踏み出せない。	標的行動の相対強化率を上げるか、好子の質を上げる。 他の行動を消去もしくは弱化する。 他の行動を強化している随伴性を標的行動にも適用する。 行動に従事する機会を好子に使って標的行動を強化する。	好子の量と質を見直す。標的行動の難易度や強化基準を下げて強化率を上げる。他の行動は無視したり、行動にかかる手間や時間を増大させたりする。 分化強化、対応法則、プレマックの原理など。

(8) 恐怖反応や不安反応を引き起こす条件刺激や無条件刺激が提示されていて、このために標的行動の自発頻度が低下している。あるいは、その場面から逃避したり、その場面を回避したりする行動が自発されている。	競技スポーツをしているが、試合では緊張してしまい、練習でできることができなくなってしまう。	条件刺激や無条件刺激の提示を中止する。無条件刺激のみの場合、可能ならレスポンデント条件づけの消去を行うか、拮抗条件づけを行って恐怖や不安と両立しない条件反応を条件づける。	試合の数を増やし、コーチや仲間から、勝ち負けとは無関係に承認してもらうようにする。練習でも緊張する場面を設定し、緊張する場面でプレイすることを強化する。 条件性抑制、系統的脱感作、暴露法など。
(9) 標的行動が行動レパートリーとして形成されていないか、未熟である。	営業担当者に顧客に対する提案型営業を習得させたい。	標的行動を行動レパートリーとして形成し、流暢性を上げる。	課題分析をして未習得の行動を見極め、形成する訓練を行う。 シェイピング、モデリング、身体的ガイダンス、行動連鎖化、流暢性訓練、プロンプトとフェイディング、遅延プロンプトなど。
(10) 標的行動を喚起すべき弁別刺激が提示されていないか不明瞭に提示されている。	信号機のない交差点で、一時停止の標識が見えにくいところに設置されているために事故が多発している。	弁別刺激を明瞭に提示する。訓練場面から日常場面への般化に問題があるなら、訓練場面と日常場面で随伴性を可能な限り一致させる。	弁別刺激の大きさや背景からの目立ちやすさ、様相（聴覚刺激ではなく視覚刺激として提示するなど）を見直す。 活動スケジュール、場所の構造化、般化促進方略など。
(11) 標的行動を喚起すべき弁別刺激がまだ刺激性制御を獲得していない。	外国語学習や専門的知識や技術の習得などにおいて、間違いやすい言葉や用語や概念を正確に区別する。	弁別刺激が標的行動を制御するように訓練を行う。	刺激弁別訓練を行う。 プログラム学習、見本合わせ訓練、刺激シェイピング、無誤学習、RULEG、多例訓練、マトリクス訓練、DOE など。
(12) 標的行動と両立しない他の行動を喚起する弁別刺激が提示されている。	歩行中や運転中のながらスマホで転倒したり、衝突したりする人が増えている。	他の行動を喚起する弁別刺激の提示を中止する。	標的行動の妨害となり得る刺激を提示しないように片づけたり、目隠ししたりする（技術的に可能なら歩行中・運転中にはスマホが動作しないようにするなど）。
(13) 標的行動を実行する機会やそのための道具などが与えられていない。	社内の異なる部署で顧客情報が共有されておらず、商談の機会を逸している。	標的行動を実行する機会やそのための道具を提供する。	顧客情報を共有するシステムを導入し、利用行動を強化する随伴性を用意する。 オペランダムの提示と改善。
(14) 上記のすべての条件を満たす介入計画が立案されているが、計画通りに実施されていない。	部下の行動をポジティブに支援する研修を上司に対して行っているが、職場で承認や感謝の言葉がけがほとんどみられない。	計画通りに実施する。	上司が部下に対して介入を行う行動を標的行動とした行動マネジメント（上記1、2を参照）。 介入手続き実施の正確さ。

表35-1の注記

(1)から(5)までは好子出現による強化を想定しているが嫌子消失による強化についても同様である。

(6)は嫌子出現による弱化を想定しているが好子消失による弱化についても同様である。

表35-2　標的行動（わかりやすくするために表内では「問題行動」とした）を減らしたい場合

推定原因	例	解決策	技法や手続きなど
(1)　問題行動と両立しない望ましい行動を強化する随伴性がない。(表35-1を参照)	自宅で仕事をするために社内からデータをメディアで持ち出し、その結果、流出してしまった。	表35-1の(1)を参照。	社内で仕事を終えるための行動マネジメントをするか、自宅で安全にデータを扱う行動を強化する。 他行動分化強化など。
(2)　問題行動を強化する随伴性がある。	上司が部下に対して、何気ない猥談をしてしまう。一部の部下がそれに同調してしまって、なくならない。	問題行動を強化しないよう、好子の出現を中止する。 問題行動を強化してしまっている好子の価値を確立操作で低下させる。	問題行動への注目や承認、要求行動の場合、それを叶えてしまうのをやめる（消去）。 部分強化、消去抵抗、飽和化など。
(3)　問題行動を弱化する随伴性はあるが、馴化が生じていたり、確立操作が行われていなかったりする。	家庭で子どもが爪をかむ癖を止めさせようと、噛んでいるところを見つけるたびに叱っているが、一向に減らない。	問題行動と両立しない行動を強化する。 嫌子出現による弱化ではなく、好子消失による弱化を使う。 問題行動を減らす効果が確認されている安全な介入プログラムを正確に導入する。	問題行動をしそうになって止めたときに褒めて強化する。反応コストやタイムアウトを用いる場合、標的行動に随伴して消失させる好子の価値を高める確立操作を導入する。 過剰修正法、習慣逆転法など。
(4)　問題行動を弱化する随伴性はあるが、嫌子出現までに遅延がある、出現確率が低い、もしくは標的行動と嫌子の関係が累積的なため随伴性のルール支配が不十分である。	大規模な配送センターで、フォークリフトなどの重機の危険な操作が行われている。	遅延をなくすか、遅延があっても高確率かつ行動と好子の関係が一対一で十分な大きさの好子を用いた随伴性とそのルール提示を追加する。	問題行動を記録、視覚化して示す。 その他、上記(1)と同様。
(5)　恐怖反応や不安反応を引き起こす条件刺激や無条件刺激が提示されている。また、このために、その場面から逃避したり、その場面を回避したりする行動が自発されている。	同級生によるいじめで、登校しようとすると腹痛や頭痛を覚えるようになり、毎日、部屋にこもってゲームをするようになってしまった。	条件刺激や無条件刺激の提示を中止する。 無条件刺激のみの場合、可能ならレスポンデント条件づけの消去を行い中性刺激化するか、拮抗条件づけを行って恐怖や不安と両立しない条件反応を条件づける。	表35-1の(8)を参照。
(6)　問題行動を喚起する弁別刺激や確立操作が提示されている。	異なる薬品に類似した名称がついていたり、容器が似ていたりすることで、誤用が生じている。	弁別刺激を除去するか、修正する。 確立操作を見直す。 訓練場面と実場面とで随伴性が一致していないところを一致させる。	望ましい行動を喚起し、問題行動は喚起しなくなるように刺激を修正する。 ユーザーテスト、反応復活。
(7)　望ましい行動を喚起すべき弁別刺激が問題行動を喚起するように誤学習してしまっている。	表35-1の(11)を参照。	弁別刺激が望ましい行動を喚起するように矯正訓練を行う。 誤学習が起こらないように最初から無誤学習手続きを用いる。	表35-1の(11)を参照。 無誤学習など。
(8)　訓練場面では低減した問題行動が、随伴性の違いによって、日常場面で再発してしまう。	自分の話をするのではなく、部下の話を聞く研修を受けたのに、職場に帰ると、部下の話を遮って話をしてしまう。	訓練場面と日常場面の随伴性を可能な限り近づける。訓練場面で用い、有効に作用するようになった弁別刺激や確立操作を日常場面に持ち込む。	反応復活。般化促進方略など。
(9)　上記のすべての条件を満たす介入計画が立案されているが、計画通りに実施されていない。	少年スポーツの指導者研修でポジティブなコーチングの訓練を行ったのに、実際の指導では怒鳴ったりしている。	表35-1の(14)を参照。	表35-1の(14)を参照。

対応法則[5]の実験パラダイムを用いれば複数事象間の相対的価値を客観的に測定することが可能である。ただし、この場合、強化されているのは行動レパートリーとして獲得され、安定期に入っている行動であり、新しい行動を形成するとき、あるいは自発頻度を高めるときにそのまま適用できるとは限らないことにはやはり注意が必要である。

●トークンエコノミー

複数の好子から選んで交換できるシールやコインや得点など（これを**トークン**と呼ぶ）を般性習得性好子として使う仕組みである。トークンを標的行動の直後に提示することで行動変容作用を確保し、貯めたトークンと交換できる好子（これを**バックアップ好子**と呼ぶ）を複数種類用意しておくことで、特定の好子が飽和化して行動変容作用が毀損されることを防ぐ。貨幣は無限に近いほど多様なバックアップ好子と交換できるため、確立操作を行わなくても好子としての作用を確保できる。トークンは代替貨幣の一種であり、この恩恵に与れるかどうかはバックアップ好子の多様性と数にかかってくる。マイレージなどの各種ポイント交換プログラムは購買行動を強化するトークンエコノミーの社会的成功例であるといえよう。

●インセンティブ

成人の標的行動を報酬や特権などの遅延した後続事象で増やそうとするときに用いられる好子や随伴性をこのように呼称することがある。遅延した後続事象は直接行動

［5］項目29「選択行動と対応法則」を参照。

とになる。

を強化できないので、実際にはそのような随伴性を記述したルール制御[6]が作用するこ

●機会利用型指導法

子どもの自発的なコミュニケーションを指導するために開発された方法である。日常場面で自然な確立操作を施して標的行動を自発させ、強化するところに特徴がある。たとえば玩具を子どもの手の届かない棚の上に置き、子どもが手を伸ばして取ろうとするときに「とってください」をプロンプトし、お願いできたら玩具を渡して強化するというように。

企業における研修では、ロールプレイなどを介して学んだはずの行動が職場に戻ると自発されないという問題が指摘されている。機会利用型指導法の考え方をＯＪＴプログラムの改善に活かせば、より効果的な研修が可能になるだろう[7]。

●リダクション

強化一回あたりに提示する好子の量を徐々に減らしていく方法である。教育や訓練というものは、新しい行動の形成過程では付加的随伴性を用い（例：英単語の意味を日本語で正しく言えたら褒める）、行動が形成されるにつれ同じ行動が内在的随伴性で制御されるように支援するものである（例：一つひとつの単語を日本語に訳す行動を強化しなくても、英文に対して適切に反応できるようになることで英訳行動が自動的に強化されるようになる）。

[6] 項目34「ルール支配行動」を参照。

[7] たとえば松崎・山本（2015）は発達に遅れのある子どもに対する保育士の指導技術をＯＪＴ場面で訓練している。

この移行を計画的に支援する方法に、標的行動を連続強化から部分強化へ変えていく**強化率の減率**と**強化量の減量**がある。

●パフォーマンス・フィードバック

行動や行動の成果の客観的な記録を本人に示す方法である。個人の成果を個別に示したり、チームの成果を集計して平均値などの集計得点を全体へ示したりするなど、集計方法と提示方法、その組み合わせにいくつもの変法がある。**目標設定**と併せて用いられることも多い。フィードバックは好子として作用することもあれば、自分の悪い成績を他の人に知られることを回避するというように嫌子として作用することもある。次の機会にどのように行動すれば強化されるかが示されれば弁別刺激として作用するし、競争的随伴性を用いれば、他者の好成績が確立操作として作用し、同等以上の成績を上げるための行動を喚起するかもしれない。このように、パフォーマンス・フィードバックが行動をどのように制御するかについては事例に応じた慎重な検討が必要になる。[8]

●セルフモニタリング

標的行動を自分で観察、記録させる方法である。信頼性を確保する必要があるが、第三者には観察しにくい内潜的行動を記録できたり、[9]観察者として第三者を用意する必要がないといった長所があるために、実践ではよく使われる方法である。ダイエットをしている人に毎食何を食べたか書かせるだけで食事内容や量が変わることもあ

[8] Duncan & Bruwelheide (1985)

[9] 項目19「行動の定義」を参照。

る。セルフモニタリングを導入することで食行動に随伴する後続事象が追加され（例：ノートに食べたものと量の記録が残る）、それが行動に作用する例といえる。ただし、パフォーマンス・フィードバックと同じように、どのような事象がどのような作用をもつかについては事例ごとの丁寧な分析が必要である。

●行動契約

自らの行動マネジメントに第三者の協力を求める方法である。標的行動ごとに期限と、実行したとき実行しなかったときの後続事象を決め、協力者にその処置を依頼する。たとえば禁煙のために毎日五〇〇円を協力者（家族や友人やセラピスト）に預ける。自分にとって心情的に賛同できない団体を決めておき、煙草を吸わなかったら五〇〇円を返してもらい、吸ってしまったらそれをその団体へ寄付してもらう。セルフマネジメントには随伴性を計画した通りに実行できなくなって破綻するリスクがあるが、行動契約は随伴性の実行率を高め、実行しないと言行不一致を第三者に知られるという社会的随伴性（嫌子出現阻止による強化）のルール制御も期待できる手続きである。

●反応コスト

反応コストには二つの用例がある。一つは反応にかかる労力や手間、時間である。重い荷物を運ぶ行動は軽い荷物を運ぶ行動に比べて行動内在的な嫌子出現による弱化の随伴性があるため自発頻度が低くなる。同じ商品を同じ価格で揃えているなら近いほうの店で買い物をするというのも反応コストの影響として記述できる。

もう一つは好子消失による弱化の手続きの一種としての反応コストである。兄弟げんかをしたら夕食後のデザートをお預けにしたり、スピード違反に減点と罰金を科したりするという随伴性がこれにあたる。

●タイムアウト

好子消失による弱化の手続きの一種である。たとえば、ネット接続型ゲームをしていて兄弟げんかをしたら、Ｗｉ－Ｆｉを五分間停止してその間ゲームができないようにしたり、ゲーム機を取り上げて自分の部屋で一〇分間過ごさせたりするというように、一時的にその場の強化随伴性から離脱させる手続きである。サッカーやホッケーで危険な反則行為をすると一時的に退場になるのもタイムアウトの一例である。以前は、強度な行動障害があり、他者に対して暴力を振るってしまう子どもや大人の行動変容に用いられていたが、タイムアウトに伴う場所の移動のさいに対象者に対する暴力が行われたり、不必要に長い時間、狭い部屋へ閉じ込めるなどの濫用が問題となり、また、次に解説する**他行動分化強化**のようによりポジティブな技法が開発されたこともあり、現在では推奨されていない。

●他行動分化強化（ＤＲＯ）

減らしたい問題行動よりも、その代わりにその場面で自発してほしい望ましい行動を強化する随伴性を用いて、結果的に問題行動の自発頻度を減らす方法である。上司の不適切な冗談が部下のクスクス笑いで強化されているのなら、適切な冗談だけをクスクス笑いで強化するというように、問題行動を強化している好子を望ましい行動を強化するのに使う場合もあれば、望ましい行動を強化するのにより強力な好子を導入する場合もある。爪噛みを減らすためには、爪を噛みそうになったら両拳を握りしめて両脚で挟むといった**習慣逆転法**が有効であるが、このように、問題行動とは同時に起こりえない、両立しない行動を分化強化することが多い。

学校などの教育場面では問題行動を減らすだけでは解決にならず、その場ですべきことを教えることがより重要であるため、この方法が推奨されている。

●プレマックの原理

行動することが後続事象として、その直前の行動に対して好子や嫌子の作用、すなわち**行動変容作用**をもつ法則のことである。好子と嫌子、どちらの機能をどのくらいもつかは、二つの行動の相対的な自発頻度による。低頻度の行動をすれば高頻度の行動をすることができるのなら低頻度行動は強化され、反対に、高頻度の行動をすれば低頻度の行動をしなくてはならないのなら高頻度行動は弱化される。

後続事象が好子や嫌子として作用するには**完了行動**と呼ばれる何かしらの行動が必要である。ケーキが好子であればケーキを食べる行動、給料が好子であれば、何かを買う行動や給与明細や銀行通帳を見るという行動が完了行動として想定できる。

ケーキならその後に消化行動、購買ならその後で買ったものを使うという段階があり、どこで強化が最終的に完了するか判断することは難しいが、後続事象を行動として考えてみることは、想定した好子や嫌子がうまく作用していない理由を探るのに有効な場合がある。たとえばトークンは提示しているがバックアップ好子との交換機会が少なかったり（交換行動が強化されていない）、バックアップ好子として用意した活動に従事できる機会がなかったことが判明したりする（週末に映画を観られる権利を獲得したが観たい映画がないなど）。

●暴露法

不安や恐怖反応を誘発するようになってしまった条件刺激を、無条件刺激と対提示せず、単独提示することで、レスポンデント条件づけを消去する方法である。

●系統的脱感作

不安や恐怖反応を誘発するようになってしまった条件刺激を、無条件刺激と対提示せず、筋弛緩法などのリラクゼーション技法を併用しながら、条件刺激と類似度の低い刺激から高い刺激へ段階的に導入していき、最終的には消去する方法である。

なお、不安や恐怖反応を消失させるのに使われる様々な心理行動療法（たとえば、ＥＭＤＲ）も、無条件刺激の単独提示と、それを不安反応の誘発なしに行うための手続き（筋弛緩、拮抗条件づけ、両立しない他行動のオペラント強化）と解釈できる。

●拮抗条件づけ

不安や恐怖反応を誘発するようになってしまった条件刺激を、それとは両立しない反応（例：喜びのような弛緩反応）を誘発する無条件刺激や条件刺激と対提示することで、問題となっている条件刺激としての作用を弱める方法である。

●シェイピング（逐次的反応形成）

新しい行動レパートリーを形成する方法である。標的行動に類似した行動ですでに自発されている行動をまずは強化し、頻度を高めてから消去する。そして消去時の反応拡散を使って、より標的行動に近い反応を分化強化する。これを繰り返すことで最終的な標的行動を自発させ、強化する。新しい反応形態を形成するのに使われることが多いが、行動の強度や持続時間、潜時など、その他の行動次元を対象に用いることも可能である。

●モデリング

新しい行動レパートリーを形成する方法である。標的行動の見本を提示し、その模倣を強化する。このため学び手には般性模倣が獲得されている必要がある。行動だけでなく、たとえば書道における手本のように、行動の所産を示すこともある。

●身体的ガイダンス

標的行動の自発を促すために、学び手の身体や身体の一部分を教え手がつかんだり、触ったりして誘導する方法である。たとえば、逆上がりの指導で背中を押して補助するように、反応形成の初期段階で導入し、標的行動が自発できるようになるにつれ、徐々に弱くしたり、短くしたりして、最終的にはガイダンスなしで自発できるようにする**フェイディング**と組み合わせて使われることも多い。

●連鎖化（チェイニング）

一つの課題が複数の行動を連続して行うことで遂行される場合に、行動を前あるいは後ろから一つずつ教え、できたら次の行動の指導に移り、最終的に最初から最後まで自発できるようにする方法である。前者を**順行連鎖化**、後者を**逆行連鎖化**、全体を通してできないところを教える方法を**総課題提示法**と呼ぶ。

●プロンプト・フェイディング

標的行動の自発を促すために、クイズにおけるヒントのように、標的行動を引き出す刺激を追加する方法である。プロンプトがなくても標的行動が自発されることが望ましい場合には、プロンプトを次第に弱めていくフェイディングという技法を併せて使う。これをプロンプト・フェイディングと表記する。身体的ガイダンスもプロンプトの一つと考えることもできるが、言葉がけや合図、記号など、教え手と学び手との身体的接触が含まれない方法をプロンプトと呼称することが多い。

●遅延プロンプト（時間遅延法）

指示や命令なしに標的行動を自発できるように指導する方法である。プロンプトを提示するまでの待ち時間を設定し、それまでに標的行動が自発されればすぐに強化し、自発されなければプロンプトを提示する。遅延時間を少しずつ延ばしていく手順が用いられることもある。

●**流暢性訓練**

流暢性は単位時間あたりの正反応数（正反応スピード）で定義される指標である。機会あたりの正反応数の割合（正反応率）で示される正確さを学習の到達目標にすると一〇〇パーセントが最大値となるが、流暢性には天井効果をもたらし得るこのような上限がない。流暢性を高める練習には保持、妨害刺激に対する抵抗、般化や応用の促進効果があるとされている[10]。

[10] Johnson & Layng (1992) を参照。

●**行動慣性（行動モメンタム）**

自発頻度が高い行動は消去や妨害などの変化に強く、自発頻度が低い行動はそうした変化に弱い。こうした現象が物理学における慣性の法則と類似しているため、比喩的に行動慣性と呼ばれている。

小学校の授業開始時に、教科書や筆箱、下敷きなどを机の上に出して準備しなさいという教師の指示に従うことが難しい児童に、彼らにも従える簡単な指示をして（「手は膝の上」など）、指示に従った行動を強化してから難しい指示をすると指示に従いやすくなるという応用研究なども行われているが[11]、制御変数に関する基礎研究は、**変化抵抗**に関する検討と併せ、現在も進行中である。

[11] Ardoin et al. (1999)

●**活動スケジュール**

いつどこで何をどのようにするのかを視覚的に示すことで生活の自立を支援する方法である。自閉症児・者の支援方法として開発された手法ではあるが、一般的に有効であり、よく使われている方法でもある（例：ビジネスパーソンが毎朝手帳にその日にすることを一覧として書き出すなど）。

●場所の構造化

標的行動が自発されやすくなるように、場所と行動を一対一で対応させる方法である。入眠しにくくて困っている人には、眠れなければ布団から出て、眠たくなるまで居間などで時間を過ごすように助言をする。これは布団の中という場所が眠りと両立しない行動（本を読んだり、テレビを観たり、思い悩んだりするなど）の弁別刺激にならないようにする方法である。片づけが苦手な人には、片づける物ごとに専用の場所を決め、いつも同じ場所に収納するように助言するが、これも物と場所がそこへ片づける行動の弁別刺激となるようにする構造化の一例である。

●般化促進方略

訓練から日常への場面般化は最善を尽くして願うようなものではなく、計画するものである。このための方略を以下に紹介する。①そもそも日常場面で自発され、強化される機会が十分にある行動を訓練の標的とすること[12]。②日常場面に問題行動を喚起する確立操作や弁別刺激があるならその除去や機能変容を行うこと。③日常場面で標的行動が強化されにくいときには（例：上司が承認してくれない）、強化を引き出したり、セルフマネジメントによって自分で随伴性を設定する方法を訓練に含めておくこと。④訓練場面には日常場面によくある状況をできるだけ忠実に再現すること。⑤

[12] このために対象者の日常生活を事前調査することを**生態学的アセスメント**と呼び、介入によって標的行動が変容したことが日常生活におけるQOL向上にどの程度寄与したかを**生態学的妥当性**と呼ぶ。

訓練ではできる限り多様な正反応例および誤反応例を対照して数多く示すこと。⑥訓練の実施は厳密すぎないこと（計画どおりにいかなかったり、ハプニングが起こったりする日常場面に近似させること）。⑦訓練中に強化の遅延や減率化、減量化まで行うこと。⑧訓練中に用いたガイダンスやプロンプトはフェイディングしておくこと。⑨完全にフェイディングできないのなら、標的行動を喚起する手がかりや仕掛けとして、それらを日常場面に移植すること。⑩日常場面に標的行動が強化される随伴性を設定すること。⑪以上の工夫を訓練を計画する段階で行うこと。

●プログラム学習

学習内容を**課題分析**[13]によってスモールステップ化し、弁別刺激と行動の組み合わせを下位行動から上位行動へ連なる重層的な系列として並べ、できるだけ誤反応を喚起せず（無誤学習）、高い正答率（強化率）を保ちながら学べるように作成した自学教材のことを指す。

[13] 項目4「応用行動分析学の進め方」を参照。

●無誤学習

標的行動を喚起すべき弁別刺激が誤反応や問題行動を喚起するようになってしまうことを**誤学習**という。誤反応が偶発的に強化されることもあれば、子どものいたずらを親が注意することで逆に強化してしまうというように、誤学習が起きやすい構造がある場合もある。ひとたび誤学習が生じると、正反応が生起する機会が減るために矯正が困難になる。このため指導の初期から誤学習を防ぐことが重要であり、こうした指導方針を無誤学習と呼ぶ。

誤学習を予防する技法としては、**シェイピング**や**モデリング**、**プロンプト・フェイディング**などが有効である。

●刺激シェイピング

通常のシェイピングでは行動の形態などを漸次的に強化していくが、刺激シェイピングでは行動は変えず、刺激の形態や提示時間などを変えていき、最終的に目標とする刺激が弁別刺激として標的行動を喚起するように指導する。無誤学習を実現する技法の一つである。

●ルーレグ（RULEG）

概念を教えるために、定義の教示（ルール）と、その概念に含まれる例と例外の部分弁別訓練を用いる指導法である。訓練に用いる例と例外の組み合わせには、概念の必須属性と変動属性を分析した上で、変動属性は共通で、必須属性のうち一つのみが異なる**最小差異例**を用いるのが効率的である。[14]

[14] 島宗（2004）

●多例訓練

弁別訓練で訓練に用いる刺激を複数（多例）用意することで、単一の刺激ではなく刺激クラスが刺激性制御をもつようにすることを指す。訓練の目標となる事態を丁寧に分析し、必須要素と変動要素に分解して（「ルーレグ」を参照）、それらの組み合わせで多例を構成することで、訓練に生成的効果が期待できるようになり、訓練から日常への般化を計画できる。

●マトリクス訓練

多例訓練に用いる例の数を最小にする方法の一つである。主語、動詞、目的語の三要素からなる英作文を教える学習プログラムを考えよう。主語にI You Weの3水準、動詞にplay watch likeの3水準、目的語にtennis soccor baseballの3水準を考えると、組み合わせは3×3×3の二七通りになる。このうち、各要素から1水準だけを取り出した三つの代表例を訓練に使うだけで、それ以外の組み合わせは訓練しなくてもできるようにするのがマトリクス訓練である。[15]

訓練で強化しなかった行動が喚起されるように設計された教材を**生成的教材**と呼ぶ。生成効果を生みだす技法や法則には、他に、般化促進方略、流暢性訓練、刺激等価性を含めた**関係フレーム反応**、**行動結合**などがある。生成的教材の背景にある行動の諸法則は、母語習得のように直接の強化なしでも爆発的に進む学習を説明する理論としても注目され、研究されている。

[15] 宮・山本（1999）

●行動結合

複雑な行動パターンを複数の行動要素に分解し、それぞれ別々に形成すると、それらを組み合わせた行動パターンが訓練なしに自発されるという現象を指す。エプシュタインはスキナーと共同でハトに「自己概念」や「コミュニケーション」、「卓球のラリー」などを教えるプロジェクトに取り組んだ。「洞察」もそのなかの一つで、ケーラーによる有名なチンパンジーの実験を模し、実験箱の中に吊されたバナナの玩具の下に、ハトが台座をつついて動かし、その上に乗って、バナナをつつくという一連の行動を、連鎖化を使わずに発現させた。三つの行動要素をそれぞれ別々に訓練した上で、ハトをその問題場面に直面させたのである[16]。

行動結合は、算数の文章題に対する回答を、数字や文字を読んだり書いたりする行動要素の流暢性訓練によって発現させるというように応用されてもいるが[17]、基礎的な研究は少なく、行動生成を引き起こす法則の一つとして今後の展開が期待されるテーマである。

[16] Epstein et al.（1984）

[17] Binder（1996）

●後続事象差異化手続き（DOE）

弁別訓練で強化に使う好子や好子と対提示する後続事象（例：好子を提示する位置など）を、対象とする刺激ごとに変えると弁別学習が早く進むという現象（DOE）を活用した手続き。シドマン[18]は刺激等価性は弁別刺激だけではなく行動や後続事象も含めた随伴性を形成する要素間で形成されると主張しており、DOEを等価性の枠組みで捉える考察も行われている。

[18] Sidman（2000）

●過剰修正法

問題行動をその後に他の行動に従事させることで弱化する技法である（「プレマックの原理」を参照）。随伴させる行動はその場面で自発されるべき、より望ましい行動（例：噛んでいたガムを道路に吐き出したのなら、ガムを紙に包んで捨てる行動）、あるいは問題行動によって引き起こした損傷を回復する行動（例：ガムの例ならその近辺一帯の清掃）である。嫌子出現による弱化として作用させるため、随伴させる行動は問題行動よりも行動コストが高く、自発頻度が低くなければならない。問題行動を起こしている人にこれを実行させるためにはそのための工夫や臨床的技術が必要で、場合によっては濫用も生じるので（例：問題を起こした生徒を居残りにして学校中の掃除を強制するなど）、現在では推奨されていない。

●習慣逆転法

爪噛みや髪引き、貧乏揺すりなどの癖を減らすのに効果があることが確認されている方法である。癖の自己観察から始め、癖をしそうになる前の兆候に気づく訓練を行った上で、兆候があったら癖と両立しない**拮抗行動**（例：爪噛みなら両拳を握り込み、股で挟むなどでアイソメトリック的な運動）に数分間従事する。子どもを対象として実施する場合には拮抗行動を褒めたりして強化する。

●ユーザーテスト

行動分析学に特有な概念ではないが、行動変容を目指すあらゆる取り組みに必要かつ有効な方法なので紹介しておく。最初から完璧な介入計画はない。手続きの詳細や効果確認のための記録法、手続きを実施する人に対する説明やマニュアルなどは本番前に試行し、改善を繰り返しておくべきである。これをユーザーテストと呼ぶ。心理学の研究では予備実験や予備調査を行うことが一般的であるが、行動変容のための実践や臨床においても同様の取り組みによって成功率を格段に上げることが可能になる。

ユーザーテストにおける基本姿勢は「学び手は常に正しい」である。[19] 計画した行動変容が起こらなかったり、対象者が思惑どおりに行動しなかったりしたときに対象者を責めても仕方がない。対象者にそのように行動させる要因を手続きや教材のなかに見つけて改善することが求められるのである。

[19] 島宗（2004）

Ⅳ

科学的根拠に基づいた実践プログラム

36

「不安だから行動しない」から「不安でも行動する」へ
――マイナス思考も受け入れて行動（act）にコミット

アクセプタンス・アンド・コミットメントセラピー（ACT）は、うつ病や不安症に悩まされている人に**心理的柔軟性**を取り戻すことを目的として開発されたアプローチである。[1] 第二世代の認知行動療法が「認知の歪み」といわれる偏った思考や感情を修正することを目的としていたのに対し、思考や感情を自らコントロールすることはそもそも不可能であるという立場から、偏った思考や感情はそのまま受け入れ、その上でクライアント本人にとって価値あることを見つけ、それを実現する行動の実行を支援するように構成された介入パッケージとなっている。

気持ちが大きく落ち込んだり、大きな不安に囚われたり、自己否定する思考からは誰でも逃げ出したくなる。ところが、こうした感情や思考は、抑え込もうとすればするほど強くなったり、持続してしまったりすることが、臨床的な経験からも、認知心理学の研究からもわかっている。[2]

行動分析学の研究からは、不安や恐怖反応がレスポンデント条件づけとオペラント条件づけの相互作用によって形成、維持されてしまうことが明らかにされている。

[1] 第三世代の認知行動療法とみなされていて、「アクト」と呼ばれている。

[2] 侵入思考の逆説的効果。たとえば木村（2005）を参照。

いったん強い痛みなどを伴う事件を体験すると、レスポンデント条件づけによって、そのときそこに存在した刺激が不安を生じさせるようになる。嫌悪条件づけである。そして、不安を喚起するようになった刺激を消失させるオペラント行動が自発され、強化されるようになる。その事件が起きた場所や相手を避けたり、目をそむけたりする行動である。こうなると、レスポンデント条件づけの消去が起こらず、元々の痛みとは本来無関係な様々な状況が不安を引き起こす機能を獲得したままになってしまう。

ACTの創始者であるスティーブ・ヘイズはTEDカンファレンス[3]の講演で自らのパニック障害についてカミングアウトし[4]、ACTが生まれるきっかけとなったエピソードについて語っている。

ヘイズは、元々、多大な業績をあげてきた行動分析学の研究者である。そんな彼でさえ、大きな不安に襲われ、息ができなくなり、夜も眠れなくなり、挙げ句の果てに心臓発作だと思い込むほどの症状で倒れるまで、自らの不安や恐怖が何に由来し、それを回避するために何をしていて、そのために心理的柔軟性が失われていることに気づいていなかった。

ACTにおける心理的柔軟性は**心理的非柔軟性**と対にして捉えられる。非柔軟な状態とは、不安や恐怖に囚われ、それを抑え込もうとしたり、回避しようとして、悪循環が生まれ、本来ならしたいこと、すべきことができなくなってしまっている硬直し

[3] TED（Technology Entertainment Design）社が開催し、ネットで配信している講演会。科学者や芸術家など、さまざまな専門家の話をネットで視聴することができる。

[4] 日本語字幕つきの動画を閲覧可能。[URL]

た状態を意味する。ただし、心理的柔軟性はその正反対の、こうした悪循環が皆無の状態ではない。なぜなら、そうした悪循環そのものは、生きている限り、まったくなくなるというものではないからである。そして、前述したように、なくそうとすればするほど悪化するからである。したがって、心理的柔軟な状態とは、こうした状態になってもそれが常態とはならず、柔軟な状態と非柔軟な状態を行ったり来たりしている状態ということになる。[5]

ヘイズはACTを、**関係フレーム理論**[6]に基づいて開発した心理療法であると主張している。確かに、我々の不安や恐怖反応を喚起している刺激の多くは、不安や恐怖を元々引き起こした刺激そのものではなく、そこから派生した刺激である。その多くは、たとえば「あの人に嫌われている」というように、その人に何かをされることではなく、我々自身の言語行動が生みだす刺激である。

関係フレーム理論は、実体のない不安や恐怖の正体とそれが生まれる過程、そしてそれが言語の特性である以上、我々にはどうしようもないことであることを理解するのには適した理論である。

ただし、ACTに用いられる様々な手続きのすべてが関係フレーム理論によって説明されているわけではない。たとえば、不安や恐怖反応を「そのままにしておく」ための、メタファーを使ったエクササイズが考案されている。不安の悪循環を、もがけばもがくほど沈んでいく泥沼に喩えて説明したり、クライアントの目の前に不安のメ

[5] 詳しくは武藤(2011)を参照。

[6] 項目33「刺激等価性と関係フレーム理論」を参照。

タファーとしてティッシュペーパーを突き出し、クライアントにそれを振り払わせる代わりに膝の上に置かせたりする技法である。こうした手続きが既存の言語機能にどのような影響をもたらし、それが関係フレーム理論によってどのように説明されるのか、明確な解釈はなされておらず、今後の課題となっている。

一九八〇年代後半にヘイズによって生みだされたACTは瞬く間に世界中の臨床家に広がった。行動分析学を学んだことがないセラピストにとっても学んでおくべき手法の一つとして認識され、定着してきた。

ACTはうつ病や不安症などに苦しむ人たちへの心理臨床技法として開発されたが、現在では慢性疼痛の治療にも有効性が確認されるなど、適用範囲が拡大している。その基本となる考え方は、自らの思い込みで自らの人生に制限をかけてしまっている状態から、より生き生きと人生を楽しむ状態への転換に役立つものである。今後、精神疾患の有無に関わらず、より広く一般に向けてこの考え方が広がる可能性もあるだろう。

37

チンパンジー、宇宙へ

——NASAで活躍した行動分析家

「地球は青かった」

一九六一年に世界初の有人宇宙飛行を成し遂げた、当時ソビエト連邦のパイロット、ガガーリンのこの言葉は日本でもよく知られている[1]。

これに対し、あまり知られていないのは、ガガーリンより二カ月半ほど前に、霊長類として世界で初めて大気圏外に飛び出し、生きて地球に帰還したチンパンジーがいたことだ。

その名はＨＡＭ（ハム）。宇宙開発でソ連と激しい競争を繰り広げていた米国航空宇宙局（ＮＡＳＡ）が、ソ連よりも早く有人宇宙飛行を成功させるために推進していたプロジェクト「マーキュリー計画」のために、アフリカで捕獲され、ニューメキシコ州にあるホロマン空軍基地で訓練を受けた四〇頭のうちの一頭である[2]。

ＨＡＭの生還は米国民を昂揚させた。それより二年近く前にソ連がイヌを乗せたロケットを打ち上げていたからである[3]。結果的にはガガーリン帰還までの一時ではあったものの、ソ連に対する米国の逆転勝利の瞬間だったのだ[4]。

［1］ 意訳だったという説もあるようである。

［2］ ＨＡＭとその訓練士の物語は、ＮＨＫ ＢＳプレミアム『ＨＡＭ——チンパンジー宇宙飛行士の物語——』として放送され、ＤＶＤも販売されている。ＨＡＭの名前の由来や訓練プログラムの詳細など、番組の内容については不正確さが目立つが、訓練装置やチンパンジーが課題に取り組む動画が残されており、貴重な映像資料といえよう。

［3］ ライカというこのイヌを乗せたスプートニク2号はそもそも大気圏再突入のためには設計されておらず、当然ながら生還してはいない。

［4］ 二〇〇八年に公開された映画『Space Chimps』の主人公がＨＡＭの孫という設定であるほど、米国では人気者なのである。

NASAはなぜチンパンジーを選んだのだろう。

ロケットで人を大気圏外まで飛ばし、その後、大気圏に再突入し、無事に帰還させるためには、ロケットそのものの安全性とは別に[5]、秒速一〇キロメール以上で飛行するときにかかる重力や、大気圏外での無重力、温度変化などがパイロットの身体や精神状態に及ぼす影響を知る必要があった。

地上で強いGをかけたり、擬似的に無重力状態を作り出して実験を繰り返すことは行われていたが、人を宇宙へ送る前の最終確認として、身体の構造が人に最も近く、知的にも高い動物として、チンパンジーが選ばれたのだ。

そして、パイロットが飛行中も操作盤を見ながらレバーやスイッチを操作できるかどうか、記憶力や時間感覚が狂わないかなどをテストするために、チンパンジーの候補生たちにも、レバー操作や色弁別、時間弁別の課題を教えることになった。

行動分析学の出番である。

マーキュリー計画、そしてその後もNASAの有人宇宙飛行プロジェクトに関わっていたのが、米国国防総省の研究所に所属していた[6]、ブレイディを中心とする研究者たちだった。

HAMや彼女に続いて有猿飛行に成功したやはりチンパンジーのENOS（イノス）が取り組んだ課題や訓練方法は、実験的行動分析学の学術雑誌に掲載されている[7]。

[5] 当時は無人（無猿）での打ち上げも失敗を繰り返していた。

[6] Walter Reed Army Research Institute

[7] Belleville et al.（1963）

飛行中に起こりうる様々な状況に適切に対応しなくてはならないパイロットの仕事を模すために、かなり複雑な装置と**多重強化スケジュール**[8]が用いられた。

まず、チンパンジーは目の前に操作盤がある椅子の上に座らせられ、ベルトで固定される。操作盤には、赤、緑、黄、白、青いずれかの灯り、あるいは白色の背景に○、△、□のいずれかの図形を表示できる三つの小さなディスプレイと、三本の操作レバー（左、正面、右）が設置されている。強化のためのバナナチップや飲み水を提示するディスペンサー、回避学習に用いる電気ショックをチンパンジーの脚に提示する装置も用意されている。

多重強化スケジュールには四つの成分が組み込まれた。第一成分では右のディスプレイが赤く点灯し、一〇秒ごとに右のレバーを引けば嫌子である電気ショックを回避できる。時間を過ぎてしまうと電気ショックが与えられる[9]。同時に、左のディスプレイが時々青く点灯し、このときには一定時間内に左のレバーを引かないと電気ショックが与えられる[10]。

第二成分では水分を好子にした時間弁別訓練と刺激反応連鎖訓練を行っている[11]。右のディスプレイが緑に点灯し、このときには右のレバーを二〇秒以上の間隔をあけてから引くと、水のディスペンサー上部のライトが点灯し、このときにディスペンサーをなめると水が飲める。

第三成分では中央のディスプレイが黄色に点灯する。中央のレバーを五〇回引くと

[8] 異なる複数の強化スケジュールを継時的に有効化し、かつ、それぞれの強化スケジュールに対応する弁別刺激を提示する手続き。

[9] **シドマン型回避**と呼ばれる。電気ショックなどの嫌子が一定間隔で提示され（S－S間隔）、反応することで次の提示を一定間隔延長できる（R－S間隔）。たとえば、S－S間隔が二秒でも、R－S間隔が一〇秒なら、一〇秒より短い間隔で反応していれば、ショックを受けなくて済む。

[10] 二つ以上の強化スケジュールを同時に有効化する手続きを**並立スケジュール**と呼ぶ。

[11] **低反応率分化強化スケジュール**（DRL）では、最後の反応から一定以上の時間が経ってからの反応のみが強化される。たとえば、DRL一〇秒なら、一〇秒過ぎてから反応しないといつまで経っても好子が提示されない。この場合、DRLの条件を満たすと水のディスペンサー

バナナチップが一つもらえた[12]。

第四成分では、三つのディスプレイに三つの図形が提示される。このとき他の二つと異なる図形の下のレバーを引けばバナナチップが一つもらえた[13]。チンパンジーは点灯しているディスプレイの位置と色、図形を手がかりに、それに応じた位置のレバーを、それに応じた方法で引かなければならない。どの成分でもほぼ間違いがなくなるまで、地上での訓練を段階的に行い、成績上位のチンパンジーが選ばれたのだ。

HAMの飛行では第一成分のみがテストされた。続くENOSの飛行では他の成分もテストされ、チンパンジーにおいては、宇宙空間であっても地上で訓練した行動が維持されることがわかった[14]。

マーキュリー計画の成功と完了により、チンパンジーたちの役目は終わったが、ブレイディらの研究は続けられた。

一つは、宇宙飛行における生理的、精神的な変化の測定である。チンパンジーの飛行でも、心拍数や血圧などの測定は行われたが、より詳細で正確な測定と記録方法の開発と評価が行われるようになっていく[15]。

もう一つは、スペースシャトルやスペースステーションのような閉鎖された空間で、複数の人間が、長期間、一緒に生活しながら仕事をこなす状況における、行動的、精神的、生理的な変化に関する研究である。ブレイディらのチームはこうした状

上部のライトが点灯し、ディスペンサーをなめると水が飲めるという連鎖になっている。

[12] **定比率強化スケジュール**（FR）では、一定数の反応数に対して好子が提示される。

[13] **特異性課題**と呼ばれる。

[14] ENOSの飛行では電気ショックの装置が故障し、回避反応をしても電気ショックが与えられるという厳しい事態が生じたが、それでも回避反応は消去されず、他の成分での行動にも影響しなかったという。HAMの飛行でも機体に損傷が生じ、生命の危機が案じられた。こうしたテストの成果が機体やシステムの改善に役立てられ、最終的には米国もアラン・シェパードによる有人飛行に成功する。

[15] **徹底的行動主義**の立場からは、心拍や脳活動など体内で生じる生物学的な反応も行動であり、他の行動と同様に行動分析学の対象とな

況を地上でシミュレーションした上で、スペースシャトルのクルーを対象に、実験を行い、ミッションの前後、および実行中のパフォーマンスを比較した結果を報告している[16]。このなかには、ＨＡＭやＥＮＯＳが取り組んだ課題も含まれている。

相手が人であれば、言葉を用いて直に精神状態を尋ねられる。上述の実験でも、気分や感情を測定するのによく使われるＰＯＭＳ[17]という質問紙も用いられている。しかし、自己評価法は虚偽の報告に対して脆弱である。極限状態に追い込まれたときにそもそも正確な自己評価ができるかどうかもわからない。この点、非行動的指標は、強化スケジュールや弁別課題などをうまく工夫することで、こうした問題に対応できるのである。

宇宙開発のようなプロジェクトでは様々な学問の専門家が協働で仕事をする。ブレイディはその後も生理学や薬理学の専門家と仕事を続け、行動薬理学という分野を築いた[18]。

行動分析学の基本的な枠組みを他の領域の専門家による研究や実践に提供するというアプローチは他にも行われている。日本では霊長類研究所のチンパンジー「アイ」が子ども向けの絵本になったほど有名だが[19]、一九七〇年代後半に「アイ」にピクトグラムを使って言葉を教え始める基礎を作ったのは、室伏靖子や浅野俊夫といった行動分析家だった。学際的研究やプロジェクトにおける貢献が今後いっそう期待される。

る。項目19「行動の定義」参照。

[16] Kelly et al. (2005)

[17] Profile Of Mood States

[18] Thompson (2012)

[19] 松沢 (1989)

38 命を救うネズミたち

——実験室から戦場へ

毎年一〇〇〇人以上の尊い命が地雷で失われている。軍人ではなく、民間人の犠牲者である。被害に遭い、重症を負い、障害に苦しむ人の数はさらに多い。地雷廃絶に取り組む国際的なボランティア組織、ICBL－CMCの報告書[1]によれば、二〇一六年の被害者数は八六〇五人。このうち、二〇八九人がすでに死亡。被害者数は一九九九年の調査開始以来、ワースト3の数値となっている。そして、五〇万人以上が後遺症に苦しんでいる。

様々なボランティア組織が地雷撤去の活動を続けているが、世界各地で勃発する内戦と、安価で簡易な地雷の開発により、追いついていないのが現状だ。地雷撤去は、装甲を厚くしたブルドーザーのような除去機を使ったり、人力で金属検知器を使って行われるが、前者はコストが高く、後者には大きな危険が伴う。イヌを使った検知も行われていたが、近年、この戦いに新たなヒーローが誕生した。

ネズミである。

タンザニアを拠点とするベルギーのNGO（非政府組織）アポポ[2]は、地雷検知に土

［1］International Campaign to Ban Landmines-Cluster Munition Coalition（2016）［URL］

［2］Anti-Persoonsmijnen Ontmijnende Product Ontwikkeling.［URL］

着のアフリカオニネズミ[3]を使うことを思いついた。ネズミの体重は軽く、地雷を踏んでも起爆させない。優れた嗅覚をもち、現地の気候や環境に慣れていて、感染症などの病気になるリスクが低く、寿命も六年と長い[4]。野生であるから入手にはお金がかからず、飼育費もイヌに比べれば安く済む。

そこで彼らは、ウェスタンミシガン大学の行動分析家、アラン・ポーリングに協力を求めた。なにしろネズミは行動分析学の研究に最もよく使われている種の一つであり、飼育法も訓練方法も築き上げられている。ポーリングは行動薬理学の専門家でもある。彼なら地雷に含まれるTNT火薬の臭いを手がかりにした弁別訓練の開発も朝飯前だろう。

ポーリングの指導のもと、アポポが確立した訓練手続きをご紹介しよう[5]。

①社会化

オニネズミは生後四週間ほどで目が開き、周りが見えるようになる。この時点で、訓練者はケージからネズミを取り出し、触ったり、話しかけたりする。人や周りの環境に慣れさせ、不安反応やそこから生じる逃避行動や攻撃行動を減らすためである[6]。

②クリッカー訓練

クリッカーはイヌやネコなどの動物トレーニングによく用いられる小型の装置で、指でボタンを押すとカチっと音がする[7]。いつでも、誰が鳴らしても、安定して同じよ

[3] African giant pouched rat (*Cricetomys gambianus*)

[4] 訓練には手間と時間がかかるから、訓練終了後、できるだけ長い間、健康に活躍してもらえることが長所になる。

[5] Poling et al.（2011）

[6] 新奇刺激を繰り返し提示することによって情動反応などが減少する過程は**馴化**と呼ばれるが、生後一定期間に馴化の手続きを実施することが、その後長期にわたる刺激機能の変容をもたらす。

[7] クリッカーを使った、飼い犬や飼い猫、動物園や水族園に暮らす動物の訓練については、カレン・プライアの著書（Pryor, 1985; 1999; 2003）を参照。

うな音が瞬時に明瞭に出せる。

まずは空腹のネズミに対し[8]、クリッカーを鳴らした直後に餌を与える。餌はバナナとネズミ用の飼料をつぶして混ぜたものを用意し、プラスチックの注射器を使って少しずつ与える。クリック音と餌を対提示することで、クリック音を習得性好子とし[9]、かつ、音が鳴ったら訓練者に近づく行動が強化されることを示す弁別刺激[10]とする。

③臭気訓練

次に、ネズミをケージの中で訓練する。ケージの床には直径二センチの穴が一つ開けられていて、その下に、土を入れ、少量のTNT火薬をまぶしたカップをあてがう。これが正刺激（S^+）となる。

標的行動はこの穴に鼻を突っ込み、そのまま数秒間保持することである。最初は、穴に近づいたらクリッカーを鳴らし、餌を与えて強化する。穴にちょっとでも鼻を近づけたり、鼻を入れればクリッカーを鳴らして強化し、その後は、二秒、五秒と、穴に鼻を入れている時間を延ばしていく[11]。

訓練者は、記録をとりながら、時間をあけて一日に数回このような訓練を行う。ケージに入れられてから五秒以内に穴に鼻を突っ込み、五秒間保持することを、連続した一〇回の訓練中ノーミスでこなせたら、次の段階へ進む。

④臭気弁別訓練

床に穴が三つ開けられたケージを使う。負刺激（S^-）として、土を入れ、少量の水

[8] **遮断化**（項目25「確立操作」を参照）。

[9] 項目22「後続事象としての刺激作用」を参照。

[10] 項目21「先行事象としての刺激作用」を参照。

[11] **シェイピング**（項目35「行動変容の諸技法」を参照）。

をまぶしたカップを用意する。三つの穴のうち、無作為に選んだ一つの穴の下にTNT火薬の臭いがする正刺激を、他の穴の下には負刺激をあてがう。そして、正刺激をあてがった穴に五秒間鼻を突っ込んだらクリッカーを鳴らし、餌を与えて強化する。

一日にこの練習を五〇〜六〇回試行し、間違いが一回もなくなるまで、訓練を続ける。

次に、同様の訓練を、より実地に近づけて行う。「ティーボール」と呼ばれるステンレス製の球を土に埋めて使うのだ。正刺激にはTNT火薬を入れ、負刺激には入れずに用意する。正刺激のボールを噛んだり、正刺激のボールが埋まっているところを掘ったらクリッカーを鳴らして強化する。これができるようになったら、ボールを地下一センチのところに埋めて、正答率一〇〇パーセントが二日以上続くまで訓練する。

⑤実地訓練

地雷撤去が完了した屋外で訓練を続ける。まずは、三メートル×一〇メートルに区切られた場所で五〜一〇個のティーボールを使う。ネズミにはハーネスを着せ、細く長いナイロンのロープをつなぎ、訓練者がその端を持つ。ハーネスとロープに慣れ、訓練者から離れて移動する行動を学ぶことも、この段階での標的行動となる。

ティーボールを使った訓練が基準に達したら、すでに除去され、信管を取り除いてある安全な地雷を用いて、同様の訓練を行う。正答率が一〇〇パーセントに達したら、より広く区切られた場所で訓練を続ける。

訓練の終わりには一〇メートル×一〇メートルに区切られた場所で、訓練者もどこに地雷があるかわからない条件でテストを行う。[12] このテストに合格したネズミのみが最終認定試験を受けることになる。テストではクリッカーは鳴らさず、餌も与えない。

⑥最終認定試験

訓練を担当した組織とは独立した別の組織によってテストが行われる。テストは二〇〇平方メートルのエリアに五〜七個の地雷を埋め、訓練者も場所を知らない条件で実施される。合格するためにはすべての地雷を見つけ、かつ、フォールスアラーム[13]は二回以下でなければならない。このテストに合格したネズミだけが、任務にあたれることになる。[14]

任務を開始してからも訓練は続く。なぜなら、どこに地雷が埋まっているかわからない実地場面では、フォールスアラームを強化しないように、テストと同様、クリッカーは鳴らさず、餌も与えないからだ。そのまま続けていれば、やがてネズミの行動は消去されてしまう。そのため、実地場面とほぼ同じ訓練場面を用意し、そこではクリッカーと餌で強化を続けるのである。

タンザニアで始まったこの画期的な取り組みは、モザンビーク、アンゴラ、タイ、

[12] どこに正刺激があるか知っている訓練者の視線やロープ操作を手がかりにしてしまっている可能性を除外するため。

[13] 正刺激（地雷）がないところであるかのように振る舞う過ち。

[14] ポーリングらの報告（Poling et al. 2011）では本項で解説した訓練を経た三四匹のネズミ全員が認証を受け、勤務に就き、二〇〇九年の一年間で、九万三四〇〇平方メートルを捜索し、四一個の地雷と五四個のその他の爆発物を見つけたそうである。一〇〇平方メートルあたりのフォールスアラームは基準となる九・四よりはるかに低い〇・三だったそうだ。

カンボジアに広がった。特筆すべきは、アポポのスタッフトレーニングだろう。ネズミの訓練方法を確立しても、それを実施する訓練者を育てなければ、プログラムは広がらない。加えて、現地の多くは内戦が続き、貧困にあえいでいる地域である。教育水準も決して高くない。

そこで、ここでも行動分析学の出番となる。アポポでは、わかりやすいマニュアルやチェックリストを使って仕事を明瞭化し、訓練されたスーパーバイザーたちが、スタッフの望ましい行動を強化するようになっている。そして、その成果も報告されている。[15]

二〇一六年、米国心理学会はポーリングにInternational Humanitarian Awardを授賞した。恵まれない地域と人々に心理学の専門性を活かして貢献した研究者に与えられる名誉ある賞である。

彼とアポポの協働はさらに広がっている。地雷を見つけるネズミの力を結核の早期発見と治療に役立てようとしているのだ。TNT火薬の臭気弁別と同じように、被検者の血液中に結核菌が含まれているかどうかをネズミに嗅ぎ分けさせる試みだ。アポポのスタッフは訓練手続きに慣れているし、その組織力を最大限に活用できる。タンザニアとモザンビークではすでに実用化の段階に入っているという。[16]

ネズミの活躍は止まらない。

[15] Durgin et al. (2014)

[16] Poling et al. (2017)

殺処分ゼロを目指して

――人と動物との幸せな暮らしを支援する

環境省によると、二〇一六年には全国で五万五九九八頭の犬猫が殺処分された[1]。飼い主や業者が捨てた犬や猫を、動物愛護センターなどの施設が一時的に保護した後、引き取り手がなかったものを二酸化炭素ガスなどを使って致死し、焼却することを殺処分という。映画やテレビ番組などで度々取り上げられているテーマであり[2]、愛犬家や愛猫家だけではなく、その仕事に関わるすべての人にとって悲しく、辛い現実がそこにある。

幸いなことに殺処分の数は年々減少している。避妊や去勢手術が一般的になったこと、動物愛護法の改定により、引越しなどの安易な理由で飼育を放棄しようとする場合には保健所がそれを拒否できるようになったこと、民間の愛護団体による保護や譲渡が増えつつあることなどにより、動物愛護センターに連れてこられる犬猫の数が減ってきているのである。

殺処分をゼロにすることを目標に掲げている自治体や、目標を達成した自治体もある[3]。殺処分をゼロにするためには、様々な取り組みが同時並行的に進められなければ

[1] 環境省自然環境局　平成二八年度犬・猫の引取り及び負傷動物の収容状況。[URL]

[2] たとえば、堺雅人主演『ひまわりと子犬の7日間』(二〇一三年公開、松竹)など。

[3] 東京都では二〇一六年に知事に就任した小池百合子氏が殺処分ゼロを掲げた。神奈川県動物保護センターでは、犬は二〇一三年から、猫は二〇一四年からの殺処分がゼロであると報告している。[URL]

ならないが、なかでも大きなインパクトをもつと考えられているのが保護された動物の譲渡の数を増やすことである。

譲渡とは、捨てられた犬や猫を新しい飼い主へ引き渡すことである。殺処分を減らすことに成功しつつある自治体は、民間の愛護団体と協力しながら、保護から殺処分までの限られた時間で、この縁組みに取り組んでいる。

譲渡を成功させるためには、飼い主候補となる人たちにとって魅力的になるように、そして譲渡後の新しい環境で飼い主や飼い主の家族たちと平穏に暮らせるように、動物たちを再訓練する必要がある。元の飼い主による躾放棄のために人と一緒に暮らすための行動[5]が身についていなかったり、虐待などが原因で吠えや噛みつきなどの攻撃行動が身についてしまっている犬や猫もいるからだ。

どうすれば譲渡を成功させられるだろうか。ここではそのための研究の一つをご紹介しよう。

テキサス工科大学のアレックス・プロトポポワと彼女のチームは、まず、保護された犬たちの行動をつぶさに観察し、どのような行動をしている犬が引き取られやすいか、どのような行動をしている犬が引き取られにくいかを調査した。すると、犬舎の壁にずっと寄り添っていたり、犬舎の中を行ったり来たり前後に動いていたり、犬舎の正面から目をそむけることが多い犬は引き取られにくいことがわかった[6]。

実は、それまでは、人と視線を合わせたり、大人しく座っている犬が引き取られや

[5] 人との社会化やトイレットトレーニング、留守番や散歩など。

[6] Protopopova et al. (2014)

すいだろうという推測のもと、そのための訓練が行われていた。ところが、せっかく犬をそのように訓練しても、譲渡率の向上にはつながらないという研究データが報告されたのだ。[7]

プロトポポワらの調査研究からは、新しく飼い犬を探して施設に見学にくる人たちは、犬の望ましい行動よりも、望ましくない行動のほうに目がいきがちであることを示していた。

譲渡率の向上という点では、**標的行動の選択**を間違えていたことになる。[8]

そこでプロトポポワたちは調査に基づいて標的行動を定義しなおし、動物愛護センターにいた二四頭の犬を対象に**他行動分化強化スケジュール（DRO）**を用いた訓練を行った。[9]

DROは問題行動を減らすのに使われる手続きで、減らそうとする標的行動が自発されていないときのみ好子を提示する。プロトポポワたちの訓練では、実験者が犬舎の前に立ち、最初は問題行動が二秒間行われなければおやつを与えた。二秒間のうちに問題行動が自発されればおやつは与えずに待つ。犬にとってみれば、問題行動をまったく行わなければ二秒ごとにおやつがもらえることになる。

プロトポポワたちは、個々の犬ごとに、問題行動が生じなければ二秒を四秒に、四秒を六秒にと次第に基準を伸ばしていき、最大二〇秒まで延長した。標的行動がぶり返してしまったときには基準を二秒短く元に戻した。

[7] Herron et al.(2014)

[8] 標的行動選択の社会的妥当性については項目４「応用行動分析学の進め方」を参照。なお、譲渡後の適応という点からは、指示に従って座ったり、飼い主のほうを見るという行動にも社会的妥当性があるだろう。

[9] Protopopova & Wynne(2015) 項目28「強化スケジュール」や、項目35「行動変容の諸技法」を参照。

この手続きによって、ほとんどの犬の問題行動が減少した。

ＤＲＯの有効性はこれまでも様々な問題行動で確認されている。比較的容易に実施できる手続きだが、それでもスタッフトレーニングは欠かせない。標的行動の自発の有無を観察しなければならないし、時間を計測し、犬の行動記録をもとに基準を調整する必要もある。動物愛護センターの職員やボランティア全員にこうした知識や技術を身につけてもらうのもたいへんだ。

そこでプロトポポワたちは、より簡単な手続きも試してみた。**定時スケジュール（ＦＴ）**である。[10]

ＦＴでは、反応とは無関係に、決まった一定の時間間隔で好子を提示する。この場合、実験者が犬舎の前に立ってから二秒ごとに一〇回、犬が何をしていようとおやつを与えた。この手続きならスタッフが犬やタイマーを見ていなくても実施できる。

その結果、ＦＴを用いた場合も、ＤＲＯほどではなかったが、ほとんどの犬の問題行動が減少した。

ＦＴの手続きに要した平均時間は一頭あたり二〇秒。対してＤＲＯの手続きには平均一一〇秒かかっていた。この愛護センターでは最大七〇頭の犬を保護していたが、そうなるとＤＲＯでは二時間かかるところをＦＴなら二〇分にまで時短できる。人手不足が深刻なこのような施設にとっては大きな利点であり、ＦＴには社会的妥当性があるといえる。

［10］ プロトポポワらはResponse-Independent Pairingと呼んでいる。項目28「強化スケジュール」を参照。

殺処分をゼロにするためには、そもそも飼い犬や飼い猫が捨てられないようにすることも重要である。そのためには、犬や猫が人と共生しやすい環境を整え、家庭での問題行動を減らすことも欠かせない。

プロトポポワの研究室では、留守番させようとすると吠えてしまう家庭犬に対し、一定時間吠えなければおやつが自動的にもらえるという装置を開発して、吠えを劇的に減らすことにも成功している。[11]

ところで、行動分析学に基づいたドッグトレーニングの導入が進んでいる米国でさえ、未だにチョークチェーン[12]や電気ショックを与える首輪が売られ、使われているそうである。苦痛刺激の提示は動物を不安にさせ、攻撃行動を誘発しかねない。誘発された攻撃行動が強化されてしまえば問題は悪化する。[13]日本行動分析学会では、このような理由から、人だけではなく、[14]動物に対して苦痛刺激を用いることにも反対している。[15]

問題行動は苦痛刺激を使わなくても減らすことができる。DROは好子出現阻止による弱化であるし、FTにあたっては好子を提示しているだけだ。さらに、もし問題行動が好子出現によって強化、維持されているのであれば、好子を出現させない消去の手続きでも、問題行動を減らすことができるのである。

日本の飼い犬や飼い猫のトレーニングは残念ながら米国よりはるかに遅れている。クリッカートレーニング[16]こそ知られるようになってきたが、吠えや噛みなどの問題行

[11] Protopopova et al.（2016）

[12] 鎖状の首輪で締め上げる仕組み。

[13] 吠えたり噛んだりすることで、相手が引き下がったり、どこかに行ってしまえば、嫌子消失によって強化される。

[14] 項目42「しごきも根性も、もういらない」を参照。

[15] 島宗ら（2015）。声明文は［URL］からダウンロード可能。

[16] 項目38「命を救うネズミたち」で参照したプライヤの著書が邦訳されることで日本の愛犬家や愛猫家にもよく知られるようになった。国内外の動物園や水族館で飼育されている動物のケアにも用いられている（川瀬ら 2018；吉田 2000）。

動の修正までを飼い主の行動も含めた家庭環境全体を調整することで支援できる専門家の数が圧倒的に不足しているのだ。

光明もある。京都府と京都市が連携して二〇一五年に開設した京都動物愛護センター[17]では、殺処分ゼロは単なる通過点であり、目指すべきは飼い主と飼い犬、飼い猫が幸せに暮らせることであるとし、「京都方式」の開発に取り組んだ。家庭犬訓練を専門とする行動分析家[18]が地域の獣医師会と連携しながら、人と動物が共生するのに不可欠な行動レパートリーを査定する行動評価者を育成し、保護された動物を訓練して、新しい飼い主に引き渡す仕組みである。フォローアップも行うことで、譲渡後の引き取りもゼロになったそうである。

このような取り組みが全国に広がっていくことを、保護され譲渡された愛犬と幸せに暮らす一飼い主として切に願う。

[17] 京都動物愛護センター [URL]

[18] 山本央子氏。愛犬「はる」(左写真) の譲渡と訓練で個人的にもお世話になった先生である。

40

学校に風を吹かせる

――ポジティブな行動支援をスクールワイドで

「毎朝、あちこちから『おはようございます』と元気な声が聞こえてきています。『だいじょうぶ?』、『ありがとう』など、あったか言葉も広がってきました」

「皆さんのがんばりで校内に『てきぱきする風』や『話をしっかり聞く風』が吹いています」

「この調子でもっと風を吹かせましょう」

徳島県西部にある加茂小学校の全校集会。校長先生からのお話を子どもたちが集中して聞き入っている。

この一年間で登校時に自分から挨拶する児童が増え、ほぼすべての児童が授業が始まるまでに着席するようになった。集会のときに整列にかかる時間も半減した。[1]

校長先生の言葉の力だろうか。それもあるが、それだけではない。

この小学校では**スクールワイドPBS**[2]という行動支援プログラムを導入したのだ。ここでは以下、SWPBSと略記する。

[1] 徳島県東みよし町立加茂小学校の実践。[URL]

[2] School-Wide Positive Behavioral Interventions and Supports. SWPBSやSWPBISと略記される。

ＳＷＰＢＳは学校全体で取り組むポジティブな行動支援プログラムである。オレゴン大学にいたジョージ・スガイやロブ・ホーナーらが中心となって開発し、今では全米で二万校近くに導入されている[3]。

いじめや不登校、学級崩壊など、学校で起こる様々な行動問題は、もはや校長のリーダーシップや一部の有能な教師やカウンセラーの努力だけで解決できる範囲を超えている。学級や学年を越え、さらには保護者や地域をも巻き込んだ、包括的で、予防的な取り組みが必要とされている。

これまでの調査から、学校で起こる行動問題は、数パーセントの児童生徒による重篤な問題、二割程度の児童生徒が対象となり得る中程度の問題、その他の児童生徒も関わる問題に切り分けられることがわかっている（図40－1）。

問題によって採るべき対応や対策は異なる。事件を起こしてしまった子どもの対応や障害がある子どもへの特別支援には個別の指導が欠かせない（**第三層支援**）。中程度の問題にはたとえば課題ごとに抜き出した小集団への補習などが求められる（**第二層支援**）。そして、すべての児童生徒に共通して行うべき指導がＳＷＰＢＳの対象となる（**第一層支援**）。ただし、三つの層は別々にではなく、第一層支援を基盤とし、第二層・三層支援も、教職員全員が共通に理解した枠組みをもとに包括的なプログラムを組み立てることが重要であるといわれている。

ＳＷＰＢＳの基本方針をスガイは以下の四つにまとめている。

[3] Sugai（2014）
ＳＷＰＢＳについては他にもCrone & Horner（2003）や石黒・三田地（2015）を参照されたい。

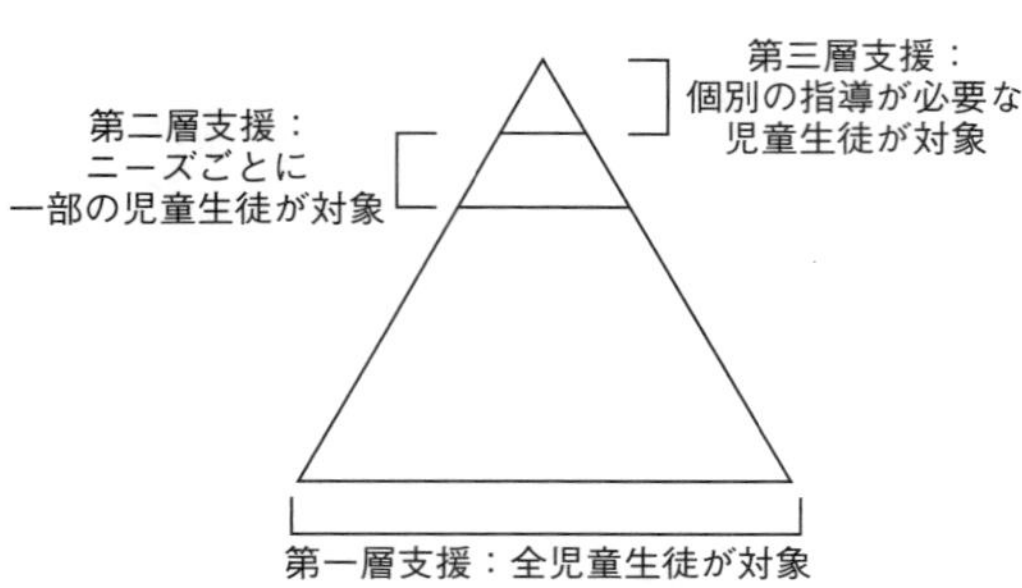

図40-1　SWPBS の三層モデル

①予防的であること

問題行動が起きてから対処するのではなく、そもそも問題行動が生じないように予防する。プログラムは問題児対策ではない。問題が生じていないときにこそ始め、日常的に継続して運用する。

②教育的であること

そのためには、問題行動の代わりになる、望ましい社会技能や学習技能を教える。「～してはいけない」という禁止や注意に偏らず、その場面でその問題行動の代わりにすべき行動を形成することに注力する。[4]

③肯定的であること

児童生徒の成功と達成を重視する。とかく教師という仕事をしていると、子どもたちの失敗やできなかったことに目が向いてしまうものである。うまくいったことを見つけ、できなかったことができるようになったことを褒めることで、「主体性」を伸ばすことができる。[5]

④強化的であること

日頃から児童生徒が望ましい行動をしているところを捉えて承認する。日本でも道徳の時間などにソーシャルスキルトレーニングを導入する学校が増えてきているが、授業中にだけ褒めて、授業が終わったら放置していたのでは、せっかくの行動も消去

[4] **他行動分化強化**。問題行動と両立しない望ましい行動を教えて強化していれば、問題行動が生じる余地はなくなるという考え方である。項目35「行動変容の諸技法」を参照。

[5] できなかったことができるようになることが好子化し、できないことに挑戦する行動が行動内在的随伴性で強化されるようになるということ。

されてしまう。褒めるタイミングも重要である。望ましい行動が自発された直後に「それだよ！」と合図したり、「すごい!!」と褒めたり[6]、トークンなどの般性好子を使ったりして強化する。

数多くの研究を積み重ね、SWPBSは現在では介入プログラムとしてまとめられている。以下、そのおおまかな流れを示そう。

①学校の理念や教育目標を共通理解する

まずは学校の教育理念を再確認する[7]。曖昧で抽象的な表現で書かれていることも多いので、児童生徒にもわかるような言葉で、二、三に分けて書きなおす。たとえば、加茂小学校では、「きまりを守ろう」、「自分も友だちも大切にしよう」、「すてきなことばをかけよう」を「三つの大切」として定めた。

②場面ごとに標的行動を決める

指導場面をいくつか取り上げ、①で定めた教育目標に即した具体的な行動を場面ごとに書き出していく。たとえば、加茂小学校では「授業中」、「体育館」、「そうじの時間」、「休み時間」、「廊下」という五つの場面を行に、「三つの大切」を列にした5×3の表を作り、一五のマスの中に、児童にどのような行動をしてほしいか、専門家の指導のもと[8]、教職員で話し合いながら決めていった。たとえば「きまりを守ろう×休

[6] 学校全体で取り組むことで、児童生徒の日常での行動が互いに自然に強化されるように工夫できる。たとえば、あたたかい言葉をかけられたら、あたたかい言葉で返すことを教えるなど。

[7] 校長室や学校のホームページにはその学校の教育理念が掲示されているものであるが、教員や子どもたちに質問しても答えられないことは珍しくない。

[8] 徳島県教育委員会は畿央大学の大久保賢一先生をはじめとする複数の行動分析家からなるアドバイザーチームをつくり、県内の教育支援を行っている。

み時間」のマスには「予鈴を聞いたらすぐに教室に戻る」、「すてきなことばをかけよう×体育館」のマスには「自分のチームが負けても『がんばろう』や『ドンマイ』と声をかける」というように。

こうして書き出していくと、ほとんどの標的行動がそれができて当たり前に見えてしまい、わざわざ指導する価値があるのかと疑問に思う教員も現れる。ここで大切になるのが、SWPBSは第一層支援であり、できて当たり前のことを確実に学んでもらうための支援であるという認識だ。教員が児童生徒と肯定的な関係を築くためにも、最初からできなくてそのことを責めたくなってしまうより、最初からほとんどできて褒めることから始められるほうが望ましいのである。

③標的行動に優先順位をつける

たくさんの標的行動を一度に教えようとすれば子どもも教職員も混乱する。このため、標的行動に優先順位をつけ、指導の順番を決める。一度に教える標的行動は多くても三つほどにしておく。

④指導計画を立案する

標的行動をどのように教えるか計画を立てる。計画には、どのような場面でどのような行動をなぜすべきかを知らせる**教示**や**説明**、実際にやってみせる**モデリング**、児童生徒にやらせる**ロールプレイ**、うまくできたことを褒めるなどの**強化の手続き**を含める。うまくできないときや、やらないときにはどのように指導するかも計画しておく。

加茂小学校では、登校時の挨拶に関する既存の活動を活かし、「あったか言葉」というキーワードを使って、友だちを褒めたり、励ましたり、お礼を言ったりする言葉を募集したり、実際にあったか言葉で言葉がけをしている子どもを教員が見つけて褒めたりした。

⑤指導計画を実施する

ここで大切なのは、教職員が無理なく取り組めるように指導の手続きをできるだけ簡素化、単純化しておくことと、全職員が同じように実施できるように、必要なら練習しておくことである。教職員ごとに指導法が異なると、子どもが混乱し、指導がうまく進まないからだ。

教員にかかる負担を軽減するためには、児童生徒から協力を取りつけることも有効である。加茂小学校では、登校時の挨拶の記録は児童らが行い、あったか言葉を増やすプロジェクトの成果も、児童がポスターにして発表するといった特別活動に組み込んでいた。児童生徒を巻き込むことは、子どもたちの主体性を伸ばすという観点からも有効であろう。

⑥記録をとり、指導の効果を確認し、改善する

標的行動を記録し、グラフとして可視化し、指導がうまくいっているかどうかを判断し、うまくいっていないのなら改善する。

個別の指導や小集団指導に比べると、全校児童生徒の標的行動を記録するには手間がかかるため、ここでも簡素化、省力化の工夫が欠かせない。

SWPBSが開発された米国の学校では、児童生徒が引き起こした問題行動は記録として残しておくことが一般的で、特に重篤な案件については、生徒指導担当の教員や、教頭・校長が呼び出して指導し、それを文書化することになっている。[9] このため、SWPBSに関する研究では、問題行動の頻度をこうした記録から数え、効果測定に使うことが一般的になっている。残念ながら日本の学校にはこのような既存の制度がないため、SWPBSを導入するときには、何かしらの工夫が必要となる。加茂小学校の実践にみられるように、既存の活動に組み入れたり、児童を巻き込んで記録を自らとらせるなどの工夫が参考になるだろう。

米国やカナダにおけるSWPBSの研究と実践はさらに発展している。一つは学力向上の取り組みとの協調である。[10] 学力が高い学校ほど問題行動は少なく、問題行動が多くなると学力も低下してくることがわかっている。教員からすれば、前者は生徒指導、後者は教科教育の仕事であり、別々のようにみえるかもしれないが、実は、相互に関連しており、学校全体の包括的なプログラムとして両者を統合することで、相乗効果が期待できる。

もう一つはいじめへの対応である。SWPBSはいじめ対策に特化したプログラムではないが、本項で紹介したように、指導目標には「友だちを大切にする」といっ

[9] office referral と呼ばれる。

[10] RTI (response to intervention) と呼ばれるアプローチで、SWPBSと同様に三層に分けた行動的な支援を、学力向上を対象に行う。

た、いじめを予防するのに役立つ項目も含められることが多い。無作為化比較試験[11]も行われており、SWPBSを導入した学校のほうが導入していない学校に比べていじめの頻度が低く抑えられていることがわかっている[12]。

より積極的にいじめを減らす介入の開発も進められている。SWPBSの開発者の一人であるロブ・ホーナーのチームは、いじめを黙って見ている傍観者の役割に注目した。傍観者からの注目やクスクス笑いなどの反応がいじめ行動を強化している可能性があるからだ。

そこで、いじめられたら「やめて」と言い（ジェスチャーでも示し）、はむかったり、耐えたりせずにその場から立ち去り、教員に報告する。いじめを目撃したら、いじめている子どもに「やめて」と言い、いじめられている子どもをその場から逃がし、教員に報告するという一連の行動を子どもたちに教えることで、いじめの件数が減少することを示した[13]。ホーナーたちはこうした研究成果をもとに、SWPBSのプログラムにこの介入を組み込んで実施するためのマニュアルなどを作成し、提供している[14]。

日本の学校におけるSWPBSの導入はまだ始まったばかりである。米国の学校とは、文化や慣習も、カリキュラムも異なるため、ローカライズする作業が必要になる。それでも、本項で解説したポジティブな行動支援の基本に基づき、全職員の共通理解と合意をもって進めば、きっと学校に風は吹く。

[11] 項目2「応用行動分析学のそれからと今」を参照。

[12] Waasdorp et al.（2012）

[13] "STOP, WALK, TALK" プログラムについては、Scott et al.（2009）、Nese et al.（2014）を参照されたい。

[14] [URL]

ストップ！　万引き

――行動は観察しなくても変えられる

我が国は世界でも有数の万引き天国である。全国万引犯罪防止機構[1]によると、年間の推定被害額は約四六一五億円。以前に比べれば減ってきてはいるものの、コンビニ、スーパー、書店、眼鏡や服飾品などを扱う小売店にとっては経営に打撃を与える大問題だ。[2]

防犯カメラの設置も進んでいるが、プライバシー侵害の恐れもあり、法整備が求められている。二〇一四年には万引き被害に苦しむ東京都内の古書店が、防犯カメラに残された容疑者の顔と思われる画像をネットで公開し、世間を騒がせた。二〇一七年には都内の眼鏡店が盗品がオークションで売られていることを知り、防犯カメラの画像公開に踏み切り、犯人は後に逮捕された。

警察庁によれば万引きの検挙率はおよそ七〇パーセント台前半で推移している。[3]ただし、これは認知件数に対する検挙件数の割合であり、万引きの多くはそもそも実行犯として発見されていないのが実状である。[4]犯人が青少年や高齢者であることも多く、店内で発見しても、情にほだされ、警察を呼ばないケースもあるという。

［1］　全国万引犯罪防止機構では毎年、会員を対象とした全国小売業万引被害実態調査を実施し、結果を公表している。［URL］

［2］　「万引倒産」という言葉もあるほどである。

［3］　警察庁（2016）［URL］

［4］　小売店では棚卸のさいに発覚する不明な損失のうち、会計ミスや業者による不正、従業員による窃盗など、原因が明確になったその他の損失額を除いたものを万引きによる被害と推定している。

大手アパレルチェーン店では商品に取りつけるＩＣタグ[5]の導入が進んでいる。価格も下がりつつあり、書籍などにも装着できるＩＣタグも開発されているが、個人経営の小規模な小売店で使えるようになるのはまだ先の話になりそうである。

万引きも行動だ。予防することはできないのだろうか。少し古い研究になるが、ここでは北欧で行われた実験を紹介しよう。[6]

スウェーデン中部の都市、ウプサラ。年商およそ一八億円[7]のこのスーパーでは、従業員六〇人が働いていた。うち四五人はパートタイム。出入口は一箇所で、レジは五台。

店内には盗難防止用の鏡を四台設置し、私服のガードマンによる巡回警備を行い、当時は先進的だったバーコードによる商品管理システムを導入していた。

それでもなお、毎年、売上の約三パーセント、五四〇〇万円以上が、万引きなどの盗難によって失われていたのである。

そこで店のオーナーはウプサラ大学の行動分析家、ネッド・カーターらに協力を求める。

店長との話し合いを重ね、店内を調査するうちに、カーターは損失のすべてが顧客による万引きとは限らないと考えるようになった。従業員による盗難もあるのかもしれない。

そこで、彼らは従業員の行動に影響しそうな介入を立案した。

[5] レジで店員が外さないまま持ち出そうとすると、出口で検出し、警告音が鳴る仕組み。

[6] Carter et al. (1988)

[7] 一九八五年の平均為替を一ドル＝二五二円として換算。

まず、測定対象とする商品を絞り込む。全商品を対象にするのは非効率的だ。万引きされやすい商品は決まっているからだ。そこで、菓子類から一〇品目、日用品から六品目、装飾品から二七品目を選択した。そしてこれらの商品について、実験者たちが交代で週に二回、店頭に陳列している数と在庫数を数え、帳簿上の残数と比較した。

こうして数週間、従業員には秘密裏にベースラインの測定を行ったところ、確かにかなりの数の商品がなくなっていた。菓子類などは、一度に三〇個以上の商品が消えてしまった日もあった。

介入はシンプル。従業員に測定していることとその結果について知らせただけである。ただし、商品の消失数をグラフにして従業員の控室に掲示し、測定を続け、毎日グラフを更新した。

介入の効果を評価するために、商品種別間の**多層ベースライン法**が用いられた。すると、介入を始めるたびにその商品種別における消失数はすぐに減少した。装飾品に限ってはゼロになった。従業員に対する聞き取り調査では、測定対象となった商品が陳列してある棚付近を前より頻繁に見回るようになったという声もあがった。在庫確認にかかった時間を経費として算出し、差し引いても、損益はプラスとなり、犯人は特定できなかったが、オーナーは大満足だった。

この成功を聞き及んだのか、ヴェステロースという街にある別の食料品店が、カーターたちに万引き防止の協力を求めてきた。ただし、従業員は明らかにシロであると、このオーナーは言う。

そこで、カーターたちは歯ブラシや歯磨き粉などの日用品九品目を標的とし、同様の測定を行った。そして監視している商品の陳列棚に赤い丸印をつけ、「万引きされている商品にマークしてあります」と書いたポスターを掲示した。[8]

成果はすぐに出た。商品の消失数はほぼゼロになり、それが一五週の研究期間にわたって維持された。

カーターらの研究は標準的な応用行動分析学の研究と違い、標的行動を特定していない。食料品店の実験でも、結局のところ、誰のどのような行動で商品が消失していたかは不明なままである。実験の手続きは単純で再現することはたやすそうであるが、標的行動が不明なので、強化随伴性がどのように操作されたのかについて、実際のところは推察するしかない。[9]

厳密には、応用行動分析学の七大原則[10]のうち、「行動的であること」はやや怪しく、「系統的であること」はかなり怪しいといわざるをえない。

しかし、逆にいえば、万引き行動を直接観察しなくても、**行動の所産**[11]を商品の消失として測定することができ、かつ、この測定値を行動をしていそうな人たちに示すことで、その人たちの行動を変えることができることを示した研究であると評価することもできる。

[8] Carter & Holmberg（1992）

[9] 測定が繰り返し行われることで、監視体制が厳しくなり、犯人の従業員に「このまま盗み続けたら捕まる」というルールが生まれ、それが盗難を抑制したのかもしれないし、従業員の店内での監視行動が増え、顧客の犯人が万引きする機会が減ったのかもしれない。

[10] 項目5「応用行動分析学の七大原則」を参照。

[11] 項目6「行動の測度」を参照。

このように、標的行動そのものではなく行動の所産を測定することは、企業など、組織における行動マネジメントの研究[12]では一般的で、フィードバックなどの手続きにどのような随伴性操作が含まれていて、なぜ、どのような条件下で効果をもつのかといった理論的考察も進んでいる[13]。

本項で、カーターらの研究を取り上げた理由は、万引き防止の手続きとして、彼らの介入が今でも有効そうだからではない。

直接行動を観察しなくても、行動の所産を比較的手軽に記録することで問題を把握し、きめ細かく随伴性を操作しない、かなり大ざっぱな介入でも、社会的問題が解決できることがあることを示す好例だからである。

[12] このような研究領域は**組織行動マネジメント**と呼ばれ、*Journal of Organizational Behavior Management* という専門誌が刊行されている。

[13] パフォーマンスフィードバックに関わる制御変数の理論的分析は、Duncan & Bruwelheide (1985) や Mangiapanello & Hemmes (2015) を参照。

42

しごきも根性も、もういらない

——行動的コーチングで技をみがく

物音一つしない道場で膝をつき合わせて向かい合うひと組の男女。その表情はどちらも真剣で、それでいて力は完全に抜けているようにもみえる。

しばしの間。

静寂を破り、上背ではるかに勝る男性が女性の両腕をつかむ。が、一瞬のうちに男性の大きな体が一回転し、女性の横に倒れ込む。

わずかに肩で息をしているが、女性の表情は変わらない。

合気道の技の一つである座技呼吸法が決まった瞬間だ。

柔よく剛を制すという諺どおり、相手の力を最大限に使い、自らの力は最小限で、相手のほうから倒れるようにしむけるのが武道の基本である。[1] とはいえ、小柄な武道家が、大男たちをいとも簡単に投げ飛ばしていく映像を見せられると、台本でもあるのではないかと疑いたくもなる。物理学の法則を超えた不思議な力の存在を信じる人さえ現れるかもしれない。

武道のメカニズムは実のところ、すでにかなりの部分が科学的に解明されている。

[1] 高橋（1994）

身体のどこがどのように動くか、ある部位が動くとそれに関連して他のどの部位がどう動くかは運動生理学的にわかっているし、どこをどのように刺激すれば、反動としてどのような動作が生まれるのかもわかっている。[2] だが、どのような動作であれ、身体全体の重心は、もちろん物理学が予測する通りに変わるのである。[3]

小柄で非力な女性でも、大きく力強い男性を投げ飛ばすことができる。このことに疑問の余地はない。でも、だからといって、世の中すべての女性にそのような技が身についているわけではない。他の行動と同じように、行動レパートリーとして学ばなければ、できるようにはならないのだ。

法政大学合気道部の主将を勤めていた根木俊一は、新入部員の指導にあたっていたが、相手の力をうまく使うコツを教えるのに苦労していた。いくら言葉で説明しても、新人たちはどうしても自分の力を使って無理やり相手を倒そうとしてしまう。

そこで根木は**行動的コーチング**について調べ始めた。行動的コーチングは行動分析学に基づいたコーチング法で、野球やバスケットボール、テニスや水泳など、様々な種目で研究が行われ、効果が検証されていた。日本では関西学院大学の武田建が、監督時代、同大学のアメリカンフットボールのチーム、ファイターズを甲子園ボウル五連覇に導いたという。[4]

武田の著書を読んだ根木は、行動的コーチングで後輩に座技呼吸法を指導することを卒業論文研究のテーマに据えた。ここでは後に『行動分析学研究』[5] に掲載された彼

[2] 解剖学的な動きの関連もあれば、反射のような動作もある。

[3] 詳しくは高橋（1994）を参照されたい。

[4] 武田（1985）

[5] 日本行動分析学会の機関誌。

の研究[6]を例に行動的コーチングの流れを解説しよう。

①課題分析

行動的コーチングは教えようとする行動の**課題分析**[7]から始める。

合気道では、技をかける「取り」と技を受ける「受け」が二人一組となり、お互いに技をかけあう「形稽古」を行う。座技呼吸法の稽古では、「取り」と「受け」が対面して正座し、「受け」が「取り」の両手をつかむところから開始する。「取り」は「受け」の力を利用してバランスを崩させ、投げ飛ばす。

根木は、初心者や熟練者が技をかけている動画を観察し、自ら技をかけ、かけられてみることを繰り返しながら、座技呼吸法を課題分析した。①相手を押す、②腕を引く、③腕を伸ばしながら上方にあげる、④膝を立てて体を前に出す、⑤腕を下げながら体を斜め前に移動するの五つである。

②ベースラインの測定

座技呼吸法を習得していない後輩から実験参加者を募り、三人の新入女子部員が選ばれ、「取り」として実験に参加した。「受け」には男子部員の協力を仰いだ。そして、五つの標的行動それぞれができているかどうかを、技をかけるたびに観察し、◯か×かで記録する記録用紙[8]を作成し、ベースラインの記録を開始した。試行ごとに◯の数を数え、五点満点の得点を算出した。

[6] 根木・島宗(2010)

[7] 項目4「応用行動分析学の進め方」を参照。

[8] 項目9「記録用紙」を参照。

実験では「取り」と「受け」とが対面して座り、指導者の「始め」のかけ声で試行を開始した。技が完了するか、「取り」が「受け」を動かそうとしても動かせなくなったら指導者の「止め」のかけ声とともに試行を終了した。一〇試行を一セッションとし、週に一〜二回の稽古日に一〜二セッションずつ実施した。

全試行をビデオ録画し、録画したビデオを後日再生、観察し、記録用紙に記入した。無作為に選んだ半分のビデオについては、実験協力者にも観察してもらい、**観察者間一致率**[9]を算出した。一致率は九三・四パーセントだった。

ベースラインのデータを**目視分析**[10]すると、三人とも〇がつくのは一つくらいで（水準）、ばらつきは小さく（分散）、試行を繰り返しても上達はしていなかった（傾向なし）。

③コーチングの実施と評価

典型的な行動的コーチングは、望ましい行動と望ましくない行動の教示（言葉や図による説明）、モデリング、練習とフィードバックで構成する。

ただ、すべての要素を実施しなくても教えられるのなら、そのほうが節約的だ。そう考えた根木は、まず、相手の力をうまく使えている場合（望ましい行動）と使えていない場合（望ましくない行動）を例示するビデオを作成した[11]。そして、参加者の後輩に口頭で教示しながらそのビデオを見せ[12]、記録を続け、その効果を検証した。

その結果、残念ながら、ビデオの効果は限定的で、ベースラインに比べて〇がつく

[9] 項目8「行動観察の信頼性」を参照。

[10] 項目11「目視分析」を参照。

[11] 例と例外を対比させて示す方法は**ルーレグ**と呼ばれる。項目35「行動変容の諸技法」を参照。

[12] このような方法を**ビデオモデリング**ということもある。

項目が一つほど増えただけで、試行を繰り返してもそれ以上の上達はみられなかった。

④コーチングの改善

そこで根木は五つの標的行動を段階的に教えていく**行動連鎖化**[13]を用いた行動的コーチングを導入することにした。

最初に一つめの標的行動（①相手を押す）の見本を見せ、真似させる。うまくできたら「いいね！」と賞賛する。うまくできていなかったら「こうしてみて」と言いながら正反応の見本をもう一度示した。一つめの標的行動ができるようになったら、続けて二つめの標的行動（②腕を引く）までの見本を連続して見せ、真似させ、正反応は褒めて、誤反応の場合は再び見本を見せ、やり直させる。このように、一度に一つの標的行動を教え、できるようになった行動の後ろに次の行動をつなげるように教えていった。[14]

この指導により、三人中二人の得点が上昇し、四～五点がとれるようになった。なかなかの成功である。

もう一人の参加者の得点は伸び悩んだ。誤反応が減らないのだ。誤反応の後に正しい見本を見せて、真似させても誤反応が生じてしまう。言葉で説明しても直らない。どうすればよいのだろう。

もしかしたら、この後輩は自分の体がどのように動いているのか自分でもよくわか

[13] 項目20「刺激の定義」を参照。

[14] **順行連鎖化**という。

っていないのかもしれない。そう考えた根木は、誤反応の後に、正反応の見本と誤反応の見本の両方を見せてみた。君はこう動かしていると思っているけど、実際にはこう動いているよと。

手続きをこのように改善すると、残り一人の参加者の得点も上昇し、ほぼ満点がとれるようになった。そこで、他の参加者にもこの手続きを用いてみたところ、四点と五点を行き来していた参加者一人に改善がみられた。

参加者のうち一名は最後まで満点には至らなかったが、コーチング前後のビデオを道場で師範を務めている協力者に依頼して評定してもらったところ、すべての参加者の評価が大きく改善されたことがわかった。参加者たちの指導法に対する評価も高かった[15]。

教えようとする技を具体的な標的行動として決め、測定し、標的行動を引き出して強化する手続きを記録をもとに改善していけば、合気道のように相手の力を使うような技でも教えることができる。

ここで紹介したように、最初はうまく教えられなくても、それを学び手のせいにせず、どうすれば教えられるかを指導法の改善策として考え続けるのだ。

残念なことに、日本のスポーツ界の一部には「しごき」のような指導や「根性」に代表される精神論が未だに横行している。そのような旧態依然とした体制はいじめや

[15] **社会的妥当性**（項目4「応用行動分析学の進め方」を参照）。

体罰という名を借りた暴行の温床となり、ときに悲惨な事件を引き起こす。[16]

日本行動分析学会では二〇一四年に「体罰に反対する声明」をまとめ、公開した。声明では、行動分析学における「罰」——すなわち嫌子を用いた弱化——に関する基礎研究や応用研究を根拠に示し、「罰」には教育的効果が期待できず、濫用されがちであること、効果的で安全で倫理的な指導法が開発されており、そうした科学的根拠に用いた指導法を使うべきであるとしている。[17]

行動的コーチングは行動分析学という科学に基づいてはいるが、決して難解ではない。少し勉強すれば誰にでもできる方法である。

日本の将来を担う青少年たちの育成に関わっている指導者の方々にはぜひ知って使っていただきたいと願う。

[16] 部活動での体罰やいじめによる自殺が絶えない（島沢 2014）。

[17] 日本行動分析学会の体罰に反対する声明［引用URL］、スキナー（1991）からもわかるように、行動分析学は元々「罰」の使用には否定的な立場をとっている。

ママケアで乳がんを早期発見する
――医療における行動変容プログラム

乳がんで亡くなる女性が増えている。日本乳癌学会によると乳がんによる死亡率は一九六〇年代以降増加傾向にある。大腸がんや肺がんと並んで死亡率の高いがんである。[1] 国立がん研究センターが中心となって始まった全国規模の調査「全国がん登録」からは、生涯で乳がんにかかる女性が一一人に一人、お亡くなりになるのが七〇人に一人いることがわかっている。[2]

四〇代から五〇代にかけて罹患する人が多いが、他のがんと同様、乳がんも早期発見すれば治癒できる可能性が高い。しこりが二センチメートル以下でリンパ節への転移がない段階(I期)の十年生存率は九三・五パーセントであり、[3] それより早く見つけられれば生存確率はさらに高くなる。

早期発見すれば命が助かるだけではない。治療にかかる時間は短く、身体的負担は軽くなり、治療法の選択肢も広がる。女性にとっては心理的な負担が大きい乳房の切除も避けられる可能性がある。

乳がんは、問診、視診、触診に、マンモグラフィ(乳房エックス線検査)や超音波

[1] 日本乳癌学会 乳癌診療ガイドライン [URL]

[2] がん登録・統計 [URL]

[3] 公益財団法人がん研究振興財団 (2016) がんの統計 '15 [URL]

（エコー）などの画像検査の結果をもって診断される。早期発見のためには定期的に検診を受けることが重要になるが、我が国におけるがん検診の受診率は、がんが国民病とまで言われているのにも関わらず、先進国でも低いほうである。乳がん検診も例外ではなく、四〇～六九歳の女性の受診率は三四・二パーセントに留まっている[4]。

検診には時間や費用がかかる[5]。がんと宣告されることに対する不安もあれば、医師に触診されることを恥ずかしく思う人もいるかもしれない。

日本ではほとんど知られていないが、この問題に四〇年以上取り組んできた行動分析家がいる。フロリダ大学の名誉教授で、ママケア社の代表取締役、ヘンリー・ペニーパッカーである[6]。

乳がんの早期発見には女性が自宅で自らの胸を頻繁にセルフチェックする行動が重要だと考えたペニーパッカーは、後にママケア社を共に起業するマーク・ゴールドシュタインと研究開発を始めた。

当時、そして今でも、セルフチェックの信頼性や妥当性は低いといわれている。医師や医療機関が推奨していないのはこのためだ。

しかし、ペニーパッカーは行動分析学をもとに訓練プログラムを開発することで、高い信頼性、妥当性を実現できるのではないかと考えていた[7]。

彼らはまず訓練用の義体を作ることから始めた。工学部の専門家に協力を求め、様々な素材を試し、女性の胸の構造や堅さ、手触りを再現する方法を模索し、シリコ

[4]　日本医師会［URL］

[5]　無料で受診できるように費用を負担している自治体もある。

[6]　ママケア（MammaCare）［URL］

[7]　ママケアプログラムの開発過程はPennypacker & Iwata（1990）を参照。

ンを使った造形に辿り着く。同時に、がん細胞を模したかたまりを二ミリメートルから一四ミリメートルまで用意し、胸の義体に埋め込み、指で検出するできる閾値を測定していった。

触診の信頼性や妥当性は訓練によって向上できるのではないかというペニーパッカーの希望的観測がこの段階で確信へと変わる。閾値を検出するために繰り返し測定するだけで閾値は低くなり、その最小値は、当時触診で検出可能であるとされた七五ミリメートル～一センチメートルを大きく下回る三ミリメートルだった。[8]

彼らはさらに義体を改良していく。本物と同じように皮膚の下に脂肪体や脂肪組織、腺房などの構造を作り込む。がん細胞の模型についても、それまで使っていた鉄球ではなく特殊なポリマーを使うことで、大きさや堅さ、形に変化をもたせられるようにした。さらに、シリコンに埋め込むことで長期間使用しても化学反応によって劣化しなくなる製造法を築き上げる。[9] そして、多様な大きさや堅さのポリマー性疑似がん細胞を、胸の義体の様々な位置に埋め込んだ訓練用義体が完成する。

ハードウェアが完成し、触診の信頼性を向上させるための訓練プログラムの開発がいよいよ本格化する。

まずはどのように触診すれば検出率が高くなるか、小さいがん細胞でも検出できるようになるかを、先行研究を参考に実験的に検討し、改善していく。その結果、触診には人差し指、中指、薬指の三本の指の腹を平らにして使うほうがよく、一箇所につ

[8] こうした開発過程の研究は生物工学や知覚心理学の学術雑誌に公表されている。

[9] この過程には豊胸手術にシリコンを初めて導入した会社で働いていた技師の協力を得たそうである。

き指で押す圧力を三段階に変えて小さな円を描くように繰り返したほうがよく、疑似がん細胞があるかないかの弁別ではなく、疑似がん細胞と脂肪体など正常なかたまりとの弁別を訓練したほうがよく、胸全体をどのような順序で触診していくかは最後に訓練したほうがよいことなどがわかっていく。

望ましい触診が一連の標的行動として決まったら、これらを訓練する方法を検討していく。すると、たとえば三本の指の腹を使うことは冊子を読んでもらうだけでもできるようになるが、三段階の圧力をかけながら円を描くように触っていくことは冊子だけでは不十分で、シリコンの義体を使った訓練が必須であることがわかってくる。[10]また、義体を使った訓練と自分自身の胸を使った訓練では大差がないか、むしろ義体を使ったほうが効果的な場合もあることがわかってくる。

一九八一年、ペニーパッカーらは義体と義体を使った行動訓練をセットで提供するために、そして引き続き研究を続けるための資金を集めるために起業した。[11]

一九八四年、ノースカロライナ大学の研究者との共同研究で、がん検診を実施する医師や看護師にママケアの義体と行動訓練プログラムを用いたところ、これまで四四パーセントだった検出率を八〇パーセントにまで引き上げられることが示された。[12]

その後も研究は進み、医学や看護学の専門家との共同研究で、無作為化比較試験による効果検証も行われていく。ママケア社では触診技術の訓練と認定も提供するようになるが、訓練にかかるコストがさらなる普及を妨げていると考えたペニーパッカー

[10] 医者や医療機関がセルフチェックを推奨しないのは、ほとんどのセルフチェックが冊子やインターネットの情報などにのみ基づき、行動訓練がない状態で行われるものだからともいえる。

[11] ママテック社。後に現在のママケア社となる。

[12] Pennypacker (2008)

らはさらなる段階へと突き進む。

訓練の自動化である。

胸の義体をパソコンにつなぎ、義体には触診された位置や動きを検出する装置をつけ、訓練者の介在なしに望ましい触診をプロンプトし、正しい反応を強化したり、間違った反応を矯正したりすることができるシステムである。すでに初期の開発と効果検証は完了し、現在、看護学校の実習で実用化試験が進んでいるという[13]。

ママケア社を起業する直前、彼らには義体の特許を譲ってほしいという大手の買い手がいたという。国からの研究費も尽き、決断のときだった。それでも、重要なのは義体ではなく行動訓練であること、自分たちが目指しているのはがんで苦しむ患者を減らすことであると再確認して、リスクの高い起業に踏み切ったそうである。

ものを売るのも難しいが、行動変容を売るのはさらに難しい。ペニーパッカーたちの挑戦はまだ続く。

[13] Pennypacker & Goldstein (2016)

44

職場の安全を確保する

――安全行動マネジメントで事故を減らす

一九六四年の開業以来、新幹線では旅客の死亡事故が起きていないと伝えられるように、我が国の技術力や安全性の高さは時として神話化されている。[1]

東日本大震災で福島第一原子力発電所が津波によって破壊され、メルトダウンや水蒸気爆発を起こしたことで、こうした神話は大きな打撃を受けたに違いないのだが、それでも他国に比べれば日本は安全であるという認識は未だに維持されているようである。

ところが労働災害という視点とそのデータからは、この認識の危うさが明らかになる。図44‐1は一年間で仕事中に亡くなった従業員百万人あたりの人数を国際比較したものである。[2] 日本は中国やアメリカに比べれば死亡事故が少ないが、ドイツ、フランス、イタリア、イギリスなどの欧州諸国や、タイ、マレーシア、フィリピンなどの東南アジア諸国に比べても死亡者が多いことがわかる。我が国に限っていえば、過去三〇年間減少を続けてきた労災による死亡者数が最近五年間は下げ止まり傾向にある。[3] 日本の職場は決して安全ではないのである。

[1] 実際にはホームにいた乗客が引きずられて死亡した悲惨な事故や、殺人事件、自殺による死亡者、脱線事故もある。

[2] 日本労働政策研究・研修機構(2017)
　国によっては欠損値もあるため、二〇一一年から二〇一五年の各国のデータから中央値をとった。

[3] 厚生労働省労働基準局 安全衛生部安全課(2017)

[4] 職場のあんぜんサイト[URL]

[5] 急性トルエン中毒死亡事故の事例報告[URL]

厚生労働省は『職場のあんぜんサイト』[4]で労働災害に関する統計を公表している。死亡災害や重大災害については、具体的な事例の発生状況や原因、対策がまとめて示されている。ここではそのうちの一つをわかりやすく改変し、転載した[5]。

●事　例

防水塗装中に急性トルエン中毒により死亡。

●発生状況

工場を新築中の工事現場で、一階の排水貯留槽内を一人で防水塗装していた作業者が倒れて死亡しているのが二日後に発見された。防水塗料を薄めるためにトルエンを使用していた。死因は急性トルエン中毒であった。

●原　因

①換気しにくいために危険性が高い貯留槽内の作業を単独で行った。
②防水塗料をトルエンで希釈し、貯留槽内に持ち込んだ。
③換気用の送風機が設置されていたが、稼働させていなかった。
④防毒マスクが用意されておらず、着用されていなかった。
⑤現場の監督者が防毒マスク着用、換気装置の設置など作業方法の決定を行わなかった。
⑥安全衛生指示事項の一つに貯留槽内の単独作業禁止が記載されており、元請は当

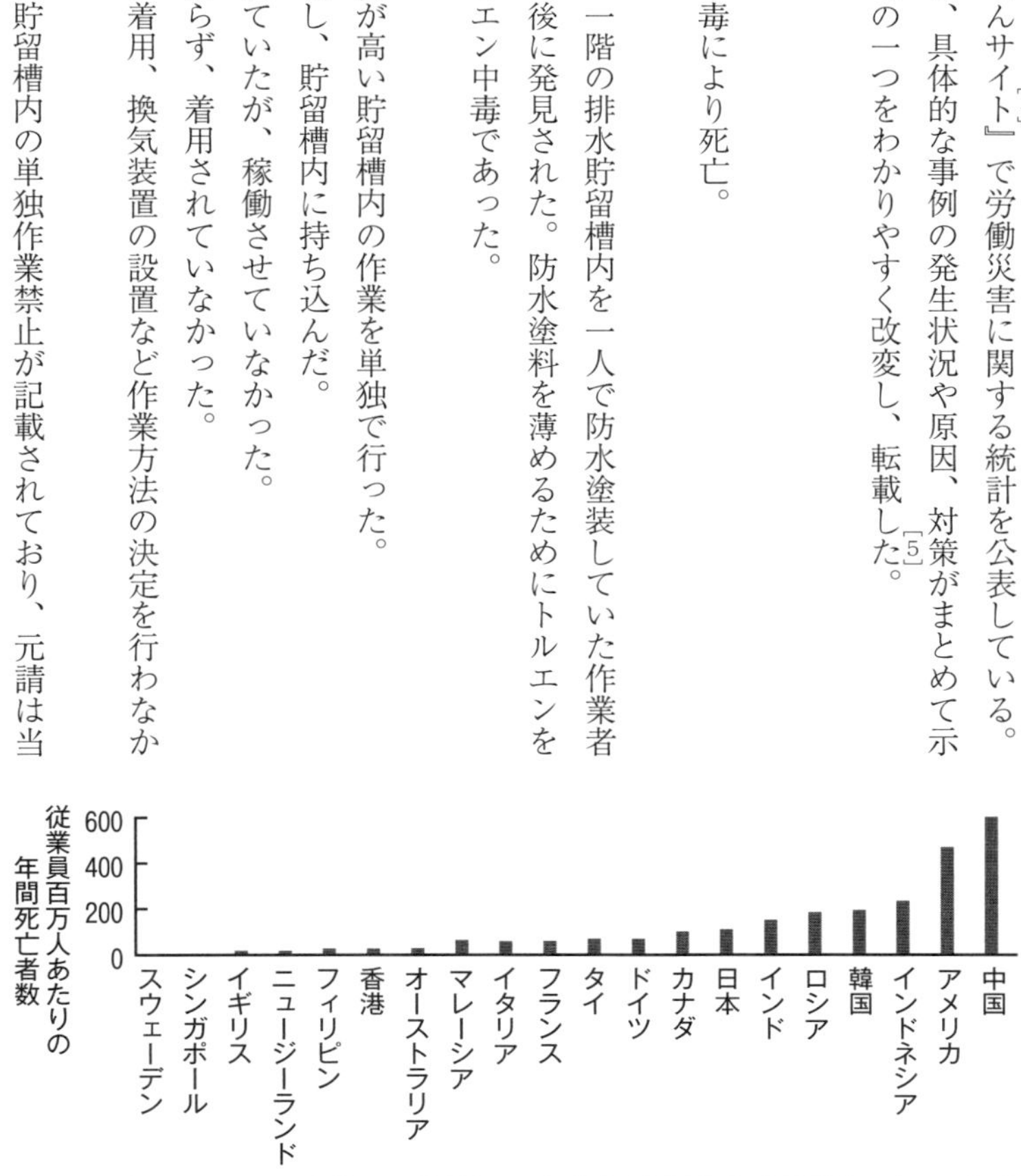

図44-1　労災による死亡者数の国際比較。日本労働政策研究・研修機構（2017）から作成

日の作業人員が一名であることは知っていたが、是正されていなかった。

⑦元請の作業指示、管理が不徹底で、作業終了時に点呼をせず、作業箇所の巡回もしなかった。

● **対　策**

①貯留槽のように換気不全になるピット内ではトルエンによる希釈塗料を避ける。やむを得ず用いる場合は、以下の暴露防止措置を徹底させる。

・作業現場に送風機を設置し、換気対策を十分に講じる。

・適正な呼吸用保護具を確実に着用させる。

②安全衛生教育を行い、作業標準を徹底させることも含め、監督者が適正な指揮、管理等を行う。

③元請が作業指示、管理を徹底し、作業終了点呼、作業箇所の巡回を行う。

ここからわかるように事故の原因も再発予防の対策も、すべて誰かの行動である。さらに、送風機のスイッチを入れるとか、防毒マスクを用意し、着用するというように、実行は難しくない行動なのである。[6]

多くの労災の原因と対策に共通することがもう一つある。事故の直接原因となった行動の自発あるいは抑制を促すことができたはずの**間接的な行動**の存在である。上記の例なら、防毒マスクを用意すべきなのは会社であり、確認すべきは監督者である。

[6]　数ある事例から、私が意図的に、あるいは偶然に、作業者の行動が鍵となる事例を取り上げているわけではない。多くの悲惨な事故が実は比較的単純な行動や行動の不作為によって生じているのである。

また、監督者、作業者など、下請け業者の従業員の行動を管理する、元請け業者の行動も、間接的に事故の原因となり、対策となり得る。こうした間接的な行動も、決して実行が難しい高度に専門的な行動ではない。

安全確保を怠るとどうなるかわかっていても、そして安全確保のためにすべきことがわかっていても、できないときがある。安全行動を弱化する随伴性が存在したり、安全行動とは相容れない別の行動を強化する随伴性が存在するからである。

この事例では、塗装作業を遅延なく進めなくてはならず、しかも一人で作業をしていることから、送風機の設定をする行動をしようとするとその間塗装ができなくなるという弱化の随伴性が想定される。[7] 作業員は防毒マスクがないことに気づいたかもしれないが、もしかしたら、以前そのことを現場監督や会社側に訴えたときに、無視されたり（消去）、逆に文句を言われたり（弱化）して、安全確保に必要な、でも当座の作業には不必要な機材を要求する行動が自発されなくなっていたのかもしれない。

近年、建設業界では慢性的な人手不足が続いているという。海外から派遣された人員に頼って、多国籍チームで仕事をしている現場も多い。これまでと同じ人員配置なら、現場監督者の負担が増えるのも当然だ。防毒マスクを用意してくれと言われてそれに応えたり、作業現場を頻繁に巡回する行動の重要性はわかっていても、それ以外により切迫した状況があちこちで展開していれば、優先順位の低いその他の行動には弱化の随伴性が生じてしまう。

[7] 作業が遅れると現場監督から叱られるなど。

職場を意図的に危険にさらそうとする人などまずいない。あちらをたてればこちらがたたないという随伴性が競合する状況で、やらなければならないとわかっていてもできなかった行動があり、それが時々、不幸にも事故を引き起こしているというのが実態であろう[8]。

このような状況を打破し、職場の安全を確保するためにはどうすればよいか。米国、アトランタを拠点とするADI社[9]は、一九七〇年代から、行動分析学に基づいたコンサルティングサービスを数多くの企業へ提供してきた。**行動的安全管理プログラム**に定評がある老舗である。

ADIで長年コンサルタントを務めているジュディ・アグニューは、著書[10]で同社のサービスと成果を紹介している。ここではそのなかから一つをご紹介しよう。

クライアントはザ・ダウ・ケミカル・カンパニー[11]。世界有数の化学メーカーであり、各国に支社をもつ。本社を構える米国ミシガン州ミッドランドには六〇〇〇人以上が働く巨大プラントがあり、この事例はその工場に導入された安全管理プログラムの話である。

米国内の企業は労働安全衛生管理局[12]に職場での事故や健康に関して報告する義務がある。このうち「度数率」は、従業員一〇〇人の年間労働時間あたりの、死亡者数は含まない傷病者数を示す[13]。

ミッドランド工場ではプログラムが導入される前の五年間、度数率が四・〇で下げ

[8] 事故の発生確率が低いときには、万が一事故が起こったときの被害は甚大でも、こうした随伴性と随伴性を記述したルールは行動を制御しにくい。**天災は忘れた頃にやってくる型**の問題である（項目34「ルール支配行動」を参照）。

[9] Aubrey Daniels International [URL]

[10] Agnew & Snyder (2008)

[11] The Dow Chemical Company

[12] 日本の労働基準局にあたる、米国労働省管轄の機関。OSHA (Occupational Safety and Health Administration)。

[13] 一年を五〇週、一週間の労働時間を四〇時間とした、一年間のみなし値（五〇週×四〇時間×一〇〇人＝二〇万時間）で、労災による傷病者数を割った値（日本労働政策研究・研修機構 2017）。

止まっていて、この数値を改善することが火急の課題になっていた。それが、ＡＤＩのプログラムの導入によって、たった五カ月で三〇パーセントも低減されたという。

アグニューはプログラムの成功要因を以下のようにまとめている。

第一に、会社から従業員にプログラムへの参加を強制せず、従業員が自主的に運営するプログラムを会社が支援するという形式にしたこと。

米国の企業では労働組合の力が強く、トップダウンで無理やり導入しようとすると反発が高まることが多いからだが、安全行動の自発を強化する随伴性を整えるという意味では、かなり普遍的な要因であろう。

第二に、安全に関して意識を高めることを目標にしたのではなく、安全確保のための具体的な行動を標的にしたこと。行動分析学に基づいているので当然といえば当然だが、企業ではえてして啓蒙という名の下で職場における危険を座学で説明するような研修をしがちである。

しかし多くの場合、上述の事例にもあるように、何をすべきか、どのようなリスクがあるのかはすでにわかった上で、それでも実行できないことが課題なのである。[14]

第三に、安全のための具体的な行動を現場で働く従業員に自ら定義させた上で、その実行を強化する随伴性を導入したこと。

トルエン中毒の事例からもわかるように、事故原因と再発予防のための具体的な行動を書き出すことなら、現場の従業員にもできるし、むしろ現場の従業員のほうが正

[14]　いわゆる精神主義的な解決策が失敗する理由は、問題の原因を取り違えているからである。

確に判断できる。専門的な助言や支援が必要になるのは、それらを実行できるようにする介入や介入効果を維持するための方略の立案に関してである。

ミッドランド工場では、安全のための標的行動の数を絞り込み、従業員同士の相互観察と記録から、標的行動の実行率をチーム全員にフィードバックし、目標を達成したらチーム内で賞賛し、会社からの報酬をもらうという強化のシステムを取り入れた。

ここで重要なのは、標的行動ができていないときにそれを責めるというような弱化の随伴性ではなく、標的行動ができているところを見つけてそれを承認するという強化の随伴性を用いたことである。攻撃したり、非難したりして嫌子が出現することが増えると、それがプログラムに関わる事柄に派生し、プログラムに参加する行動が弱化されてしまうからである。

また、記録は匿名で行い、実行率のデータは部署やチームごとに計算したそうである。このことも、特定個人を責める行動を減らし、全体的に強化の随伴性を優勢に運用することに役立ったに違いない。

第四に、標的行動が意識しなくてもできるようになるまで練習を繰り返した。

一度の介入で標的とする行動の数はできるだけ限定したほうがよい。数が多くなると記録の手間が増えるし、何をすべきかわからなくなると実行率が下がり、強化されなくなるからだ。したがって、安全行動の数が多い場合は、何段階かに分けてプログラムを進めていく。となれば、過去に標的とした行動はプログラムが進むと記録やフィードバックの対象から外れてしまうことになる。このために十分な練習と強化によって行動を習慣化[15]していくことが必要になるのだ。

最後に、ミッドランド工場では、六カ月を一期としてプログラムを実施し、期が変わるごとに新しいチームメンバーを募集した。前期にメンバーを務めた従業員が次の期にはリーダーとなり、新しいメンバーにプログラムの実施方法を指導した。これを数期にわたって継続することで、社内にプログラムのリーダーがねずみ算式に増えていった。

安全行動の不作為を責める弱化の随伴性から、安全行動の実行を承認する強化の随伴性へと変えることは、安全に関する企業文化を変えるということである。このためには、安全行動が強化されるだけではなく、安全行動を強化する行動が強化される仕組みが欠かせない。プログラムに自発的に参加し、リーダーとしてメンバーの安全行動を強化する行動がメンバーや他の指導者から強化される経験をした従業員が増えていくことで、こうした転換が可能になるのである。

行動分析学に基づいた安全管理プログラムは、人手不足が続き、価値観の多様化が進むことで、阿吽の呼吸に任せたマネジメントがますます困難になる我が国の職場にとって、解決策の一つとなるだろう。

[15] たとえば、毎朝、起床して顔を洗い、歯を磨くという一連の行動は、幼い頃は親に促され、褒められ、あるいは叱られないとできないが、そのうち誰から何を言われるまでもなく、寝ぼけていても、できるようになる。習慣化とは、このように**行動連鎖**が形成され、ある刺激や出来事が連鎖の次の行動を喚起するようになることである。

あとがき

一九の春に行動分析学と出会い、地球の裏側まで出かけて学び、千人を超える学校の先生や子どもたち、企業や組織で働く人たちと一緒に、目の前の行動を変える仕事を続けて、はや三〇年。

学校教育の専門家でもなく、発達臨床の専門家でもなく、経営の専門家でもない私が、そのような貴重な体験をする機会を与えていただけたこと、そして現場での成功に微力ながらも貢献できてこられたのは、ひとえに行動分析学という学問があってのことである。

しがらみにとらわれていないという部外者ゆえの自由さもあっただろうが、現場のニーズを行動問題として捉え、解決するための標的行動を探し、行動変容の技法と効果検証の方法を提供するかたちのコンサルテーションは、多くの場合、新鮮で、意外で、それでも理にかなっていると評された。そして行動が実際に変わっていくことで、ときに驚き、ときに感動が生まれた。

行動分析学という学問を、現場で働く人たちと一緒に、ヒューマンサービスの改善に活用していくなかで、私も多くを学ばせていただいた。本書で解説させていただいた応用行動分析学の考え方や方法論は決して机上の空論ではない。長年にわたり様々な職種や業態で洗練されてきたアプローチの集大成である。一緒に仕事をしてきた仲間には、この機会に深く感謝したい。

本書はそのような喜びをよりたくさんの人たちと分かち合いたいという気持ちでまとめたものである。社会のあちらこちらで目の前の行動を変えることにコミットし、日々悪戦苦闘している人たちを支援して、成功に導くことができる専門家が増えれば、社会は確実に変わる。

最後に。遅筆というわけではないのだが、執筆行動の優先順位が高いほうではなく、結果として本書も刊行までに六年以上の月日が過ぎてしまった。辛抱強くお付き合いいただいた編集者の森光佑有氏には最大限の謝意を表したい。

二〇一九年一月

島宗　理

事項索引

◆A to Z

行動主義
mixed schedule　混合スケジュール
modeling　モデリング
motivating operation（→ establishing operation）
multiple control　多重制御
multiple exemplar training　多例訓練（多範例訓練）
multiple schedule　多元スケジュール
multiple treatment reversal design　多条件反転法
multiple-baseline design　多層ベースライン法
mutual entailment　相互内包
natural contingency　行動内在的随伴性
negative reinforcer（punisher）　嫌子（負の強化子，罰子）
neutral stimulus　中性刺激
observer drift　観察者ドリフト
oddity task　特異性課題
operandum　オペランダム
operant conditioning　オペラント条件づけ
overcorrection　過剰修正法
overshadowing　隠蔽
partial-interval recording　部分法
performance feedback　パフォーマンスフィードバック
physical guidance　身体的ガイダンス
physical organization　場所の構造化
pivotal response　機軸行動
pliance　プライアンス
positive behavior support　ポジティブな行動支援
positive reinforcer　好子（正の強化子）
post reinforcement poses　強化後反応休止
pre-commitment　自己拘束
predominant activity sampling　優勢法
preference　選好
Premack principle　プレマックの原理
prevention　阻止
private events　私的事象（私的出来事）
products of behavior　行動の所産
programmed instruction　プログラム学習
progressive ratio schedule　比率累進スケジュール
prompt　プロンプト
radical behaviorism　徹底的行動主義
randomized controlled trial　無作為化比較試験
rate　頻度
rate of reinforcement　強化率
reaction time（latency）　反応時間／反応潜時
reduction　リダクション（減量／減衰）
reflexive conditioned establishing operation　予告性確立操作
reflexivity　反射律
reinforcer assessment　好子のアセスメント
relational frame theory　関係フレーム理論
release　触発
reliability　信頼性
renewal 復元（更新）
repeated measurement　反復測定
repertoire-altering effect　行動変容作用
replication　再現
resistance to change　変化抵抗
resistance to extinction　消去抵抗
respondent conditioning　レスポンデント条件づけ
response　反応
response class　反応クラス
response cost　反応コスト
response duration　持続時間
response generalization　反応般化
response induction　反応誘導
resurgence　反応復活
reversal design　反転法
rule-governed behavior　ルール支配行動
sample stimulus　見本刺激
satiation　飽和化
scallop　スキャロップ
schedule of reinforcement　強化スケジュール
schedule-induced aggressive behavior　スケジュール誘導性攻撃行動
scientist practitioner model　科学者－実践家モデル
self-control　セルフコントロール（自己制御）
self-monitoring　セルフモニタリング

◆あ　行

◆か　行

◆さ　行

◆た　行

◆な　行

◆は　行

◆ま　行

◆や　行

◆ら　行

引用文献

Agnew, J., & Snyder, G. (2008). *Removing obstacles to safety: A behavior-based approach.* Performance Management Publications.

Ainslie, G. W. (1974). Impulse control in pigeons. *Journal of the Experimental Analysis of Behavior, 21,* 485–489.

American Psychological Association. (2006). Evidence-based practice in psychology: APA presidential task force on evidence-based practice. *American Psychologist, 61,* 271–285.

Appelbaum, M., Cooper, H., Kline, R. B., Mayo-Wilson, E., Nezu, A. M., & Rao, S. M. (2018). Journal article reporting standards for quantitative research in psychology: The APA Publications and Communications Board task force report. *American Psychologist, 73,* 3–25.

Ardoin, S. P., Martens, B. K., & Wolfe, L. A. (1999). Using high-probability instruction sequences with fading to increase student compliance during transitions. *Journal of Applied Behavior Analysis, 32,* 339–351.

Association for Behavior Analysis International. (2017). Fact Sheet. https://www.abainternational.org/media/press.aspx

Ayllon, T., & Michael, J. (1959). The psychiatric nurse as a behavioral engineer. *Journal of the Experimental Analysis of Behavior, 2,* 323–344.

Ayres, I. (2010). *Carrots and sticks: Unlock the power of incentives to get things done.* Bantam books. [エアーズ, I. 山形浩生（訳）(2012). ヤル気の科学：行動経済学が教える成功の秘訣　文藝春秋]

Azrin, N. H., & Besalel, V. A. (1980). *Job club counselor's manual: A behavioral approach to vocational counseling.* The Azrin-Besalel, Trust. [アズリン, N. H.・ベサレル, V. A.　津富宏（訳）(2010). キャリアカウンセラーのためのジョブクラブマニュアル：職業カウンセリングへの行動主義的アプローチ　法律文化社]

Baer, D. M., & Sherman, J. A. (1964). Reinforcement control of generalized imitation in young children. *Journal of Experimental Child Psychology, 1,* 37–49.

Baer, D. M., Wolf, M. M., & Risley, T. R. (1968). Some current dimensions of applied behavior analysis. *Journal of Applied Behavior Analysis, 1,* 91–97.

Baer, D. M., Wolf, M. M., & Risley, T. R. (1987). Some still-current dimensions of applied behavior analysis. *Journal of Applied Behavior Analysis, 20,* 313–327.

Barbera, M. L., & Rasmussen, T. (2007). *The verbal behavior approach: How to teach children with autism and related disorders.* Jessica Kingsley Publishers.

Baron-Cohen, S. (1997). *Mindblindness: An essay on autism and theory of mind.* MIT press. [バロン＝コーエン, S. 長野敬・長畑正道・今野義孝（訳）(2002). 自閉症とマインド・ブラインドネス 新装版　青土社]

Behavior Analyst Certification Board. (2017). BACB Fact Sheet. https://www.bacb.com/wp-content/uploads/171219_general_fact_sheet.pdf

Belleville, R. E., Rohles, F. H., Grunzke, M. E., & Clark, F. C. (1963). Development of a complex multiple schedule in the chimpanzee. *Journal of The Experimental Analysis of Behavior, 6*, 549-556.

Binder, C. (1996). Behavioral fluency: Evolution of a new paradigm. *The Behavior Analyst, 19*, 163-197.

Bulté, I. & Onghena, P. (2008). An R package for single-case randomization tests. *Behavior Research Methods, 40*, 467-478.

Calvin, J. S., Bicknell, E. A., & Sperling, D. S. (1953). Establishment of a conditioned drive based on the hunger drive. *Journal of Comparative and Physiological Psychology, 46*, 173-175.

Caron, R. F., Caron, A. J., & Caldwell, R. C. (1971). Satiation of visual reinforcement in young infants. *Developmental Psychology, 5*, 279.

Carter, N., & Holmberg, B. (1992). Theft reduction in a grocery store through product identification. *Journal of Organizational Behavior Management, 13*, 129-135.

Carter, N., Holmström, A., Simpanen, M., & Melin, L. (1988). Theft reduction in a grocery store through product identification and graphing of losses for employees. *Journal of Applied Behavior Analysis, 21*, 385-389.

Chambless, D. L., & Ollendick, T. H. (2001). Empirically supported psychological interventions: Controversies and evidence. *Annual Review of Psychology, 52*, 685-716. [西村美佳（訳）(2005). 経験的に支持された心理的介入：論争と証拠　行動分析学研究, *19*, 81-105.]

Chomsky, N. (1959). Review of Skinner's verbal behavior. *Language, 35*, 26-58.

Cooper, J. C., Heron, T. E., & Heward, W. L. (2007). *Applied behavior analysis.* Pearson Education. [クーパー, J. C.・ヘロン, T. E.・ヒューワード, W. L. 中野良顯（訳）(2013). 応用行動分析学　明石書店]

Crone, D. A., & Horner, R. H. (2003). *Building positive behavior support systems in schools: Functional behavioral assessment.* Guilford. [クローン, D. A.・ホーナー, R. H. 野呂文行・他（訳）(2013). スクールワイドＰＢＳ：学校全体で取り組むポジティブな行動支援　二瓶社]

Deacon, J. R., & Konarski, E. A. (1987). Correspondence training: An example of rule-governed behavior? *Journal of Applied Behavior Analysis, 20*, 391–400.

DeSouza, A. A., Akers, J. S., & Fisher, W. W. (2017). Empirical application of Skinner's verbal behavior to interventions for children with autism: A review. *The Analysis of Verbal Behavior, 33*, 229–259.

Drasgow, E., & Yell, M. L. (2001). Functional behavioral assessments: Legal requirements and challenges. *School Psychology Review, 30*, 239–251.

Duncan, P. K., & Bruwelheide, L. R. (1985). Feedback: Use and possible behavioral functions. *Journal of Organizational Behavior Management, 7*, 91–114.

Durgin, A., Mahoney, A., Cox, C., Weetjens, B. J., & Poling, A. (2014). Using task clarification and feedback training to improve staff performance in an East African nongovernmental organization. *Journal of Organizational Behavior Management, 34*, 122–143.

Epstein, R., Kirshnit, C. E., Lanza, R. P., & Rubin, L. C. (1984). 'Insight' in the pigeon: Antecedents and determinants of an intelligent performance. *Nature, 308*, 61–62.

Falligant, J. M., Boomhower, S. R., & Pence, S. T. (2016). Application of the generalized matching law to point-after-touchdown conversions and kicker selection in college football. *Psychology of Sport and Exercise, 26*, 149–153.

Ferster, C. B. (2002). Schedules of reinforcement with Skinner. *Journal of the Experimental Analysis of Behavior, 77*, 303–311.

Ferster, C. B., & Skinner, B. F. (1957). *Schedules of reinforcement.* Prentice-Hall Inc.

Findley, J. D. (1958). Preference and switching under concurrent scheduling. *Journal of the Experimental Analysis of Behavior, 1*, 123–144.

Fisher, W. W., Kelley, M. E., & Lomas, J. E. (2003). Visual aids and structured criteria for improving visual inspection and interpretation of single-case designs. *Journal of Applied Behavior Analysis, 36*, 387–406.

Frisch, C. J., & Dickinson, A. M. (1990). Work productivity as a function of the percentage of monetary incentives to base pay. *Journal of Organizational Behavior Management, 11*, 13–34.

藤健一・吉岡昌子 (2013). スキナーの製作した機械式累積記録器の変遷と装置試作行動の分析：1930～1960　心理学史・心理学論, *14–15*, 13–29.

藤健一 (2016). オペラント行動研究黎明期における機械式累積記録器：Skinner の Model–A 型累積記録器と、その動作模型の製作　行動分析学研究, *30*, 193–201.

福井至 (2003). 人間行動学の実験的分析の展望　行動分析学研究, *17*, 5–19.

Gilbert, T. F. (1978). *Human competence: Engineering worthy performance.* McGraw-Hill.

Goetz, E. M., & Baer, D. M. (1973). Social control of form diversity and the emergence of new forms in children's blockbuilding. *Journal of Applied Behavior Analysis, 6*, 209–217.

Graft, D. A., Lea, S. E. G., & Whitworth, T. L. (1977). The matching law in and within groups of rats. *Journal of the Experimental Analysis of Behavior, 27*, 183–194.

Green, L., Fisher, E. B., Perlow, S., & Sherman, L. (1981). Preference reversal and self control: Choice as a function of reward amount and delay. *Behaviour Analysis Letters, 1*, 43–51.

Greer, R. D., & Ross, D. E. (2004). Verbal behavior analysis: A program of research in the induction and expansion of complex verbal behavior. *Journal of Early and Intensive Behavior Intervention, 1*, 141–165.

Grosch, J., & Neuringer, A. (1981). Self-control in pigeons under the Mischel paradigm. *Journal of the Experimental Analysis of Behavior, 35*, 3–21.

Hayes, S. C., Zettle, R. D., & Rosenfarb, I. (1989). Rule-Following. In Hayes S.C. (Eds.). *Rule-governed behavior: Cognition, contingencies, and instructional control.* Springer.

Hayes, S. C., Barnes-Holmes, D., & Roche, B. (Eds.). (2001). *Relational frame theory: A post-Skinnerian account of human language and cognition.* Springer Science & Business Media.

Herrnstein, R. J. (1961). Relative and absolute strength of response as a function of frequency of reinforcement. *Journal of the Experimental Analysis of Behavior, 4*, 267–272.

Herrnstein, R. J. (1958). Section of psychology: Some factors influencing behavior in a two-response situation. *Transactions of the New York Academy of Sciences, 21*, 35–45.

Herron, M. E., Kirby-Madden, T. M., & Lord, L. K. (2014). Effects of environmental enrichment on the behavior of shelter dogs. *Journal of the American Veterinary Medical Association, 244*, 687–692.

伊田政司 (1997). 一般対応法則にもとづく選好の尺度化と選択行動データの推移性の検討　行動分析学研究, *11*, 41–55.

井垣竹晴 (2015). シングルケースデザインの現状と展望　行動分析学研究, *29*, 174–187.

池田新介 (2012). 自滅する選択：先延ばしで後悔しないための新しい経済学　東洋経済新報社

石黒康夫・三田地真実 (2015). 参画型マネジメントで生徒指導が変わる：「スクールワイドＰＢＳ」導入ガイド16のステップ　図書文化社

石井拓（2014）. シングルケースデザインの概要　行動分析学研究, *29*, 188-199.
James, I. A. (2011). *Understanding Behaviour in Dementia that Challenges: A Guide to Assessment and Treatment*. Jessica Kingsley Publishers.［ジェームズ, I. A. 山中克夫（監訳）（2016）. チャレンジング行動から認知症の人の世界を理解する：ＢＰＳＤからのパラダイム転換と認知行動療法に基づく新しいケア　星和書店］
実森正子・中島定彦（2019）. 学習の心理：行動のメカニズムを探る 第二版　サイエンス社
Johnson, G., Kohler, K., & Ross, D. (2017). Contributions of Skinner's theory of verbal behaviour to language interventions for children with autism spectrum disorders. *Early Child Development and Care, 187*, 436-446.
Johnson, K. R., & Layng, T. J. (1992). Breaking the structuralist barrier: Literacy and numeracy with fluency. *American Psychologist, 47*, 1475-1490.
Kastak, C. R., & Schusterman, R. J. (2002). Sea lions and equivalence: Expanding classes by exclusion. *Journal of the Experimental Analysis of Behavior, 78*, 449-465.
川合伸幸（2011）. ヘビが怖いのは生まれつきか？：サルやヒトはヘビをすばやく見つける　認知神経科学, *13*, 103-109.
川瀬啓祐・木村藍・椎原春一（2018）. 行動的保定を用いて６種の動物園飼育動物より得られた血液検査値について　日本野生動物医学会誌, *23*, 7-14.
Keller, F. S., & Schoenfeld, W. N. (1950). *Principles of psychology*. Appleton-Century-Crofts.
Kelly, T. H., Hienz, R. D., Zarcone, T. J., Wurster, R. M., & Brady, J. V. (2005). Crewmember performance before, during, and after spaceflight. *Journal of the experimental analysis of behavior, 84*, 227-241.
菊池章夫（編）（2007）. 社会的スキルを測る：Kiss-18ハンドブック　川島書店
木村晴（2005）. 抑制スタイルが抑制の逆説的効果の生起に及ぼす影響　教育心理学研究, *53*, 230-240.
木本克巳・島宗理・実森正子（1989）. ルール獲得過程とスケジュール感受性：教示と形成による差の検討　心理学研究, *60*, 290-296.
北野翔子・伊藤正人・佐伯大輔・山口哲生（2013）. 社会的場面における一般対応法則の適用：他個体と共有する餌場の選択行動の分析　人文研究, *64*, 115-131.
Koegel, R. L., & Koegel, L. K. (2006). Pivotal response treatments for autism: Communication, social, & academic development. Paul H. Brookes.［ケーゲル, R. L.・ケーゲル, L. K.　氏森英亞・小笠原恵（訳）（2009）. 機軸行動発達支援法　二瓶社］

厚生労働省労働基準局安全衛生部安全課（2017）. 平成28年労働災害発生状況等　平成29年５月19日
子安増生・大平英樹（編）（2011）. ミラーニューロンと〈心の理論〉　新曜社
Kratochwill, T. R. & Levin, J. R. (2010). Enhancing the scientific credibility of single-case intervention research: Randomization to the rescue. *Psychological Methods, 15*, 124-144.
Kratochwill, T. R., Hitchcock, J., Horner, R. H., Levin, J. R., Odom, S. L., Rindskopf, D. M., & Shadish, W. R. (2010). Single-case designs technical documentation. Retrieved from What Works Clearinghouse website: http://ies.ed.gov/ncee/wwc/pdf/wwc_scd.pdf.
久保尚也（2014）. 複数事例訓練によるハト（*Columba livia*）の相対的数量弁別　動物心理学研究, *64*, 1-10.
久保尚也（2015）. 条件性弁別手続きを用いたハトの相対的弁別行動の分化強化　駒澤大学心理学論集, *17*, 9-17.
久保尚也（2017）. ハトにおける大・中・小の条件性弁別　駒澤大学心理学論集, *19*, 23-33.
Lamarre, J., & Holland, J. G. (1985). The functional independence of mands and tacts. *Journal of the Experimental Analysis of Behavior, 43*, 5-19.
Layng, T. V. J., Twyman, J. S., & Stikeleather, G. (2004). Engineering discovery learning: The contingency adduction of some precursors of textual responding in a beginning program. *The Analysis of Verbal Behavior, 20*, 99-109.
Le, Q. V. (2013, May). Building high-level features using large scale unsupervised learning. In Acoustics, Speech and Signal Processing (ICASSP), 2013 IEEE International Conference on (pp. 8595-8598). IEEE.
Lindsley, O. R. (1996). The four free-operant freedoms. *The Behavior Analyst, 19*, 199-210.
Linscheid, T. R., Iwata, B. A., Ricketts, R. W., Williams, D. E., & Griffin, J. C. (1990). Clinical evaluation of the self-injurious behavior inhibiting system (SIBIS). *Journal of Applied Behavior Analysis, 23*, 53-78.
Loftus, G. R. (1993). A picture is worth a thousandp values: On the irrelevance of hypothesis testing in the microcomputer age. *Behavior Research Methods, Instruments, & Computers, 25*, 250-256.
Lovaas, O. I. (1987). Behavioral treatment and normal educational and intellectual functioning in young autistic children. *Journal of Consulting and Clinical Psychology, 55*, 3-9.
Lovaas, O. I., Schreibman, L., Koegel, R., & Rehm, R. (1971). Selective responding by autistic children to multiple sensory input. *Journal of Abnormal Psychology, 77*, 211-222.

Madden, G. J. (Ed.) (2012). *APA Handbook of behavior analysis (Vol. 2): Translating principles into practice.* American Psychological Association.
Madden, G. J., Peden, B. F., & Tamaguchi, T. (2002). Human group choice: Discrete-trial and free-operant tests of the ideal free distribution. *Journal of The Experimental Analysis of Behavior, 78*, 1-15.
Mangiapanello, K. A., & Hemmes, N. S. (2015). An analysis of feedback from a behavior analytic perspective. *The Behavior Analyst, 38*, 51-75.
松本明生・大河内浩人 (2003). ルール支配行動：教示・自己ルールとスケジュールパフォーマンスの機能的関係　行動分析学研究, *17*, 20-31.
松崎敦子・山本淳一 (2015). 保育士の発達支援技術向上のための研修プログラムの開発と評価　特殊教育学研究, *52*, 359-368.
松沢哲郎 (1989). ことばをおぼえたチンパンジー　福音館書店
Maurice, C. (1994). *Let me hear your voice: A family's triumph over autism.* Ballantine books. [モーリス , C. 山村宜子 (訳) (1994). わが子よ、声を聞かせて：自閉症と闘った母と子　日本放送出版協会]
Mazur, J. E. (2006). *Learning and behavior* (6th ed.). Prentice-Hall. [メイザー, J. E. 磯博行・坂上貴之・川合伸幸 (訳) (2008). メイザーの学習と行動 第三版　二瓶社]
Michael, J. E. (1982). Skinner's elementary verbal relations: Some new categories. *The Analysis of Verbal Behavior, 1*, 1-3.
Michael, J. L. (2004). *Concepts and principles of behavior analysis.* The asociation for behavior annalysis.
Mischel, W. (2014). *The marshmallow test: Mastering self-control.* Little, Brown and Company. [ミシェル , W. 柴田裕之 (訳) (2017). マシュマロ・テスト：成功する子・しない子　ハヤカワ文庫]
Mischel, W., Ebbesen, E. B., & Zeiss, A. (1972). Cognitive and attentional mechanisms in delay of gratification. *Journal of Personality and Social Psychology, 21*, 204-218.
宮知子・山本淳一 (1999). 自閉症中学性における教科学習「英語」の指導：外国語指導におけるマトリックス訓練の有効性検討　日本行動分析学会年次大会プログラム・発表論文集, *17*, 122-123.
望月昭・藤田勉・佐藤方哉 (1982). 日常行動のなかのスキャロップ：観察反応を中心とした時間に基づくスケジュールの下での人間行動71例　慶応義塾大学大学院社会学研究科紀要, *22*, 77-86.
望月昭・土田宣明・徳田完二・春日井敏之・村本邦子 (2013). 対人援助学の到達点　晃洋書房
望月要 (1994). ヒトのスケジュール誘導性行動　哲學, *96*, 129-153.
武藤崇 (編) (2011). ＡＣＴ (アクセプタンス＆コミットメント・セラピー) ハンドブック：臨床行動分析によるマインドフルなアプローチ　星和書店
中島定彦 (1995). 見本合わせ手続きとその変法　行動分析学研究, *8*, 160-

176.
中島定彦（編）今田寛（監修）（2003）. 学習心理学における古典的条件づけの理論：パヴロフから連合学習研究の最先端まで　培風館
中島定彦（2011）. レバー押す魚もありけり強化効く　行動分析学研究, *26*, 13-27.
中島定彦（2013）. 選択行動における対応法則について　人文論究, *63*, 55-74.
中島義明・安藤清志・子安増生・坂野雄二・繁桝算男・立花政夫・箱田裕司（編）（1999）. 心理学辞典　有斐閣
中野良顕（1996）. 応用行動分析とサイエンティスト・プラクティショナー・モデル　行動分析学研究, *9*, 172-177.
中野良顯（2004）. 行動倫理学の確立に向けて：ＥＳＴ時代の行動分析の倫理　行動分析学研究, *19*, 18-51.
奈良勲（編）（2004）. 理学療法学教育論　医歯薬出版
根木俊一・島宗理（2010）. 行動的コーチングによる合気道の技の改善　行動分析学研究, *24*, 59-65.
Nese, R. T., Horner, R. H., Dickey, C. R., Stiller, B., & Tomlanovich, A. (2014). Decreasing bullying behaviors in middle school: Expect respect. *School Psychology Quarterly, 29*, 272-286.
日本労働研究機構（編）（2017）. データブック国際労働比較 2017　日本労働研究機構
野口代（2017）. 認知症の行動・心理症状（BPSD）に対する応用行動分析に基づくアプローチの有効性　高齢者のケアと行動科学, *23*, 2-16.
小野浩一（1990）. 人間および動物の迷信行動　行動分析学研究, *5*, 1-44.
小野浩一（2016）. 行動の基礎：豊かな人間理解のために 改訂版　培風館
大河内浩人(2017). 人間行動の実験的分析：25年の研究を辿る　行動分析学研究, *32*, 61-77.
大森貴秀・原田隆史・坂上貴之（2017）. ゲームの面白さとは何だろうか　慶應義塾大学出版会
長田久雄（編）（2016）. 看護学生のための心理学 第二版　医学書院
Parker, R. I., Hagan-Burke, S., & Vannest, K. (2007). Percentage of all non-overlapping data (PAND): An alternative to PND. *The Journal of Special Education, 40*, 194-204.
Parker, R. I., Vannest, K. J., & Brown, L. (2009a). The improvement rate difference for single-case research. *Exceptional Children, 75*, 135-150.
Parker, R. I., & Vannest, K. (2009b). An improved effect size for single-case research: Nonoverlap of all pairs. *Behavior Therapy, 40*, 357-367.
Parker, R. I., Vannest, K. J., Davis, J. L., & Sauber, S. B. (2011). Combining nonoverlap and trend for single-case research: Tau-U. *Behavior Therapy, 42*, 284-299.
Partington, J. W., & Sundberg, M. D. (1998). *The assessment of basic*

language and learning skills. Behavior Analysts Inc.
Patterson, F., & Linden, E. (1981). *The education of Koko*. Holt, Rinehart, and Winston. [パターソン, F.・リンデン, E. 都守淳夫（訳）(1995). ココ、お話しよう 新装版　どうぶつ社]
Pennypacker, H. S. (2008). A funny thing happened on the way to the fortune or lessons learned during 25 years of trying to transfer a behavioral technology. *Behavioral Technology Today, 5*, 1-31.
Pennypacker, H. S., & Goldstein, M. K. (2016). Progress in manual breast examination. *European Journal of Behavior Analysis, 17*, 81-86.
Pennypacker, H., & Iwata, M. (1990). MammaCare: A case history in behavioural medicine. In D. Blackman & H. Lejeune (Eds.). *Behavior analysis in theory and practice: Contributions and controversies*. pp. 259-288. Lawrence Erlbraum Associates.
Pierce, W. D., & Epling, W. F. (1980). What happened to analysis in applied behavior analysis? *The Behavior Analyst, 3*, 1-9.
Pinkston, E. M., & Linsk, N. L. (1984). Care of the elderly. Pergamon Press. [ピンクストン, E. M.・リンスク, N. L. 浅野仁・芝野松次郎（訳）高齢者の在宅ケア：家族に対する新しいアプローチ　ミネルヴァ書房]
Poling, A., Valverde, E., Beyene, N., Mulder, C., Cox, C., Mgode, G., & Edwards, T. L. (2017). Active tuberculosis detection by pouched rats in 2014: More than 2,000 new patients found in two countries. *Journal of Applied Behavior Analysis, 50*, 165-169.
Poling, A., Weetjens, B., Cox, C., Beyene, N. W., Bach, H., & Sully, A. (2011). Using trained pouched rats to detect land mines: Another victory for operant conditioning. *Journal of Applied Behavior Analysis, 44*, 351-355.
Premack, D., & Premack, A. (2003). *Original intelligence: Unlocking the mystery of who we are*. McGraw-Hill. [プレマック, A.・プレマック, D. 鈴木光太郎（訳）長谷川寿一（監修）(2005). 心の発生と進化：チンパンジー、赤ちゃん、ヒト　新曜社]
Protopopova, A., & Wynne, C. D. L. (2015). Improving in-kennel presentation of shelter dogs through response-dependent and response-independent treat delivery. *Journal of Applied Behavior Analysis, 48*, 590-601.
Protopopova, A., Kisten, D., & Wynne, C. (2016). Evaluating a humane alternative to the bark collar: Automated differential reinforcement of not barking in a home-alone setting. *Journal of Applied Behavior Analysis, 49*, 735-744.
Protopopova, A., Mehrkam, R. L., Boggess, M., & Wynne, C. D. L. (2014). In-kennel behavior predicts length of stay in shelter dogs. *PLOS One, 9*, e114319.

Pryor, K. W., Haag, R., & O'Reilly, J. (1969). The creative porpoise: Training for novel behavior. *Journal of the Experimental Analysis of Behavior, 12*, 653-661.

Pryor, K. (1985). *Don't shoot the dog!: The new art of teaching and training*. Bantam books.［プライア, K. 河嶋孝・杉山尚子（訳）(1998). うまくやるための強化の原理：飼いネコから配偶者まで　二瓶社］

Pryor, K. (1999). *Getting started: Clicker training for dogs*. Sunshine books.［プライア, K. 河嶋孝（訳）(2002). 犬のクリッカー・トレーニング　二瓶社］

Pryor, K. (2003). *Clicker training for cats*. Sunshine Books.［プライア, K. 杉山尚子・鉾立久美子（訳）(2006). 猫のクリッカートレーニング　二瓶社］

Pustejovsky, J. E. (2017). Single-case effect size calculator (Ver. 0.2). Web-based application. Retrieved from https://jepusto.shinyapps.io/SCD-effect-sizes/

Rachlin, H., & Green, L. (1972). Commitment, choice and self-control. *Journal of the Experimental Analysis of Behavior, 17*, 15-22.

Rispoli, M. J., O'Reilly, M. F., Sigafoos, J., Lang, R., Kang, S., Lancioni, G., & Parker, R. (2011). Effects of presession satiation on challenging behavior and academic engagement for children with autism during classroom instruction. *Education and Training in Autism and Developmental Disabilities, 46*, 607-618.

Rosales-Ruiz, J., & Baer, D. M. (1997). Behavioral cusps: A developmental and pragmatic concept for behavior analysis. *Journal of Applied Behavior Analysis, 30*, 533-544.

Rovee, C. K., & Fagen, J. W. (1976). Extended conditioning and 24-hour retention in infants. *Journal of Experimental Child Psychology, 21*, 1-11.

佐伯大輔・高橋雅治（2009）. 遅延割引関数を使う. 坂上貴之（編）海保博之（監修）. 意思決定と経済の心理学. pp. 53-68.　朝倉書店

坂上貴之（1997）. 行動経済学と選択理論　行動分析学研究, *11*, 88-108.

坂上貴之（編）海保博之（監修）(2009). 意思決定と経済の心理学　朝倉書店

坂上貴之・井上雅彦（2018）. 行動分析学：行動の科学的理解をめざして　有斐閣アルマ

佐藤方哉（1985）. 行動心理学は徹底的行動主義に徹底している　理想, *625*, 124-135.

澤幸祐（2010）. 比率累進スケジュールによる強化子価値測定について：強化子予期の観点から　専修人文論集, *86*, 73-94.

Schaal, D. W. (2013). Behavioral neuroscience. In G. J. Madden, W. V. Dube, T. D. Hackenberg, G. P. Hanley, K. A. Lattal, G. J. Madden, ... K. A. Lattal (Eds.). *APA handbook of behavior analysis (Vol. 1): Methods and principles*. pp. 339-350. American Psychological Association.

Schlinger, H., & Blakely, E. (1987). Function-altering effects of contingency-specifying stimuli. *The Behavior Analyst, 10*, 41–45.
Scott W., Ross, S. W., & Horner, R. H. (2009). Bully prevention in positive behavior support. *Journal of Applied Behavior Analysis, 42*, 747–759.
Scruggs, T. E., Mastropieri, M. A., & Casto, G. (1987). The quantitative synthesis of single-subject research: Methodology and validation. *RASE: Remedial & Special Education, 8*, 24–33.
Shadish, W. R., Hedges, L. V., & Pustejovsky, J. E. (2014). Analysis and meta-analysis of single-case designs with a standardized mean difference statistic: A primer and applications. *Journal of School Psychology, 52*, 123–147.
Sherman, R. A. (1991). Aversives, fundamental rights and the courts. *The Behavior Analyst, 14*, 197–206.
島宗理（1996）. 行動的テクノロジーの普及に関する研究と実践の提言　行動分析学研究, *10*, 46–57.
島宗理（2000）. パフォーマンス・マネジメント：問題解決のための行動分析学　米田出版
島宗理・他（2003）. 行動分析学にもとづいた臨床サービスの専門性：行動分析士認定協会による資格認定と職能分析　行動分析学研究, *17*, 174–208.
島宗理（2004）. インストラクショナルデザイン：教師のためのルールブック　米田出版
島宗理（2010）. 人は、なぜ約束の時間に遅れるのか：素朴な疑問から考える「行動の原因」　光文社新書
島宗理（2014）. 使える行動分析学：じぶん実験のすすめ　ちくま新書
島宗理・吉野俊彦・大久保賢一・奥田健次・杉山尚子・中島定彦・長谷川芳典・平澤紀子・眞邉一近・山本央子（2015）. 日本行動分析学会「体罰」に反対する声明　行動分析学研究, *29*, 96–107.
島宗理（2019a, 刊行予定）. 世界と日本の行動分析学. 武藤崇・他（編）. 行動分析学事典, pp. 148–151.　丸善出版
島宗理（2019b, 刊行予定）. 行動分析学の雑誌 . 武藤崇・他（編）. 行動分析学事典, pp. 152–155.　丸善出版
島沢優子（2014）. 桜宮高校バスケット部体罰事件の真実：そして少年は死ぬことに決めた　朝日新聞出版
Shimura, M., Tajiri, W., Ueshima, N., Oshima, Y., Kawamura, S., & Shimamune, S. (2012). Learning to think about green behavior: An undergrad psychology research practicum on energy saving. Poster presented at Behavior Change for Sustainable World Conference, Columbus, Ohio.
Sidman, M., & Tailby, W. (1982). Conditional discrimination vs. matching to sample: An expansion of the testing paradigm. *Journal of the*

Experimental Analysis of behavior, 37, 5–22.

Sidman, M. (2000). Equivalence relations and the reinforcement contingency. *Journal of the Experimental Analysis of Behavior, 74*, 127–146.

Sigurdsson, V., Engilbertsson, H., & Foxall, G. (2010a). The effects of a point-of-purchase display on relative sales: An in-store experimental evaluation. *Journal of Organizational Behavior Management, 30*, 222–233.

Sigurdsson, V., Foxall, G., & Saevarsson, H. (2010b). In-store experimental approach to pricing and consumer behavior. *Journal of Organizational Behavior Management, 30*, 234–246.

Skinner, B. F. (1957). *Verbal behavior*. Appleton-Century-Crofts.

Skinner, B. F. (1968). *The technology of teaching*. Appleton-Century-Crofts.

Skinner, B. F. (1974). *About behaviorism*. Alfred A. Knopf.

Skinner, B. F. (1981). We happy few, but why so few? Paper presented at the annual meeting of the Association for Behavior Analysis.

スキナー, B. F. (1991). 罰なき社会　行動分析学研究, *5*, 87–106.

Smith, J. D. (2012). Single-case experimental designs: A systematic review of published research and current standards. *Psychological Methods, 17*, 510–550.

Spates, C. R., & Koch, E. I. (2004). From eye movement desensitization and reprocessing to exposure therapy: A review of the evidence for shared mechanisms. *Japanese Journal of Behavior Analysis, 18*, 62–76. [スペイツ, C. R.・コッチ, E. I. (2004). 眼球運動脱感作と再処理（Reprocessing）から表出（Exposure）セラピーまで：共通するメカニズムへの証拠に対する再考と概観　行動分析学研究, *18*, 62–76.]

Stein, L., Xue, B. G., & Belluzzi, J. D. (1993). A cellular analogue of operant conditioning. *Journal of the Experimental Analysis of Behavior, 60*, 41–53.

Sugai, G. (2014). 子どもたちが健やかに成長する学校環境　教育心理学年報, *53*, 184–187.

杉山尚子（2005). 行動分析学入門：ヒトの行動の思いがけない理由　集英社新書

杉山尚子・島宗理・佐藤方哉・マロット, R. W.・マロット, M. E. (1998). 言語行動. 杉山尚子・島宗理・佐藤方哉・マロット, R. W.・マロット, M. E. 行動分析学入門　産業図書

Sulzer-Azaroff, B., Loafman, B., Merante, R. J., & Hlavacek, A. C. (1990). Improving occupational safety in a large industrial plant: A systematic replication. *Journal of Organizational Behavior Management, 11*, 99–120.

鈴木恵太・佐藤洋（2005). 新奇選好を応用した乳幼児の視覚認知検査　医学のあゆみ, *212*, 253–257.

高橋華王（1994). 武道の科学：時代を超えた「強さ」の秘密　ブルーバック

ス
高橋雅治（編）（2017）．セルフ・コントロールの心理学：自己制御の基礎と教育・医療・矯正への応用　北大路書房
高橋智子・山田剛史（2008）．一事例実験データの処遇効果検討のための記述統計的指標について：行動分析学研究の一事例実験データの分析に基づいて　行動分析学研究 , *22*, 49–67.
武田建（1985）．コーチング：人を育てる心理学　誠信書房
丹野貴行・坂上貴之（2011）．行動分析学における微視－巨視論争の整理：強化の原理、分析レベル、行動主義への分類　行動分析学研究, *25*, 109–126.
Tate, R. L., Perdices, M., Rosenkoetter, U., Shadish, W., Vohra, S., Barlow, D. H., ... Wilson, B. (2016). The Single-Case Reporting guideline In BEhavioural interventions (SCRIBE) 2016 statement. *Archives of Scientific Psychology, 4*, 1–9.
Tate, R. L., Perdices, M., Rosenkoetter, U., McDonald, S., Togher, L., Shadish, W.,. . . for the SCRIBE Group. (2016). The Single-Case Reporting guideline In BEhavioural interventions (SCRIBE) 2016: Explanation and elaboration. *Archives of Scientific Psychology, 4*, 10–31.
Thaler, R. L. (1981). Some empirical evidence on dynamic inconsistency. *Economics Letters, 8*, 201–207.
Thompson, T. (2012). Joseph V. Brady: Synthesis reunites what analysis has divided. *The Behavior Analyst, 35*, 197–208.
友永雅己（2008）．チンパンジーにおける対称性の（不）成立　認知科学, *15*, 347–357.
豊田秀樹・前田忠彦・柳井晴夫（1992）．原因をさぐる統計学：共分散構造分析入門　ブルーバックス
恒松伸（2009）．需要関数を使う．坂上貴之（編）海保博之（監修）．意思決定と経済の心理学, pp. 30–52.　朝倉書店
Tversky, A., & Kahneman, D. (1981). The framing of decisions and the psychology of choice. *Science, 211*, 453–458.
Twyman, J. S. (1996). The functional independence of impure mands and tacts of abstract stimulus properties. *The Analysis of Verbal Behavior, 13*, 1–19.
上田恵介・岡ノ谷一夫・菊水健史・坂上貴之・辻和希・友永雅己・中島定彦・長谷川寿一・松島俊也（編）（2013）．行動生物学辞典　東京化学同人
Ulrich, R. E., Hutchinson, R. R., & Azrin, N. H. (1965). Pain-elicited aggression. *The Psychological Record, 15*, 111–126.
Vannest, K. J., & Ninci, J. (2015). Evaluating intervention effects in single-case research designs. *Journal of Counseling & Development, 93*, 403–411.
Vannest, K. J., Parker, R. I., Gonen, O., & Adiguzel, T. (2016). Single case

research: Web based calculators for SCR analysis (Ver. 2.0). Web-based application. Retrieved from http://www.singlecaseresearch.org
Waasdorp, T. E., Bradshaw, C. P., & Leaf, P. J. (2012). The impact of schoolwide positive behavioral interventions and supports on bullying and peer rejection: A randomized controlled effectiveness trial. *Archives of Pediatrics and Adolescent Medicine, 166*, 149-156.
Watanabe, S., Sakamoto, J., & Wakita, M. (1995). Pigeons' discrimination of paintings by Monet and Picasso. *Journal of the Experimental Analysis of Behavior, 63*, 165-174
渡邊芳之 (2016). 心理学のデータと再現可能性　心理学評論, *59*, 98-107.
山田剛史 (2015). シングルケースデザインの統計分析　行動分析学研究, *29*, 219-232.
山岸直基 (2008). 行動変動性研究の動向：特集号発行にあたって　行動分析学研究, *22*, 116-119.
山本淳一 (1994). 刺激等価性：言語機能・認知機能の行動分析　行動分析学研究, *7*, 1-39.
山本淳一 (2009).「対称性」の発達と支援：概念・実験・応用からの包括的展望　認知科学, *16*, 122-137.
吉田浩子 (2000). 米国動物園における飼育環境のエンリッチメントの現状に関する報告　霊長類研究, *16*, 45-53.
Zirkel, P. A. (2011). Case law for functional behavior assessments and behavior intervention plans: An empirical analysis. *Seattle University Law Review, 35*, 175-212.

引用ＵＲＬ一覧

http://www.hosei-shinri.jp/simamune/wm-aba.html

■項目２「応用行動分析学のそれからと今」

国際行動分析学会（ABAI の HP）
http://www.abainternational.org

国際行動分析学会の会員数など（ABAI Fact Sheet）
https://www.abainternational.org/media/press.aspx

認定行動分析士の人数など（BACB Fact Sheet）
https://www.bacb.com/wp-content/uploads/171219_general_fact_sheet.pdf

国際行動分析学会（ABAI）分科会一覧
https://www.abainternational.org/constituents/special-interests/special-interest-groups.aspx

日本行動分析学会の HP
http://www.j-aba.jp

日本行動分析学会の機関誌『行動分析学研究』@J-Stage
https://www.jstage.jst.go.jp/browse/jjba/31/1/_contents/-char/ja

行動分析学の和書一覧（筆者作成）
http://www.hosei-shinri.jp/simamune/2018/01/post-718.html

■項目３「科学的な根拠に基づいた実践」

米国の特別支援教育における主な判決
http://www.wrightslaw.com/caselaw.htm

米国食品医薬品局の禁止令
https://www.fda.gov/NewsEvents/Newsroom/PressAnnouncements/ucm497194.htm

コクラン共同計画
http://www.cochrane.org/ja/

キャンベル共同計画
https://www.campbellcollaboration.org

What Works Clearinghouse（WWC）プロジェクト
https://ies.ed.gov/ncee/wwc/

■項目13「ＡＢＡ法（反転法）」

シングルケースデザイン法のガイドライン（Kratochwill et al., 2010）
http://ies.ed.gov/ncee/wwc/pdf/wwc_scd.pdf.

■項目17「シングルケースデザイン法の評価基準」

Single-case effect size calculator（Pustejovsky, 2017）
https://jepusto.shinyapps.io/SCD-effect-sizes/

Single Case Research（Vannest et al. , 2016）
http://www.singlecaseresearch.org

What Works Clearinghouse（WWC）ハンドブック
https://ies.ed.gov/ncee/wwc/handbooks

■項目28「強化スケジュール」

Ferster & Skinner（1957）. Schedules of reinforcement　電子版
http://www.bfskinner.org/product/schedules-of-reinforcement-pdf/

■項目29「選択行動と対応法則」

Society for the Quantitative Analyses of Behavior（SQAB）
http://www.sqab.org

行動数理研究会
https://sites.google.com/site/jpsqab/

■項目33「刺激等価性と関係フレーム理論」

農林水産省（2017）．海外における日本食レストランの数
http://www.maff.go.jp/j/press/shokusan/service/attach/.../171107-1.pdf

観光庁（2017）．訪日外国人の消費動向：訪日外国人消費動向調査結果及び分析
http://www.mlit.go.jp/common/001206329.pdf

■項目36「『不安だから行動しない』から『不安でも行動する』へ」

TED カンファレンスでのスティーブ・ヘイズの講演動画（日本語字幕つき）
http://www.ted-ja.com/2016/06/psychological-flexibility-how-love-turns-pain-into-purpose-steven-hayes-tedxuniversityofnevada.html

■項目38「命を救うネズミたち」

Landmine Monitor 2016（International Campaign to Ban Landmines, Cluster Munition Coalition, 2016）
http://www.the-monitor.org/media/2394895/Cluster-Munition-Monitor-2016-Web.pdf

APOPO（Anti-Persoonsmijnen Ontmijnende Product Ontwikkeling）
https://www.apopo.org/

■項目39「殺処分ゼロを目指して」

環境省自然環境局　平成二八年度犬・猫の引取り及び負傷動物の収容状況
https://www.env.go.jp/nature/dobutsu/aigo/2_data/statistics/dog-cat.html

神奈川県動物保護センター
http://www.pref.kanagawa.jp/docs/e8z/r2496799.html

日本行動分析学会（2014）.「体罰」に反対する声明
http://www.j-aba.jp/data/seimei2014.pdf

京都動物愛護センター
http://kyoto-ani-love.com

■項目40「学校に風を吹かせる」

徳島県東みよし町立加茂小学校のスクールワイドＰＢＳの実践
http://manabinohiroba.tokushima-ec.ed.jp/?page_id=58

いじめ防止プログラムのマニュアル
http://www.pbis.org/school/bully_prevention.aspx

■項目41「ストップ！万引き」

全国小売業万引被害実態調査
http://www.manboukikou.jp

警察庁（2016）. 平成26，27年の犯罪情勢
https://www.npa.go.jp/toukei/seianki/h26-27hanzaizyousei.pdf

■項目43「ママケアで乳がんを早期発見する」
日本乳癌学会 乳癌診療ガイドライン
http://jbcs.gr.jp/guidline/

がん登録・統計
http://ganjoho.jp/reg_stat/index.html

公益財団法人がん研究振興財団（2016）がんの統計 '15
http://ganjoho.jp/reg_stat/statistics/brochure/backnumber/2015_jp.html

日本医師会
https://www.med.or.jp/forest/gankenshin/data/japan/

ママケア社
https://mammacare.org

■項目44「職場の安全を確保する」
職場のあんぜんサイト
http://anzeninfo.mhlw.go.jp/anzen/sai/saigai_index.html

急性トルエン中毒死亡事故の事例報告
http://anzeninfo.mhlw.go.jp/anzen_pg/SAI_DET.aspx?joho_no=101491

Aubrey Daniels International
http://aubreydaniels.com

著者紹介

島宗　理（しまむね　さとる）

法政大学文学部心理学科教授。千葉大学文学部行動科学科卒業後，㈱サンシステムでソフトウェア開発に従事しながら慶應義塾大学大学院社会学研究科に入学して応用行動分析学を学ぶ。1989年より Western Michigan University へ留学して組織行動マネジメントを学び，Ph.D. 取得。帰国後，鳴門教育大学学校教育研究センター助教授を経て，2006年より現職。

著書は『リーダーのための行動分析学入門』（日本実業出版社），『使える行動分析学』（ちくま新書），『人は，なぜ約束の時間に遅れるのか』（光文社新書），『パフォーマンス・マネジメント』（米田出版），『インストラクショナルデザイン』（米田出版），『行動分析学入門』（共著，産業図書）など。

ワードマップ
応用行動分析学
ヒューマンサービスを改善する行動科学

初版第1刷発行　2019年4月1日
初版第4刷発行　2023年9月21日

著　者　島宗　理
発行者　塩浦　暲
発行所　株式会社　新曜社
〒101-0051　東京都千代田区神田神保町 3-9
電話（03)3264-4973(代)・FAX(03)3239-2958
E-mail : info@shin-yo-sha.co.jp
URL : https://www.shin-yo-sha.co.jp/
印刷所　星野精版印刷
製本所　積信堂

ISBN978-4-7885-1622-9　C1011